OEUVRES

DE

JACQUES DELILLE.

TOME HUITIÈME.

L.-É. HERHAN, IMPRIMEUR-STÉRÉOTYPE,
BREVETÉ DE S. A. R. Mgr. LE DUC DE BERRY,
rue Servandoni, n°. 13, près Saint-Sulpice.

PARADIS PERDU,

TRADUIT

PAR J. DELILLE.

NOUVELLE ÉDITION REVUE ET CORRIGÉE.

TOME SECOND.

A PARIS,
CHEZ L. G. MICHAUD, LIBRAIRE,
RUE DE CLÉRY, N°. 13.

M. DCCC. XXII.

PARADIS PERDU,

PAR J. DELILLE.

~~~~~~~~~~~~~~~~~~~~~~~~~~~~~~~~~~~~~~

LIVRES VI, VII, VIII, IX, X, XI ET XII.

ARGUMENT.

Raphael continue sa narration. Il apprend à Adam comment Michel et Gabriel eurent ordre de marcher contre Satan et ses Anges. Description du premier combat dans le Ciel. Satan et ses puissances se retirent à la faveur de la nuit ; il assemble un conseil, invente des machines infernales, qui, dans le combat suivant, causent quelque désordre dans l'armée de Michel ; mais enfin les bons Anges arrachent les montagnes, et enterrent les machines de Satan. Le désordre s'augmentant de plus en plus, l'Éternel envoie son fils, à qui l'honneur de cette victoire était réservé. Il vient sur le champ de bataille, revêtu de la puissance du père ; et, défendant à ses légions de faire aucun mouvement, il pousse son char, et s'avance le foudre à la main. Ses ennemis sont d'abord renversés ; il les poursuit jusqu'à l'extrémité du Ciel, qui s'ouvre en deux. Les Démons sont précipités jusqu'au fond de l'abîme que la justice divine leur avait creusé. Le Messie triomphant retourne vers son père.

PARADIS PERDU,
POËME.

LIVRE SIXIÈME.

Sans être poursuivi, l'intrépide Abdiel,
Durant toute la nuit, fend les plaines du Ciel.
Cependant par degrés la lumière est éclose;
Les Heures, conduisant l'Aurore aux doigts de rose,
Ont ouvert la barrière au char brillant du Jour.
   Sur la montagne sainte est un profond séjour,
D'où, reprenant sans fin leur course régulière,
Partent pour revenir la nuit et la lumière,
Du théâtre des Cieux douce variété :
Chacune a son issue; et lorsque d'un côté
Paraît le jour naissant, de l'autre la nuit sombre
Rentre dans son palais jusqu'à l'heure où son ombre,
Comme un voile léger déployée à son tour,
Laisse au Ciel étoilé la clarté d'un beau jour.
Son règne en ce moment faisait place à l'Aurore :
(Pour vous d'un feu moins vif le Midi se colore);
La Nuit, cédant au Jour l'immensité des Cieux,
Reportait loin de nous ses pas mystérieux.
Aux regards d'Abdiel tout-à-coup se présente
Des milices du Ciel l'ordonnance imposante;

Des armes, des drapeaux, des coursiers et des chars,
Un déluge d'éclairs jaillit de toutes parts ;
Et dans les champs de l'air, que leurs clartés inondent,
En une mer de feu leurs rayons se confondent.
Il voit que Dieu connaît ce qu'il vient annoncer ·
Parmi les Séraphins il accourt se placer :
On l'accueille avec joie ; on admire le zèle
De ce cœur généreux, seul demeuré fidèle.
Vers le trône céleste en triomphe conduit,
Des acclamations le bruit flatteur le suit ;
On le présente au Dieu que la gloire couronne ;
Et du nuage d'or dont l'éclat l'environne,
Une secrète voix fait entendre ces mots :
« Courage ! ami de Dieu, séraphique héros,
» Courage, ton début vaut seul une victoire.
» Que ton zèle sublime a bien servi ma gloire !
» Ta constance pour moi fit plus que la valeur :
» Tu bravas les affronts pires que la douleur ;
» Et fier de remporter un glorieux outrage,
» De ton Dieu seulement tu briguas le suffrage.
» Suivi de mes guerriers, va dompter leur fureur ;
» Où tu trouvas l'insulte apporte la terreur.
» Ces sujets révoltés n'ont voulu reconnaître
» Ni mes décrets pour loi, ni mon fils pour leur maître,
» Lui, des perfections le modèle divin,
» Que la force triomphe où la loi parle en vain :
» Pars, terrible Michel, honneur de nos phalanges ;
» Et toi, mène au combat tous ces millions d'Anges,

» Généreux Gabriel : leur magnanime ardeur
» Pour elle aura le nombre ainsi que la valeur.
» Point de paix, point de grâce à ces sujets rebelles,
» Punissez, confondez leurs trames criminelles :
» Armez vos bras vengeurs et du fer et des feux ;
» Que chassés devant nous jusqu'aux confins des Cieux,
» Exilés du bonheur, voués à la souffrance,
» Ils soient tous à jamais bannis de ma présence :
» Leur arrêt est porté. Pour ces esprits pervers,
» Déjà du noir Chaos les gouffres sont ouverts ;
» Et, prêt à recevoir la foule des victimes,
» L'Enfer insatiable élargit ses abîmes ».
  A peine il a parlé, de brûlants tourbillons
Autour du Mont sacré roulent à gros bouillons,
Et, luttant à travers des torrents de fumée,
Font jaillir mille éclairs de la nuit enflammée.
Du céleste courroux présage menaçant,
Bientôt du haut des airs l'airain retentissant
A ces sinistres feux joint ses accents terribles
Déjà de l'Éternel les troupes invincibles,
En bataillons serrés, au son des instruments,
Dans un morne silence avancent à pas lents ;
Du clairon belliqueux le souffle les enflamme ;
Les chefs de rang en rang ont fait passer leur âme ;
Et le front rayonnant, terrible, l'œil en feu,
Semblent des dieux armés pour la cause de Dieu,
Pour celle du Messie. Ils marchent : les montagnes,
Les rocs, les lacs profonds qui baignent nos campagnes,

Les gorges, les vallons, les fleuves, les torrents,
Rien n'arrête leur cours, ne désunit leurs rangs;
Légers comme les vents, prompts comme le tonnerre,
Ils voyagent dans l'air bien plus que sur la terre :
Tels des peuples ailés volaient les bataillons,
Quand, cités devant toi, tu leur donnas leurs noms.
D'un cours impétueux, d'une aile infatigable,
Ils laissent après eux une foule innombrable
De provinces, d'états, de royaumes divers,
Dont chacun est plus grand que cet humble univers.
Enfin, à l'horizon, vers le nord se présente
Une plaine enflammée au loin étincelante.
Ils approchent : soudain s'offrent à leurs regards
Une moisson de fer, une forêt de dards,
D'enseignes, de drapeaux, d'armures colorées,
Que d'emblèmes pompeux l'orgueil a décorées :
C'est Satan conduisant les ennemis de Dieu.
Ce jour, ce même jour, fondant sur le Saint-Lieu,
Il prétend usurper son sceptre, son empire,
Et s'asseoir sur le trône où son audace aspire :
Vain projet que bientôt va démentir le sort,
Un sentiment d'horreur nous glace à leur abord :
De ses propres sujets faut-il que Dieu se venge ?
Le Ciel contre le Ciel, et l'Ange contre l'Ange
Vont donc combattre ensemble, eux qu'on vit tant de fois
Enfants du même père, heureux des mêmes droits,
Dans les mêmes banquets, pleins d'une douce ivresse,
Savourer le nectar, l'amour et l'allégresse;

LIVRE VI.

Ou, la lyre à la main, près du trône éternel,
Redire aux Cieux ravis leur hymne fraternel!
Cet heureux temps n'est plus : déjà gronde l'orage,
Déjà des deux côtés partent des cris de rage.
Au centre de l'armée, à Dieu même pareil,
Sur un char dont l'éclat le dispute au Soleil,
Paraît le fier Satan ; autour de lui rayonnent
Les brillants Chérubins dont les flots l'environnent ;
Et de leurs boucliers, invincibles remparts,
Le cercle éblouissant l'enceint de toutes parts.
Il descend : des deux camps prêts pour l'attaque horrible
L'intervalle est étroit, et d'autant plus terrible ;
Tous deux, front contre front, se menacent des yeux,
Et de leur ligne immense ils occupent les Cieux.
Avant que le signal ordonne la mêlée,
Tel qu'une énorme tour pesamment ébranlée,
Tout brillant de rubis, d'or et de diamants,
L'Archange révolté s'avance aux premiers rangs.
De ce rival superbe intrépide adversaire,
Abdiel, à sa vue, a frémi de colère ;
Et du traître à regret admirant la splendeur,
L'Ange exhale en ces mots sa généreuse ardeur :
  « O Ciel ! eh quoi ! de Dieu l'auguste ressemblance
» Brille encor sur ce front d'où s'enfuit l'innocence !
» Le crime a-t-il donc pu garder cet air divin ?
» Mais d'un reste de gloire il s'applaudit en vain ;
» En vain, contre une cause et si juste et si belle,
» L'opiniâtre orgueil lève son front rebelle ;

» La raison n'a rien pu sur cet audacieux ;
» Peut-être cette main le réfutera mieux.
» J'ai pour moi le bon droit : Dieu ! joins-y la victoire ;
» Que ce double avantage assure ici ma gloire ;
» Et que le téméraire, à mes pieds abattu,
» Rende hommage à la force unie à la vertu ! »

Il dit, sort de ses rangs, marche à l'Ange rebelle
Qu'enflamme à son aspect une fureur nouvelle
Et provoque en ces mots l'Archange audacieux :

« Je te retrouve donc, esprit séditieux !
» En vain, entretenant ta superbe espérance,
» Tu crus, sûr de ta force et de ton éloquence,
» Ou séduire le Ciel par tes trompeurs discours,
» Ou trouver de ton Dieu le trône sans secours ;
» De ce Dieu qui d'un mot peut créer des armées,
» Ou seul, de tes projets dissipant les fumées,
» Du trône où son pouvoir se rit de ton orgueil,
» Exterminer d'un coup, d'un signe, d'un clin-d'œil,
» Toi, tes chars, tes drapeaux, ta troupe criminelle,
» Et vous abîmer tous dans la nuit éternelle.
» Tu vois que tu n'as pas entraîné tous les vœux ;
» Il reste à Dieu des cœurs et purs et généreux :
» Tu ne les voyais pas, lorsqu'affrontant l'orage,
» Seul à tes bataillons j'opposai mon courage.
» Des maux que j'ai prédits voici venir le temps,
» Et tu vas, mais trop tard, apprendre à tes dépens
» Qu'un esprit éclairé de l'erreur se sépare,
» Et suit le droit sentier, quand la foule s'égare ».

LIVRE VI.

« — Eh bien! malheur à toi, perfide Séraphin,
» Lui réplique Satan avec un fier dédain ;
» A ton retour vers nous ma colère rend grâce ;
» Tu vas donc le premier expier ton audace,
» Toi qui, dans ce sénat d'augustes demi-dieux,
» Osas seul élever un cri séditieux !
» Que parles-tu de maître et de toute-puissance?
» Nous n'en connaissons point : sûrs de notre vaillance,
» Sûrs de nos droits sacrés, nous les soutiendrons tous :
» Mais toi, je t'applaudis de revenir à nous ;
» D'un espoir orgueilleux ta valeur échauffée,
» Des débris de Satan se promet un trophée :
» Approche, que dans toi j'apprenne à mes rivaux
» Quel accueil cette main prépare à tes égaux.
» Toutefois, pour ne pas te laisser sans réponse,
» J'ai daigné différer le sort que je t'annonce.
» J'avais cru, j'en conviens, pardonne à ma fierté,
» Que le bonheur céleste était la liberté :
» Mais, je le vois, ton Dieu courbe à son joug servile
» La part la plus nombreuse ainsi que la plus vile ;
» De lâches voluptés font seules vos destins ;
» Vos armes sont des luths, vos combats des festins ;
» Pour célébrer en chœur ta haute renommée,
» De ces chantres du Ciel tu formas ton armée.
» Va combattre avec eux : vous apprendrez de moi
» Ce qu'est une âme libre aux esclaves d'un roi ».

« — Ah! toi-même, rougis de ta honteuse chaîne,
» Lui répond Abdiel, toi, de qui l'âme vaine,

» Adorant de l'erreur le joug impérieux,
» Traite d'emploi servile un devoir glorieux.
» Mais la Nature et Dieu repoussent cette injure,
» Car obéir à Dieu, c'est suivre la Nature ;
» Ils nous disent tous deux, et j'écoute leur voix,
» Que le meilleur de nous doit nous donner des lois :
» Ses bontés sont ses droits à notre obéissance ;
» Le premier en sagesse, il doit l'être en puissance.
» Tu parles d'esclavage ! oh ! l'esclave est celui
» Qui se choisit un maître insensé comme lui :
» C'est celui qui, bravant le pouvoir légitime,
» S'est fait, comme Satan, un instrument du crime.
» Et toi-même, à l'orgueil n'es-tu pas asservi,
» Jaloux du saint emploi que l'orgueil t'a ravi ?
» Hardi blasphémateur, cesse donc d'en médire ;
» Va régner dans l'Enfer : le Ciel est son empire ;
» Nous sommes ses sujets ; il sera notre appui ;
» Les fers sont pour Satan, et le sceptre est pour lui.
» Moi, lâche fugitif ! je veux cesser de l'être,
» Et voici les tributs que j'apporte à mon maître ».
Comme il parlait encore, il élève le fer ;
Le fer étincelant, aussi prompt que l'éclair,
Frappe sans hésiter et, comme la tempête,
Retombe, et de Satan a fait courber la tête.
La pensée et les yeux, bien moins son bouclier,
N'auraient pu prévenir le redoutable acier.
Il recule dix pas, et son corps qui succombe,
Sur son genoux ployé tremble, chancelle, et tombe ;

Mais sur sa lance énorme il demeure appuyé :
Tel roule d'un vieux roc le sommet foudroyé ;
Tel, attaqué soudain dans sa base profonde
Par les flots souterrains ou les efforts de l'onde,
A demi renversé, croule un antique mont
Avec les vieux sapins qui couronnent son front.
Du parti révolté les puissances se troublent ;
Cependant leur douleur et leur rage redoublent
En voyant de leur chef l'affront injurieux ;
Mais le triomphe est peint sur nos fronts radieux.
Bientôt, de la victoire infaillible présage,
Le cri de l'espérance et le cri du courage
Demandent le signal : le signal est donné ;
Par l'ordre de Michel la trompette a sonné ;
L'*hosanna* solennel vole de bouche en bouche.
D'un cœur non moins ardent, et d'un air plus farouche,
L'ennemi fond sur nous d'un vol impétueux.
A peine eut commencé le choc tumultueux,
D'épouvantables cris dans les airs retentirent,
Des cris tels que les Cieux jamais n'en entendirent.
Tel qu'un même incendie embrase deux volcans,
Une même fureur anime les deux camps ;
Des nuages de traits pleuvent sur les armées :
Un orage brûlant de flèches enflammées
Monte, siffle et, dans l'air traçant d'affreux sillons,
D'une voûte de feu couvre leurs bataillons.
Des longs ébranlements de ce double tonnerre
Le Ciel au loin mugit ; et si de votre terre

Le globe encor récent dans les airs eût roulé,
Jusqu'en ses fondements la terre aurait tremblé.
Faut-il s'en étonner, quand, mêlant leurs phalanges,
Se heurtaient des deux parts tous ces millions d'Anges,
Dont un seul, saisissant tous ces globes divers,
D'un seul coup aurait pu les lancer dans les airs?
Eh! de quelle terreur cette horrible mêlée
N'eût-elle pas rempli la nature ébranlée!
Quelles convulsions, quel désordre fatal
N'eût pas troublé la paix de leur séjour natal,
Si Dieu n'eût mis un terme à tant de violence!
Là, chaque bataillon est une armée immense;
Tout chef vaut à lui seul un bataillon entier;
Tout soldat vaut un chef: chaque simple guerrier
Peut guider du combat les manœuvres savantes,
Arrêter ou pousser les colonnes mouvantes,
Ouvrir, fermer, étendre ou resserrer les rangs;
Même âme fait mouvoir tous ces corps différents.
Point de vaine terreur, point de penser timide:
A son poste marqué chacun reste intrépide,
Comme si ce grand jour dépendait de son bras.
Combien d'exploits perdus dans ces vastes combats,
Tant ce jour variait les scènes de la guerre!
D'un pied ferme tantôt ils luttent sur la terre,
Tantôt prennent l'essor, et leurs noirs bataillons
Dans les airs tourmentés roulent en tourbillons.
On croirait à leur bruit, à l'excès de leur rage,
Voir un double incendie, entendre un double orage.

Le sort flotte incertain ; mais l'Archange orgueilleux,
Qu'ont déjà signalé tant d'exploits merveilleux,
Dont nul pouvoir n'a pu balancer la vaillance,
Parmi ses bataillons rapidement s'avance
Vers le brave Michel, dont le terrible fer
Montant, tombant, frappant, aussi prompt que l'éclair,
De sa lance à deux mains ramenée en arrière,
Moissonne à chaque coup une phalange entière,
Et parmi les débris s'ouvre un large chemin.
Il oppose à ses coups son bouclier divin,
Son bouclier immense, épais, inébranlable,
Qu'un triple diamant rendait impénétrable.
Michel à son aspect a suspendu son bras :
Il prétend par sa chute achever ces combats ;
Et marchant sur sa tête, ou lui donnant des chaînes,
Terminer tant de maux, de combats et de haines.
Il vient, et, lui lançant un sinistre coup-d'œil,
Par ces terribles mots abaisse son orgueil :
« Ange du mal, auteur d'une guerre cruelle,
» Inconnue avant toi dans la paix éternelle ;
» Guerre funeste au Ciel, odieuse à son roi,
» Mais dont tous les malheurs vont retomber sur toi ;
» Oui, sur toi, misérable ! et sur tes vils complices,
» Toi seul de la patrie as troublé les délices,
» Affligé la Nature, et jeté dans son sein
» De malheurs inouïs un innombrable essaim,
» Et, soufflant aux cœurs purs tes fureurs criminelles,
» Changeas en conjurés des serviteurs fidèles.

» Pars : en vain tu voudrais troubler encor les Cieux ;
» Dieu te chasse à jamais de ces paisibles lieux,
» De la douce union demeure fortunée,
» D'où s'exile avec toi la haine forcenée,
» Et la triste discorde, et les sombres complots ;
» Pars ; emmène avec toi dans tes affreux cachots,
» Les malheurs, les forfaits, ta famille exécrable ;
» L'Enfer accueillera ta race abominable :
» Cours entendre à loisir, dans ce séjour d'horreur,
» Les cris de la Discorde et ceux de la Fureur ;
» Pars, avant que sur toi ma main s'appesantisse,
» Ou que d'un Dieu vengeur la trop lente justice,
» De son bras suspendu précipitant les coups,
» Dans un gouffre de maux vous engloutisse tous ».

« — Cesse, répond Satan, tes menaces frivoles
» A qui brave ton Dieu qu'importent tes paroles ?
» De mes derniers soldats nul n'a fui devant toi,
» Chacun tombe avec gloire, ou combat sans effroi.
» Je m'arme, prétends-tu, pour une cause injuste !
» Va, ces grands intérêts, cette querelle auguste
» (J'appelle par son nom la cause des héros),
» La force en doit juger, et non tes vains propos.
» Ou nous triompherons par la force des armes,
» Ou bientôt de ce Ciel, pour vous si plein de charmes,
» Nous ferons un Enfer : dans ces affreux états,
» Si je ne règne point, je ne servirai pas ;
» La Liberté sublime y suivra ma misère.
» Toi, viens, en attendant, méprisable adversaire,

LIVRE VI.

» Viens, et joins, si tu peux, à ton bras menaçant,
» Les foudres de ce Dieu qui se dit tout-puissant :
» Loin de fuir devant vous, devant ce Dieu suprême,
» C'est moi, qui dans ces lieux viens vous chercher moi-même.

Leurs discours aussitôt font place à leurs exploits,
Ces exploits immortels dont les célestes voix
Ne sauraient ni compter ni nombrer les merveilles.
Eh! comment faire entendre à vos faibles oreilles
Ces prodiges lointains? A quel objet mortel
Comparer ces hauts faits de l'empire éternel?
Ou comment élever l'intelligence humaine
Jusques à la hauteur de cette grande scène?
A leur port, à leur air, on croirait voir des dieux,
Seuls faits pour décider la querelle des Cieux.
Déjà des deux côtés, dans leur main menaçante,
Qui peut seule égaler la main toute-puissante,
Brille le fer terrible : et bientôt dans les airs
Leurs glaives enflammés font jaillir mille éclairs;
Au grand orbe du jour leur bouclier ressemble :
Tels deux soleils rivaux se défiraient ensemble.
Aux lieux où l'on combat avec plus de chaleur,
L'attente a quelque temps enchaîné la valeur;
Tout frémit, tous les rangs repliés en arrière
Laissent aux deux rivaux une large carrière.
Un désordre moins grand régnerait dans les airs,
Si, troublant tout-à-coup la paix de l'univers,
Deux astres ennemis, dans leur lutte terrible,
Se cherchaient, se heurtaient avec un bruit horrible,

Et, dans l'espace immense, égarés, furieux,
Épouvantaient la Terre et menaçaient les Cieux.
Déjà levant un bras qui ne cède en puissance
Qu'à celui qui du Ciel courba la voûte immense,
Chacun prépare un coup qui du Ciel incertain
Décide la querelle et commande au destin.
Tous deux égaux d'ardeur, de force, de vaillance,
Ont laissé quelque temps la victoire en balance ;
Mais la gloire en est due au glaive de Michel,
Glaive divin, sorti des arsenaux du Ciel.
Sur lui le fier Satan fond, la pointe baissée ;
D'un seul coup de Michel sa lance fracassée
Vole en éclat ; soudain le glaive étincelant
Revient, tourne, s'abat, et lui perce le flanc.
Pour la première fois éprouvant la souffrance,
L'affreux Satan l'endure avec impatience ;
Tout son corps en frémit, tant le glaive divin
D'une blessure immense a déchiré son sein.
Cependant il survit au coup épouvantable :
(Tout habitant des Cieux naquit impérissable ;)
Les tissus désunis sont bientôt rapprochés ;
Mais de son sang qui fuit les torrents épanchés,
De ce sang pur qui coule en ses veines célestes,
De sa force affaiblie ont épuisé les restes.
On vole à son secours : ses fidèles guerriers
Sous son corps suspendu joignent leurs boucliers,
L'emportent sur son char, où sa brillante armure
Rougit encor du sang sorti de sa blessure.

Là, des champs de la gloire et des siens séparé,
De honte, de regret, de remords déchiré,
Il s'indigne de voir sa puissance avilie,
De fléchir sous le Dieu dont le bras l'humilie,
De ce Dieu dont naguère il se croyait l'égal.

    Mais enfin le repos guérit le coup fatal :
Des habitants du Ciel étonnant privilége,
Dieu, de la vie en eux plaça partout le siége ;
Leur substance, fluide et pure comme l'air,
Comme lui peut braver les atteintes du fer :
Où la vie est partout, la mort perd son empire.
En eux tout sent, tout voit, tout écoute et respire :
Libre dans ses desirs, chacun d'eux à son choix
Peut changer de couleur, et de forme, et de voix.

    Cependant loin de là, plus d'un Ange fidèle
Ne signalait pas moins sa vaillance et son zèle.
Là, tonnait Gabriel : devant ses étendards
Ses ennemis vaincus fuyaient de toutes parts.
Moloch s'offre à ses coups, Moloch, roi sanguinaire ;
Il s'irrite à l'aspect de ce fier adversaire :
Le barbare à son char prétendait l'enchaîner,
Et captif à sa suite en pompe le traîner.
Mais, de Dieu blasphémé vengeant soudain l'injure,
De son large poitrail jusques à la ceinture,
Il fend son vaste corps ; le monstre furieux
D'affreux mugissements fait retentir les Cieux,
Et, de ceux qu'il bravait devenu la risée,
Fuit, et traîne en fuyant son armure brisée.

                                        2

Aux ailes de l'armée, Uriel à son tour,
Avec lui Raphaël, signalaient ce grand jour.
De deux grands potentats qui, fiers de leur stature,
D'un roc de diamant composaient leur armure,
Ils terrassent l'orgueil, et jettent à leurs pieds
De ces héros du Ciel les fronts humiliés ;
Ils roulent ; et le fer, domptant leur arrogance,
Entre eux et l'Éternel a marqué la distance.

Oh ! combien de hauts faits, combien d'exploits fameux
Dignes d'être chantés en vers brillants comme eux !
Mais aux esprits divins qu'importent nos louanges ?
La voix du Ciel suffit à la gloire des Anges.
Nos rivaux en honneur ne nous céderaient pas,
Si des motifs plus purs avaient armé leurs bras ;
Ils manquaient de vertu, mais non pas de vaillance.
Rien ne peut surpasser leur fière résistance.
Mais Dieu de la mémoire effaça les méchants ;
N'allons pas de leurs noms déshonorer mes chants :
L'orgueil les égara, que l'oubli les punisse :
La gloire ne peut être où n'est pas la justice.

Déjà leurs rangs pliaient, déjà de toutes parts
Fuyaient désordonnés leurs bataillons épars.
Ce n'était plus la pompe et l'orgueil de la guerre :
Partout d'affreux débris couvraient au loin la terre ;
Partout des dards rompus, des guerriers renversés,
Des coursiers abattus et des chars fracassés.
Tout fuit ; tous ont fléchi sous la main qui les dompte ;
Ils semèrent le trouble, ils recueillent la honte.

LIVRE VI.

Tel n'était point l'aspect des vrais soldats des Cieux,
Du Monarque éternel sujets victorieux ;
Calmes, le cœur joyeux, le corps invulnérable,
En ordre s'avançait leur troupe inébranlable ;
Leur armure est divine, et leurs bras indomptés.
Quelquefois hors des rangs par la force emportés,
Ils rentrent plus ardents, et leur milice sainte,
Combattant sans remords, combat aussi sans crainte.

Enfin la nuit revient, le silence la suit,
Et des affreux combats a fait taire le bruit ;
Les vainqueurs, les vaincus sont couverts de son ombre.
Dans la plaine fatale où des débris sans nombre
Attestent leur valeur, les célestes héros
Au sein de la victoire attendent le repos :
Partout sont répandus de nombreux sentinelles.
Satan part, entraînant ses légions rebelles ;
Et la rage à ses yeux refusant le sommeil,
Il harangue en ces mots son nocturne conseil :

« O braves compagnons ! ce combat mémorable
» A fait de vos grands cœurs une épreuve honorable ;
» Et de la liberté généreux défenseurs,
» Vous n'avez point subi le joug des oppresseurs.
» Mais ce bonheur n'est pas le seul prix où j'aspire :
» Je combats pour l'honneur, je combats pour l'empire.
» Ce jour de votre gloire a commencé le cours,
» Ce que vous avez pu, vous le pourrez toujours.
» Ce Dieu, tyran cruel, monarque imaginaire,
» Sous le sceptre odieux du pouvoir arbitraire

» Devait courber nos fronts ; son regard prompt et sûr
» Pouvait de l'avenir percer le voile obscur ;
» Ce jour vous a montré s'il était infaillible :
» Bientôt il apprendra qu'il n'est pas invincible.
» Nous avons, je le sais, malgré notre valeur,
» Éprouvé la défaite et senti le malheur ;
» Mais la douleur, qu'est-elle à côté de la honte?
» Qui l'ignore, la craint ; qui la connaît, la dompte.
» Nos malheurs aisément peuvent se corriger :
» Pour nous la vie est longue, et le mal passager ;
» Cette force accordée aux célestes natures
» D'elle-même à l'instant referme nos blessures ;
» Notre perte est légère, et notre espoir entier.
» Mais à de faibles traits c'est trop nous confier :
» Puissants par la valeur, soyons-le par les armes ;
» A l'auteur de nos maux renvoyons les alarmes ;
» Égaux par la nature, osons l'être en pouvoir.
» Sur des moyens cachés s'il fonde son espoir,
» Si pour nous sa puissance est encore un mystère,
» Tandis que la raison brille en nous toute entière,
» Sachons ce qui peut rompre ou servir ses projets,
» Ce qui fit nos malheurs, ce qui fit ses succès.
» C'est pour ce grand dessein que ma voix vous rassemble.
» Arrachons son secret ; qu'il le sache, et qu'il tremble ».

 Il dit ; et tout-à-coup, au milieu du sénat,
De l'empire des Cieux un vaillant potentat,
Messiroch s'est levé : tout son dehors atteste
De ce jour désastreux l'événement funeste ;

Sa cuirasse est rompue, et son casque est brisé.
Triste, sombre et pensif, et de force épuisé,
Il commence en ces mots : « O guerrier magnanime !
» Inébranlable appui d'un pouvoir légitime,
» Par qui des dieux encor nous conservons les droits,
» Contre l'usurpateur qui nous prescrit des lois
» En vain nous opposons des armes inégales ;
» Des dieux mêmes, des dieux, dans ces luttes fatales,
» Doivent céder à ceux qui, plus heureux que nous,
» Ignorant la souffrance, échappent à nos coups.
» Et que pourrait la force unie à la vaillance,
» Quand l'horrible douleur fatigue la constance,
» Et, des plus grands guerriers décourageant l'effort,
» Aux armes du plus faible expose le plus fort ?
» On peut, des voluptés s'interdisant l'ivresse,
» Goûter le calme heureux où se plaît la sagesse,
» A sa douce apathie arrêter son desir :
» Le doux repos de l'âme est son premier plaisir ;
» Mais les maux sont affreux ; mais la douleur cruelle
» Emporte le courage et la force avec elle.
» Celui donc qui pourra, par des moyens nouveaux,
» Assurer nos succès et perdre nos rivaux,
» Mérite, à mon avis, même reconnaissance
» Que l'auteur généreux de notre délivrance ».

« Eh bien ! répond Satan, d'un regard composé,
» Ce grand secret par toi sagement proposé,
» Satan l'a découvert, et vient vous en instruire.
» Qui de vous, à l'aspect de ce brillant empire,

» Paré de fruits, de fleurs, d'or et de diamants,
» D'un œil assez distrait parcourt ces ornements,
» Pour ne pas découvrir qu'en ses sombres retraites
» La terre en cache aux yeux les semences secrètes ?
» Là, des êtres futurs les éléments nombreux,
» De la terre en travail nourrissons ténébreux,
» Principes encor bruts, masse encore indigeste,
» Attendent pour mûrir que la clarté céleste,
» Les couvant lentement dans leurs berceaux obscurs,
» Les rende plus parfaits, plus brillants et plus purs.
» Parmi ceux qu'en son sein cache l'abîme immense,
» Plusieurs des feux d'Enfer recèlent la semence ;
» Il faut nous en saisir : au fond d'un tube creux
» La flamme à peine aura touché leurs grains poudreux,
» Soudain du feu captif la puissance terrible
» Tonnant, se déchaînant avec un bruit horrible,
» De loin élancera des globes meurtriers :
» Sous leurs coups vous verrez tomber des rangs entiers ;
» Ils craindront, aux éclats de la fatale poudre,
» Que nos mains au Très-Haut n'aient arraché le foudre ;
» Ce foudre épouvantable, et de qui la fureur
» A pu seule à Satan inspirer la terreur.
» L'ouvrage n'est pas long : demain avant l'aurore
» Vos yeux charmés verront ces prodiges éclore.
» Reprenez donc l'espoir, et bannissez l'effroi :
» Qui peut désespérer combattant avec moi ?
» Allons, courons apprendre à ce maître du monde
» Ce que peut la valeur, lorsque l'art la seconde ».

Ainsi parle Satan; et son génie affreux
Conseille à ses guerriers ce foudre désastreux,
Exécrable instrument, stratagème perfide,
Qui rend la mort plus sûre et son vol plus rapide.
Et faut-il s'étonner que l'auteur de nos maux,
Satan, ait inventé ces tonnerres nouveaux?
Dieu lui-même étouffa cet art dans sa naissance;
Depuis il le permit pour servir sa vengeance,
Et lorsqu'enfin le crime eut fatigué ses traits,
Par nos propres fureurs châtia nos forfaits.
Ce tonnerre infernal gronda dans les batailles,
Foudroya les guerriers, renversa les murailles:
Ainsi grondent encor sur l'homme audacieux
Les foudres de la terre et les foudres des Cieux.

 Enfin Satan triomphe; on admire, on s'étonne
Qu'il ait trouvé si tard cette poudre qui tonne:
Chacun par l'inventeur croit être prévenu;
Tant paraît naturel, alors qu'il est connu,
Le secret le plus rare, et dont l'adroit prestige
D'un art inconcevable eût semblé le prodige.

 Tout se lève, tout sort; ce grand ordre est suivi;
A ce fatal projet tout concourt à l'envi.
Avant que leurs fureurs renouvellent la guerre,
Tous, rassemblés en troupe et courbés vers la terre,
Tous fouillent à la fois les campagnes des Cieux,
Arrachent à leur sein les aliments des feux,
Substance encore informe, écume encor grossière,
Dont l'art doit lentement épurer la matière.

Le salpêtre et le nitre, empreints d'humidité,
Corrigent par le feu leur âpre crudité :
On les mêle avec art; en grains légers de poudre
Leur masse atténuée apprend à se dissoudre.
L'arsenal se remplit. D'autres s'en vont chercher
Des filons de métaux, des masses de rocher,
Tels que ceux qu'en son sein renferme cette plage,
Messagers de la mort, instruments du carnage,
Qui des tubes grondants, dont rejaillit l'éclair,
Partent avec la foudre et mugissent dans l'air.
Ailleurs croît le roseau, rapide incendiaire,
Qui touche et met en feu la poudre meurtrière.
Tout se meut, tout agit : de leur travail secret
Témoin silencieux et confident muet,
La nuit les favorise, et dès l'aube naissante
Leurs apprêts menaçants ont passé leur attente.

» A peine elle a paru, le signal est donné,
Des ministres de Dieu la trompette a sonné :
Chacun sous ses drapeaux vole brûlant de zèle;
De leurs armures d'or la campagne étincelle;
Du haut des monts frappés des premiers feux du jour,
D'autres vont observer dans les champs d'alentour
L'ennemi, ses projets, ses postes, sa conduite;
S'il revient au combat, ou s'il hâte sa fuite;
S'il avance ou s'arrête : aussitôt leurs regards
Aperçoivent de près leurs flottants étendards :
A pas lents avançait leur colonne intrépide.
Des messagers des Cieux soudain le plus rapide,

Zophiel part, fend l'air, arrive, jette un cri :

« Aux armes, compagnons ! le voici, le voici !
» Nous le croyions en fuite, il revient plus terrible :
» Du moins il nous épargne une marche pénible.
» Rendons grâces au Ciel ; au lieu de se cacher,
» Lui-même d'un pas ferme il revient nous chercher ;
» Son port est menaçant, son regard plein d'audace,
» Hâtez-vous ; que chacun attache sa cuirasse,
» Qu'il enfonce son casque, et de son bouclier,
» Comme d'un mur d'airain, se couvre tout entier.
» Soyez prêts, et surtout armez-vous de courage ;
» Car, si je ne suis pas trompé dans mon présage,
» Ce jour sera cruel. Je ne vous promets pas
» Une faible escarmouche et de légers combats,
» De quelques traits perdus une pluie innocente ;
» Une tempête affreuse, une grêle brûlante,
» En rapides torrents s'en va fondre sur nous :
» Aux armes ! le danger est digne enfin de vous ».

» Ainsi la voix céleste avertit leur courage,
Et leur cœur valeureux leur en dit davantage.
Tout s'ébranle, tout marche en bataillon serré :
Tout-à-coup à leurs yeux l'ennemi s'est montré.
Tranquille et résolue, en un morne silence,
D'un pas lent mais hardi, la colonne s'avance,
Traînant entre ses rangs ses tonnerres affreux
Que masquent en tous sens des bataillons nombreux.
Arrivés en présence, un moment on s'arrête ;
Satan sort de leurs rangs et s'avance à leur tête ;

Puis élevant la voix : « Soldats, ouvrez vos rangs ;
» Voici le jour qui doit finir nos différends.
» Que le Ciel soit témoin, que notre ennemi voie
» Qu'au-devant de ses pas nous volons avec joie.
» A notre accueil sans doute ils ne s'attendent pas,
» En rivaux généreux nous leur ouvrons les bras.
» Un accord amical va bientôt se conclure ;
» De nos vrais sentiments que ce jour les assure :
» Allons ; et, pour garants de ma sincérité,
» Amis, annoncez-leur les clauses du traité ;
» Parlez à haute voix, et que chacun entende
» Les offres que je fais, la paix que je demande ».

» En ces mots ambigus à peine il a parlé,
Soudain sur les deux flancs chaque rang redoublé
S'ouvre, et laisse un espace où nos regards se plongen
Là, leurs foudres guerriers en trois files s'allongen
Chacun vers l'horizon, en cylindre étendu,
Sur deux orbes roulants se montre suspendu,
Et semble ouvrir sur nous sa bouche menaçante.
Derrière eux, allongeant la baguette brûlante,
Des Anges sont debout, attendant le signal.
Cet appareil guerrier, et bientôt si fatal,
Durant quelques instants amuse notre vue.
Tout-à-coup, ô surprise ! ô terreur imprévue !
Ces roseaux enflammés que leurs mains tiennent prêt
Touchent au même instant tous ces bronzes muets ;
Des foudres assoupis la file est allumée,
Le feu prend, l'éclair part, des torrents de fumée

Obscurcissent les airs, le Ciel gronde ; et soudain
L'un à l'autre enchaînés, tous ces globes d'airain,
De leurs tubes en feu déchirant les entrailles,
Donnent en mugissant le signal des batailles.
La guerre affreuse vole : à ces coups nos soldats
Tombent sans résistance et vaincus sans combats,
Eux, du Ciel leur patrie enfants inviolables,
Fermes comme les rocs, comme eux inébranlables,
Chérubins, Séraphins, trônes, princes, vertus,
Roulent confusément l'un sur l'autre abattus.
Hélas! sans le fardeau de leurs vaines armures,
Ils auraient pu dans l'air éviter les blessures ;
Ou, de leurs ennemis éludant le courroux,
En atome invisible échapper à leurs coups.
Tout s'ébranle, tout plie : en vain, pour fuir l'orage,
Aux globes meurtriers ils ouvrent un passage.
Que faire en ce péril? au combat acharné
Vainement lutterait leur courage obstiné ;
Un second rang est là, prêt à lancer la foudre ;
Et cependant à fuir nul ne peut se résoudre.
Le superbe Satan se croit déjà vainqueur ;
Il insulte à leur trouble avec un air moqueur,
Et, sûr de décider les destins de la guerre,
Au tonnerre des Cieux oppose son tonnerre :
Mais son triomphe est court. Par la rage emportés,
Les bataillons divins à pas précipités
Partent, jettent bien loin leurs armes impuissantes ;
Pour étouffer la foudre en ses mains triomphantes,

Ils cherchent des moyens et plus sûrs et plus prompts,
S'écartent de leurs rangs, s'élancent vers les monts.
Le Ciel, comme vos champs, offre dans ses campagnes
Les aspects variés des vallons, des montagnes :
Aussi prompts que la foudre, ils volent, et leurs bras
Des monts déracinés emportent les éclats :
Torrents, fleuves, rochers, forêt majestueuse,
Arment de leurs débris leur rage impétueuse.
Juge de leur terreur, quand, des monts et des bois
Emportant dans nos mains l'épouvantable poids,
Nous fondîmes sur eux, lorsqu'au lieu de leurs cimes
Leur regard effrayé ne vit que des abîmes.
De leur masse accablante eux-mêmes sont atteints ;
Leurs rangs sont écrasés, leurs foudres sont éteints :
De moment en moment l'effroyable tempête
Volait, montait, tombait, et pleuvait sur leur tête.
Leurs armes vainement protégent les vaincus ;
Elles-mêmes bientôt sont un tourment de plus,
Par elles tout couverts d'horribles meurtrissures,
Furieux de douleur, déchirés de blessures,
Du milieu de ces monts, de leurs vastes débris,
Sortaient péniblement de lamentables cris ;
D'autres se débattant sous les masses qui tombent,
Luttent avec effort, se lèvent et succombent.
Enfin de notre exemple ils prennent des leçons :
Les monts lancés dans l'air entre-choquent les monts ;
La Terre dans les Cieux forme une voûte sombre ;
Même au milieu du jour ils combattent dans l'ombre ;

LIVRE VI.

Le jour épouvanté les éclaire à regret.
Rochers contre rochers, forêt contre forêt,
Tout du Chaos en guerre offre l'horrible image ;
Partout les cris, l'effroi, la douleur et la rage :
Auprès de ce fracas, de ce choc orageux,
La tempête et le calme, et les combats des jeux :
Tant leurs bras entassaient ruine sur ruine.
Des Anges même enfin la demeure divine,
Le Ciel, aurait croulé si le Père éternel,
Signalant pour son fils son amour paternel,
Pour s'honorer lui-même en sa vivante image,
Certain de l'arrêter, n'eût permis le ravage.
Enfin, du haut du trône où siége sa grandeur,
Il prétend de son fils rehausser la splendeur,
Et prouver au rival qui contre lui conspire,
Qu'il partage ses droits, sa foudre et son empire.
Il regarde à sa droite, et lui parle en ces mots :
« Noble image de moi, ma gloire, mon repos,
» Dont l'invisible éclat rend ma splendeur visible,
» Toi, le digne héritier de mon sceptre terrible,
» A qui seul appartient, durant l'éternité,
» Et ma toute-puissance et ma divinité !
» Deux jours sont écoulés, deux de nos jours célestes,
» Depuis que, combattant des discordes funestes,
» Michel a pris l'épée et conduit mes soldats.
» Tu connais les héros de ces affreux combats :
» Le fier Satan, malgré sa désobéissance,
» Digne de son rival, du moins par sa naissance,

3.

» A presque conservé sa céleste vigueur ;
» J'ai pour lui de mes lois suspendu la rigueur.
» Quels termes auraient donc ces horribles querelles?
» Moi-même, ouvrant le champ à ces sujets rebelles,
» Pour t'honorer, mon fils, par un dernier combat,
» De leurs divisions j'ai toléré l'éclat.
» Depuis qu'à leur fureur j'abandonnai les rênes,
» Tu vois à quels excès ils ont porté les haines :
» Des monts, au lieu de traits, dans les airs ont volé,
» Et de ce choc affreux le Ciel même a tremblé.
» Le désordre eut son cours, il est temps qu'il s'arrête;
» Je t'ai choisi, mon fils, pour calmer la tempête :
» Deux jours se sont passés, le troisième est à toi ;
» Réprime ce torrent de discorde et d'effroi.
» Armé de mon pouvoir, revêtu de ma grâce,
» De ces séditieux va confondre l'audace ;
» Et que les Cieux vengés et les Enfers punis
» Reconnaissent leur Dieu, leur monarque et mon fils.
» Pars, et prends avec toi mon appareil de guerre,
» Mes flèches, mon carquois, mon glaive, mon tonnerre ;
» Pars : monté sur ce char qui fait trembler les Cieux,
» Poursuis, frappe, confonds tous ces audacieux ;
» Disperse devant toi cette troupe rebelle ;
» Que tous aillent apprendre, en la nuit éternelle,
» Quel prix je garde à ceux qui violent ma loi,
» Et dont le fol orgueil ose insulter son roi ».

» Il dit, et sur son fils, que sa gloire illumine,
Verse tous les rayons de sa clarté divine.

De leur double splendeur tous les yeux sont ravis ;
Le père tout entier éclate dans son fils ;
Et le fils, de son père éblouissante image,
De sa reconnaissance exprime ainsi l'hommage :
 « O toi, de ma naissance incomparable auteur,
» Toi, de tous les pouvoirs puissant dominateur,
» Que revêt la clarté, que la gloire environne,
» Devant qui tous les fronts inclinent leur couronne,
» Des êtres le plus pur, le plus saint, le plus grand !
» C'est toi qui m'élevas à ton suprême rang.
» Glorifier ton fils est ton bonheur suprême,
» Et moi, je mets ma gloire à t'honorer moi-même.
» Mon père ! quand tu mets tes foudres dans ma main,
» C'est à moi de remplir ton ordre souverain :
» Aussitôt à tes pieds je remets ma victoire ;
» Un souris de mon père est ma plus douce gloire :
» Trop heureux, aux combats quand je vole pour toi,
» Si des dangers plus grands te prouvaient mieux ma foi !
» Je prends donc ton pouvoir, mais c'est pour te défendre,
» Fier de le recevoir, plus heureux de le rendre,
» Quand seul tu seras tout, quand mon éternité
» Coulera dans le sein de ta divinité.
» Ta gloire, ton éclat rejaillit sur moi-même ;
» Je hais ce que tu hais ; ce qui te plaît, je l'aime ;
» Oui, je fais mon devoir, mon bonheur le plus doux,
» De servir tes bontés ainsi que ton courroux.
» Ton fils veut être en tout ta plus parfaite image.
» Armé de ton pouvoir, je pars ; et mon courage

» S'en va chasser des Cieux et jeter dans les fers
» Tous ces sujets ingrats dévoués aux Enfers,
» Qui, tous associés à tes honneurs suprêmes,
» Reçurent de tes mains leurs brillants diadèmes ;
» Qui pouvaient vivre heureux sous tes divines lois,
» Mais qui de ton courroux vont sentir tout le poids.
» Alors tu n'auras plus que des sujets fidèles ;
» Le Chérubin dira tes grandeurs éternelles ;
» Et moi, dont le bonheur est ta félicité,
» Je donnerai l'exemple à la fidélité ».
  » A ces mots, sur son sceptre il s'incline avec grâce,
Et se lève du trône où Dieu marqua sa place.
La troisième aube à peine eut argenté les Cieux.
Soudain, pareil au bruit de l'ouragan fougueux,
Terrible, impatient de voler à la gloire,
Sort le char paternel, le char de la victoire.
Sans l'aide des coursiers, par un secret pouvoir,
De lui-même ce char apprit à se mouvoir.
Quatre fiers Chérubins aux ailes éclatantes,
Dont chaque œil offre à l'œil quatre faces brillantes,
Ont volé devant lui ; leurs ailes ont des yeux
Dont l'éclat défirait les globes radieux.
Des yeux éblouissants parsèment chaque roue,
Où du Soleil des Cieux la lumière se joue ;
Et l'orbite enflammé, et les rayons brûlants,
Roulent avec le char des feux étincelants.
Pareille au firmament, une superbe tente
Imite du cristal la blancheur transparente ;

LIVRE VI.

Un trône est au-dessus ; à l'ambre le plus pur,
Le céleste saphir y mêle son azur :
De l'arc brillant des Cieux la pompe le décore ;
Lui, dans un appareil plus éclatant encore,
Cet appareil guerrier, armes de l'Éternel,
Où s'épuisa tout l'art des ouvriers du Ciel,
Il monte sur son char : là, déployant ces ailes
Sur qui l'aigle s'élance aux voûtes éternelles,
La victoire est assise à la droite de Dieu.
Plein des traits du tonnerre et de flèches de feu,
Sur lui pend son carquois : de la nuit enflammée
Autour de lui s'élève une épaisse fumée :
Et, dans l'air embrasé traçant d'affreux sillons,
Le feu sort en éclairs de ses noirs tourbillons.
De loin l'œil l'aperçoit ; une immense cohorte
De brillants Séraphins compose son escorte.
Il vient : dix mille chars, dix mille autres encor,
Volent à ses côtés et suivent son essor ;
De son trône d'azur partent des étincelles ;
De brillants Chérubins le portent sur leurs ailes ;
Il vient, il vole, il fend l'immensité des Cieux.
De son armée à peine il a frappé les yeux,
Tous, ivres des transports que son aspect fait naître,
Ont senti sa présence et reconnu leur maître.
Déjà s'est déployé le saint drapeau du Ciel,
Le drapeau du Messie. A la voix de Michel,
Son innombrable armée autour de lui se range.
Partout régnait l'effroi : Dieu paraît et tout change ;

Les monts déracinés retournent en leur lieu;
La Nature en riant félicite son Dieu;
Le coteau reverdit, le vallon se colore;
Et les fleurs sous ses pas recommencent d'éclore.
Ses ennemis l'ont vu : témoins de son pouvoir,
Leur espoir désormais est dans le désespoir;
De leurs soldats troublés ils rassemblent les restes :
Tant d'orgueil entre-t-il dans des âmes célestes?
Eh! l'orgueilleux jamais peut-il être dompté?
De ce qu'ont vu leurs yeux leur cœur est irrité;
Contre ce Dieu puissant, que la Nature adore,
De leur dépit jaloux la fureur les dévore.
Pour ces cœurs endurcis les prodiges sont vains;
Ils veulent, ou ravir le sceptre dans ses mains,
Ou, si dans leur fureur le sort ne les seconde,
Tomber ensevelis sous les débris du monde :
Aucun ne veut céder, aucun ne songe à fuir;
Tous ont dit dans leur cœur : « Ou régner, ou périr! »
Et cependant des siens, disposés sur deux ailes,
Dieu harangue en ces mots les cohortes fidèles :

« Soldats, reposez-vous, dit-il; votre vertu
» A pour nos droits sacrés vaillamment combattu;
» De vos nobles efforts le Ciel reçoit l'hommage :
» Dans vos cœurs généreux il a mis le courage;
» Ce que Dieu fit pour vous, vous l'avez fait pour lui.
» Que vos vaillantes mains s'arrêtent aujourd'hui;
» Il faut de ces ingrats que le crime s'expie;
» Mais, pour exterminer leur faction impie,

» Et mettre enfin un terme à ces tristes combats,
» Le Ciel n'exige plus le secours de vos bras ;
» Dieu seul doit châtier leur désobéissance :
» Oui, Dieu seul, ou le bras chargé de sa vengeance.
» Le nombre est inutile à ce triomphateur ;
» Que chacun reste ici tranquille spectateur.
» L'orgueil méconnut Dieu ; sur l'orgueil téméraire
» Vous verrez si ce Dieu fait peser sa colère.
» Par eux, bien plus que vous, son fils fut outragé :
» Maudit par eux, par moi je dois être vengé.
» Par leurs jaloux complots ma grandeur poursuivie
» Excita leur révolte, enflamma leur envie ;
» Je sais quel intérêt les aigrit contre moi :
» Celui qui règne au Ciel, qui m'a nommé leur roi,
» A qui seul appartient la gloire et la puissance,
» En honorant son fils irrita leur vengeance.
» Nous verrons qui de nous sait combattre et punir.
» Leurs bras contre moi seul ont dû se réunir,
» Seul je m'arme contre eux. Pour leur race parjure
» La force du pouvoir est la seule mesure,
» Et tout autre mérite est étranger pour eux.
» Enfin ils l'ont voulu, je vais remplir leurs vœux :
» Que le sort des combats à nos destins préside ;
» La force fait leur loi, que la force décide ».
   » Son visage à ces mots s'allume de fureur ;
Les éclairs de ses yeux répandent la terreur.
Soudain, cachant les Cieux de l'ombre de leurs ailes,
Partent avec son char ses Chérubins fidèles ;

Ils volent; et des vents le souffle impétueux,
D'une armée en fureur le choc tumultueux,
Les torrents en courroux précipitant leur onde,
Cèdent au bruit du char, qui court, s'enflamme et gronde
 » Lui, pareil à la nuit dans sa plus sombre horreur,
Part, sur ses ennemis s'élance avec fureur;
Comme un feu dévorant sa colère s'irrite;
Aux rangs les plus épais son char se précipite :
Sous la rapide roue et le brûlant essieu,
Tout tremble, tout frémit; hors le trône de Dieu.
A peine il s'est montré, pour signal de la guerre,
Mille dards, dont chacun est lui-même un tonnerre,
Sont partis de sa main et vont au fond des cœurs
Porter en traits de feu l'aiguillon des douleurs :
Avec eux dans leurs rangs ont volé les alarmes;
Leurs défaillantes mains laissent tomber leurs armes.
Trônes, principautés, boucliers, étendards,
Les casques panachés, les coursiers et les chars,
Sa roue écrase tout. « Cessez, brûlant orage!
» O monts, tombez sur nous; sauvez-nous de sa rage! »
Criaient-ils en fuyant. Avec non moins d'ardeur,
Les Anges qui traînaient le char triomphateur,
Leurs innombrables yeux, leurs ailes flamboyantes,
Et du char animé les clartés foudroyantes,
Partout faisaient pleuvoir un déluge de feu;
Chacun semble lancer le tonnerre de Dieu :
Tous, avec l'Éternel marchant d'intelligence,
Partagent sa colère et servent sa vengeance.

L'ennemi se consume en efforts impuissants ;
Les cœurs sont abattus, et les bras languissants.
Tout-à-coup du Très-Haut la victoire s'arrête,
Et son foudre est resté suspendu sur leur tête :
Il ne veut point les perdre ; il veut que pour jamais
Ces ingrats soient bannis de l'éternelle paix,
Épargnés par son bras. Devant son char rapide
Tout fuit, tout est chassé comme un troupeau timide
Jusqu'aux extrémités de l'empire des Cieux ;
L'effroi hâte leurs pas. Tout-à-coup à leurs yeux
S'ouvre un gouffre profond, immense, épouvantable,
D'où se voit des Enfers le séjour lamentable.
La foule à cet aspect a reculé d'horreur ;
L'abîme est devant eux, derrière eux la terreur ;
Poursuivis et tremblants sous la main souveraine,
Vers le bord redouté la foudre les ramène.
Là, plongeant dans la nuit leurs yeux épouvantés,
Tous des hauteurs des Cieux tombent précipités :
Ils tombent ; mais de Dieu la foudre inexorable
Ne laisse point de trève à ce peuple exécrable,
Et les poursuit encor de ses flèches de feu.
» Cependant l'Enfer tremble à ce tumulte affreux :
Cet innombrable amas d'armes et de victimes
Jusqu'en ses profondeurs ébranle ses abîmes ;
Il croit voir tout le Ciel fondre en éclats sur lui :
La nuit s'en épouvante, et lui-même aurait fui,
Si la main du Destin sur sa base profonde
N'eût assis pour jamais les fondements du monde.

Durant neuf longues nuits, durant neuf jours entiers,
Les bataillons vaincus roulèrent par milliers;
Du Chaos étonné les régions tremblèrent,
De leurs vastes débris ses gouffres se comblèrent.
Mais enfin de l'Enfer l'abîme ténébreux
S'ouvrit, les engloutit, se referma sur eux;
L'Enfer, leur digne asile, où mugit sur leur tête
D'un océan de feu l'éternelle tempête,
Lieux où règnent la nuit, la douleur et le deuil.

»Tel n'était point le Ciel, d'où tomba leur orgueil:
Paisible, délivré de ses sujets rebelles,
Les hymnes, les festins, les pompes solennelles,
Tout renaît; son séjour est plus doux, l'air plus pur,
Et la voûte céleste a repris son azur.

» Alors, heureux vainqueur de leur ligue infernale,
Le fils de Dieu reprend sa marche triomphale;
Il revient, son char roule, et ses Anges en chœur
Accompagnent leur maître et chantent le vainqueur.
Lui seul a triomphé; mais fier de sa victoire,
Tous portent devant lui les palmes de la gloire:
« Béni sois, disaient-ils, sois béni mille fois,
» Toi, le fils, l'héritier du souverain des rois,
» Roi toi-même! » Au milieu des hymnes, des cantiques,
Il avance, il atteint les célestes portiques,
Franchit leurs portes d'or, entre dans le Saint-Lieu.
Sur son trône exhaussé, près du trône de Dieu,
Il monte, il lui remet ses foudres paternelles,
Et partage avec lui ses splendeurs éternelles.

» Tu le vois, aux objets de ces terrestres lieux,
Pour toi, dans mes récits, assimilant les Cieux,
De Dieu sur des ingrats j'ai conté la victoire :
Adam, pour ton bonheur, gardes-en la mémoire!
Satan vous voit tous deux avec des yeux jaloux;
Ses malheurs partagés lui sembleraient plus doux;
Il voudrait se venger du Maître du tonnerre,
Et consoler l'Enfer par les maux de la Terre;
Il ne prétend rien moins, dans son horrible vœu,
Que les malheurs d'un monde et les affronts d'un Dieu.
Crains de ton ennemi l'insidieuse adresse;
Avertis ta compagne, et soutiens sa faiblesse.
Dieu confondit l'orgueil armé contre ses droits;
Profite de l'exemple, et respecte ses lois ».

FIN DU LIVRE SIXIÈME.

REMARQUES

SUR LE LIVRE SIXIEME.

Il y a beaucoup à blâmer et à louer dans ce chant : ce qui est répréhensible appartient au sujet ; ce qui est louable appartient au poète. Le sujet de ce chant est la guerre des bons et des mauvais Anges. Tous les poètes épiques ont peint des batailles ; elles occupent une grande partie du poème d'Homère ; et, malgré la variété extrême qu'il y a répandue, en faisant paraître tour-à-tour des héros d'un caractère différent, et en variant à l'infini le lieu des scènes militaires, on ne peut disconvenir que la profusion de ces sortes de peintures ne produise une sorte de satiété et de monotonie. Virgile en a été plus sobre, et les a traitées avec plus d'art, mais avec moins d'éclat. Si l'on cherchait les raisons qui ont déterminé les poètes épiques à consacrer une partie de leurs ouvrages à des descriptions de combats, on pourrait en découvrir plus d'une : 1°. Le poème épique est un poème héroïque, et le premier caractère de l'héroïsme est le mépris de la vie ;

2°. Ces guerres ont pour cause la rivalité des nations guerrières, dont la lutte offre toujours un spectacle intéressant ;

3°. Ajoutez à cet intérêt le génie et l'habileté que demandent les manœuvres et les évolutions militaires ;

4°. Enfin, ces sortes de descriptions, sous la main des grands maîtres, sont pleines de verve, de chaleur et de mouvement.

Les batailles de Milton ne pouvaient avoir le même intérêt que celles de Virgile et d'Homère. Pour produire cet intérêt, il faudrait pouvoir placer les héros de ces batailles dans de grands dangers ; et quels dangers peuvent courir des Anges, des Êtres presque impassibles, dont les blessures se referment à l'instant ? Il faut que ces héros inspirent l'espérance ou la crainte, par l'incertitude du succès ; et comment des Anges rebelles, déjà vaincus, luttant contre la Toute-puissance, pourraient-ils produire cet effet ? Le lecteur prévoit aisément de quel côté sera la victoire, et ces récits ne peuvent exciter suffisamment la curiosité.

Mais si les batailles de Milton manquent de quelques-uns des avantages de celles d'Homère et de Virgile, sous d'autres rapports elles l'emportent infiniment sur celles de ces deux poètes ; elles offrent toute la variété dont le sujet était susceptible. La peinture de l'armée céleste est pleine de chaleur et des plus magnifiques images ; sa marche sur la terre et dans l'air est exprimée avec force et avec rapidité. Il a peint avec des couleurs non moins vives l'armée rebelle, dont la magnificence semble le disputer à celle des troupes célestes. Satan y est représenté avec une pompe d'images et d'expressions digne de la fierté et des titres de cet Archange audacieux. Le premier engagement est un combat singulier entre le chef des révoltés et le généreux Abdiel : il était convenable de donner les honneurs de ce premier combat à celui qui avait résisté en face à Satan dans le conseil des rebelles, et avait intrépidement soutenu la cause de Dieu. Le lecteur desire en secret que Satan soit désarmé dans ce premier combat; mais l'intérêt finirait trop tôt : aussi Milton, dans ce premier choc, se contente d'humilier l'orgueil de Satan; il peint ensuite un engagement général, et rien n'égale la chaleur avec laquelle il est décrit.

Un nouveau combat singulier a lieu entre Michel, le chef des milices célestes, et celui des puissances infernales; il était convenable que celui-ci parût plus d'une fois sur la scène. Sa défaite et sa blessure encouragent les milices célestes; le combat devient général; les Anges rebelles sont vaincus, Satan se retire, mais il ne désespère pas. Il propose à ses troupes d'inventer des armes nouvelles; ce qui amène naturellement l'invention infernale de l'artillerie. J'ai tâché de motiver d'une manière plus particulière que ne l'a fait Milton, cette invention désastreuse, qui, moyennant cette pré-

caution, paraît moins bizarre et plus vraisemblable.
L'usage qu'en fait l'armée de Satan a donné lieu à une
des plus magnifiques descriptions que présente aucune
bataille poétique. On peut en dire autant du moyen
que les Anges fidèles emploient contre leur vainqueur
d'un moment; ils lancent à leurs ennemis des promon-
toires, des montagnes et des forêts entières; et, quoi
qu'en disent les critiques, d'après l'idée que Milton
vient de nous donner de la force supérieure des Anges,
qui pourraient d'un seul coup lancer des planètes à
leurs ennemis, ces images n'ont rien d'exagéré ni de
gigantesque; et sans doute on aurait tort de mesurer
les forces célestes sur les forces humaines : ce genre de
merveilleux convient au sujet. C'est ainsi que Milton
a distingué ses batailles de toutes celles des poètes qui
l'ont précédé; et la description qu'il a faite est digne,
par la chaleur et le mouvement qui l'animent, des
grands objets et des grands efforts qu'elle représente.

L'ébranlement qu'occasionent dans la Nature entière ces terribles batailles, décide l'Éternel à les
terminer par la main de son fils. Ici le poème reprend
un ton plus auguste et plus merveilleux encore; le char
du fils de Dieu, son départ, sa marche, le cortége qui
l'environne, sont décrits avec une admirable magnificence. Milton, dans cet endroit, a emprunté d'Ézé-
chiel plusieurs idées, dont quelques-unes peuvent sem-
bler bizarres, mais dont la plupart sont sublimes.

L'attaque que livre aux troupes rebelles la main toute-puissante, leur déroute, leur désespoir, sont exprimés avec la plus grande énergie; mais rien n'égale le moment où les vaincus, chassés devant le char foudroyant de Dieu jusques aux confins du Ciel, découvrent devant eux l'abîme immense ouvert pour les recevoir; et, après avoir reculé d'effroi, ils sont ramenés par la foudre, et s'y précipitent en foule. La peinture du Chaos étonné, de l'Enfer ébranlé par leur chute, s'ouvrant, les engloutissant, et se refermant sur eux, est au-dessus de tout éloge. L'imagination de Milton pouvait seule suffire à ces terribles peintures; ses vers, dans ce tableau, sont aussi supérieurs à toutes les descriptions des autres poètes, que le Ciel l'est à la Terre. Ce tableau se termine par un contraste admirable, par la peinture de la sécurité et de la paix rétablies dans le Ciel; par la chute et l'exil des mauvais Anges. Enfin, ce chant est terminé d'une manière sublime: c'est le fils de Dieu revenant vainqueur de la révolte, marchant en triomphe à travers son armée qui porte devant lui les palmes de la gloire, conduit en pompe dans le Ciel, au milieu des hymnes et des cantiques, remontant sur le trône, et reprenant sa place à la droite de son père vengé.

C'est avec beaucoup de convenance et de raison que Raphael profite de cette occasion pour réveiller le zèle et la fidélité des deux époux, par l'exemple de la vengeance divine, qu'il tourne pour eux en leçon; les avis qu'il leur donne sont exprimés avec la plus grande simplicité, et respirent l'affection la plus tendre, et je dirais presque la plus fraternelle. On voit qu'il était impossible de mettre plus de variété et de vraisemblance dans la description de ces combats surnaturels; aussi ce chant passe, avec raison, pour un des plus beaux de ce magnifique poème. Quelques bizarreries ne peuvent en faire méconnaître les véritables beautés; il faut juger souvent de la poésie comme de la peinture. Dans le fameux tableau du *Jugement dernier*, par Michel-Ange, tous les connaisseurs ont remarqué plus d'une inconvenance; de ce nombre sont les divinités païennes, admises dans ce sujet sacré: mais l'invention, la force, le mouvement qui distinguent ce tableau, en font un des chefs-d'œuvre de peinture; et Milton est, sous plus d'un rapport, le Michel-Ange de la poésie.

ARGUMENT.

À la prière d'Adam, Raphael explique comment et pourquoi le monde a été créé. Il lui apprend que Dieu, après avoir chassé du Ciel Satan et ses Anges, déclara le dessein qu'il avait de produire un autre monde et d'autres créatures pour l'habiter. Il envoie son fils avec un glorieux cortége d'Anges pour accomplir l'ouvrage de six jours. Les esprits célestes en célèbrent la consommation par des hymnes et des cantiques, et remontent au Ciel à la suite du Créateur.

PARADIS PERDU,
POÉME.

LIVRE SEPTIÈME.

Descends du haut des Cieux, immortelle Uranie,
Descends, et de mon luth seconde l'harmonie !
A peine à mon oreille arrivent tes accents,
Un délire divin s'empare de mes sens ;
Je m'élance, je vole où jamais du Parnasse
Le coursier fabuleux ne porta son audace.
Muse sainte ! pour moi tu n'es pas un vain nom ;
Tu ne fréquentes point les sommets d'Hélicon,
Les eaux de Castalie, et ses bois poétiques ;
Non, non, tu précédas ces rêves chimériques :
Noble fille du Ciel ! la Sagesse, ta sœur,
Dès long-temps entendit tes chants pleins de douceur ;
Près d'elle dès long-temps les brillantes merveilles
De l'Éternel lui-même ont charmé les oreilles.
Reviens donc, qu'avec toi d'un vol audacieux
Je puisse entrer encor dans le palais des Cieux.
Dans ses nobles dangers tu dirigeas ma course ;
Par toi les feux du Ciel m'ont vu boire à leur source ;
Mais ce n'est plus le temps : des lambris éternels,
Ramène mon essor dans les champs paternels.

Mon char est loin encor du terme de sa route ;
Assez long-temps du Ciel il parcourut la voûte,
Et du vaste Empyrée il traversa l'azur.
Je descends, je reviens raser d'un vol plus sûr
Ce globe où du Soleil la course journalière
Dans un cercle moins grand achève sa carrière ;
Mais avec même ardeur je poursuivrai mes chants,
Non moins harmonieux, peut-être plus touchants.
Dans ces temps malheureux, dans ce siècle de haine,
J'irai, je charmerai la discorde humaine,
Ma triste cécité, les cris de mes rivaux,
Et le toit solitaire où se cachent mes maux.
Que dis-je? suis-je seul? ah! divine Uranie!
Non, ta douce présence inspire mon génie,
Soit quand la nuit revient, soit lorsque le Soleil
Prête ses feux naissants à l'orient vermeil.
Viens donc, ah! viens encor protéger ton poète :
Favorise mes chants; dans mon humble retraite
Conduis quelques amis qui chérissent mes vers,
Et, quand j'ai tout perdu, sois pour moi l'univers.
Mais loin des jeux bruyants la turbulente ivresse,
Des Bacchantes du jour l'importune allégresse :
Sur les monts Riphéens, leurs fureurs autrefois
Du malheureux Orphée étouffèrent la voix,
Cette voix qui charmait les cavernes profondes,
Entraînait les forêts, et suspendait les ondes.
Son dernier chant émut les rochers attendris,
Et Calliope en pleurs ne put sauver son fils.

LIVRE VII.

Mais toi, toi qui n'es pas un vain songe comme elle,
Descends, viens me guider dans ma course nouvelle :
Dis les faits avenus depuis que Raphaël
Eut instruit ces époux des menaces du Ciel :
Leur eut dit que, pareils à l'Archange parjure,
Lui, ses fils et sa race expîraient leur injure,
Si, parmi tant de fruits, présents de sa bonté,
Un seul fruit défendu n'était pas respecté.
 Assis près d'Ève, Adam écoutait cette histoire.
Plein de ce long récit gravé dans sa mémoire,
Pensif, il méditait ces faits miraculeux,
Ces illustres revers, ces mystères des Cieux ;
Il ne peut concevoir, dans la cour éternelle,
Auprès d'un Dieu de paix, cette guerre cruelle,
Dans le lieu du repos, la haine et la fureur,
Et la discorde horrible au séjour du bonheur ;
Mais des Anges punis les trames criminelles
Font retomber ces maux sur leurs têtes rebelles ;
Et le Ciel toujours pur repousse de son sein
De viles factions le turbulent essaim.
Ces pensers ont calmé le trouble de son âme,
Mais l'ardeur de savoir de plus en plus l'enflamme ;
Il éprouve en secret le desir curieux
De savoir quelle main fit la Terre et les Cieux :
Pour quel but, dans quel temps naquit ce monde immense
Tout ce qui dans Éden précéda leur naissance ;
Enfin quel est son sort ; et tout ce qu'il apprit
A de l'ardeur d'apprendre enflammé son esprit.

Ainsi, lorsque les eaux d'une source abondante
N'ont éteint qu'à demi sa soif impatiente,
Sur les flots fugitifs le voyageur penché,
A ce brillant cristal tient son œil attaché,
Écoute son murmure ; et son ardeur avide
S'accroît au bruit flatteur de cette onde limpide.
Mais enfin à l'Archange il s'adresse en ces mots :

« Que tes récits sont grands, sublimes et nouveaux !
Mon cœur en est ravi, mon esprit s'en étonne :
Poursuis, dissipe enfin la nuit qui m'environne.
O toi, qui viens, d'un Dieu fidèle messager,
Du piége qui m'attend m'apprendre le danger.
Pour l'adorer, sans doute il nous a donné l'être :
C'est apprendre à l'aimer, qu'apprendre à le connaître.
Nos cœurs lui sont voués, et ses heureux sujets
Lui doivent un amour égal à ses bienfaits.
Toi donc, puisque, sensible au bonheur de ma race,
De ton doux entretien tu m'accordes la grâce,
Parle, achève, et découvre à nos terrestres sens
Des mystères pour nous non moins intéressants :
Dis quel art a des Cieux courbé l'immense voûte ;
Quels feux si loin de nous suivent en paix leur route,
Où s'arrête l'espace à nos yeux étendu ;
Comment un air fluide, en tous lieux répandu,
Embrasse doucement de sa molle ceinture
Et la Terre, et le Ciel, et toute la Nature ;
Pourquoi le Créateur, sorti d'un long repos,
A fait jaillir enfin le monde du Chaos ;

Quel jour il a créé ces brillantes merveilles.
Parle, si Dieu consent qu'à nos faibles oreilles
Parviennent ces récits. De mes yeux indiscrets
Je ne viens point sonder ses augustes décrets ;
Mais, pour mieux l'honorer, mon cœur brûle d'apprendre
Ce qu'il permet de voir, ce qu'il permet d'entendre.
» Le Soleil a rempli la moitié de son tour,
L'autre est encore à nous ; et quand l'orbe du jour
Serait prêt, à nos yeux, d'éteindre sa lumière,
Ce grand astre, à ta voix prolongeant sa carrière,
Pour toi s'arrêterait sur le trône des airs,
T'écouterait conter ces prodiges divers,
Dirait quel jour, ouvrant sa marche solennelle,
Lui-même il s'étonna de sa clarté nouvelle ;
Mais, si la nuit survient, à tes charmants discours,
Non, non, les Cieux muets ne resteront pas sourds ;
Le Silence prendra du plaisir à t'entendre ;
Le Repos sur nos yeux tardera de descendre ;
Et, forcé par tes sons d'interrompre ses lois,
Le Sommeil veillera pour écouter ta voix ;
Et nous, nous jouirons jusqu'à ce que l'Aurore
Se lève, et te renvoie à ce Dieu que j'adore ».
« Eh bien ! mon cœur se rend à tes modestes vœux.
Mais comment te parler du monarque des Cieux !
Sa gloire accable l'Homme ; à chanter ses louanges
A peine suffirait la voix même des Anges.
Mais tant que je le puis, autant que je le dois,
Ces mystères des Cieux vont s'ouvrir devant toi ;

Tu sauras ce que Dieu permet que je révèle;
Dans la brillante nuit de sa gloire éternelle
Le reste est sous son voile, et repose à jamais
Dans l'ombre impénétrable où dorment ses secrets :
Lui seul se voit lui-même, et demeure invisible.
N'espère point franchir cette borne invincible :
La Terre, sans sonder les mystères des Cieux,
Offre un champ assez vaste à ton œil curieux.
De même que le corps, l'âme a sa nourriture;
Mais dans leurs aliments tous deux ont leur mesure;
L'usage est salutaire, et l'abus dangereux.
Entends-moi donc : après que l'Ange ténébreux
(Lucifer fut son nom, quand sa splendeur première
Surpassait en éclat les Anges de lumière,
Ainsi que le Soleil, au céleste séjour,
Éclipse en se montrant les astres de sa cour,)
Quand Satan, par son nom s'il faut que je l'appelle,
Dans sa chute entraînant tout un peuple rebelle,
Fut tombé dans le gouffre, au séjour paternel
Remonta triomphant le fils de l'Éternel,
Au milieu des parfums, des chants et des louanges.
Alors, comptant du Ciel les nombreuses phalanges,
« Tu vois, dit le Très-Haut à son auguste fils,
» Quel salaire ont reçu tous ces fiers ennemis :
» Ils croyaient, attaquant la montagne où je tonne,
» Usurper mon empire et ravir ma couronne;
» Leur audace est trompée, et leurs vœux sont déçus;
» Le Ciel qui les vomit ne les recevra plus.

» Mais la plus grande part me demeura fidèle ;
» Leur foule habite encor sa patrie éternelle ;
» Et Dieu ne manque pas de cœurs obéissants,
» Ma cour d'adorateurs, ni mes autels d'encens.
» Cependant l'ennemi pourrait, fier de nos pertes,
» Croire qu'il a laissé ces demeures désertes :
» De mes mains va sortir un nouvel univers ;
» D'un seul couple y naîtront mille peuples divers ;
» Ses heureux habitants y vivront jusqu'à l'heure
» Où leur foi s'ouvrira ma céleste demeure.
» Ensemble s'alliront d'indissolubles nœuds,
» L'Éternité, le Temps, et la Terre et les Cieux.
» Moi, je serai de tous le monarque et le père.
» Vous, les premiers sujets de mon règne prospère,
» Triomphateurs heureux d'un ennemi jaloux,
» Jouissez de vos droits, tout le Ciel est à vous.
» Toi, mon unique enfant, mon verbe, mon image,
» C'est par toi que je veux accomplir mon ouvrage ;
» Va, parle, et qu'il soit fait ; moi-même dans ton sein
» Je verserai mon âme et mon pouvoir divin.
» Plane sur le Chaos, finis sa vieille guerre ;
» Va, sépare d'un mot et le Ciel et la Terre :
» L'abîme de l'espace était illimité ;
» Mais je le remplissais de mon immensité.
» Je suis ; rien n'est sans moi ; seul de tout je dispose,
» Produis, détruis, refais, agis ou me repose,
» Donne au Hasard des lois, à la puissance un frein ;
» Et mes commandements sont l'arrêt du Destin ».

5.

» Il dit : le père ordonne, et le fils exécute :
L'éclair dans son essor, le torrent dans sa chute,
Du temps, du mouvement le cours précipité,
N'égalent point sa force et sa rapidité.
Ce qu'il ordonne est fait. Mais par quelles images
Peindre à tes faibles yeux ses sublimes ouvrages?
A peine a retenti sa souveraine loi,
Tout le Ciel en triomphe applaudit à son roi :

« Gloire soit au Très-Haut, au souverain du monde!
» Gloire au Dieu dont l'amour descend, couve et féconde
» Les germes des vivants qui doivent naître un jour!
» Puisse la douce paix habiter leur séjour!
» Gloire au Dieu dont la main protégea l'innocence,
» Et bannit de sa cour la rebelle insolence,
» Au Dieu qui fait des maux une source de biens!
» Par lui, d'un Ciel plus beau plus dignes citoyens,
» Aux trônes d'où sa main renversa les rebelles,
» Bientôt viendront s'asseoir des serviteurs fidèles :
» Il prépare déjà, dans leurs berceaux obscurs,
» Les siècles à venir et les mondes futurs.

» Ils chantaient : cependant le grand œuvre commence
Dieu vient, il vient armé de la toute-puissance ;
La majesté rayonne en son regard divin ;
A ses traits la Sagesse, au front calme et serein,
Mêle son doux éclat, l'Amour sa vive flamme ;
Dieu brille dans ses yeux, il brûle dans leur âme :
Le père tout entier s'admire dans son fils.
Autour de lui volaient d'innombrables l'sprits :

LIVRE VII.

Chérubins, Séraphins, Puissances immortelles,
Tous leurs corps sont ailés, tous leurs chars ont des ailes.
Ces chars qui, reposant entre deux monts d'airain,
Attendent de leur roi le signal souverain,
Orgueilleux d'escorter sa marche triomphante,
A peine ils ont oui sa voix toute-puissante,
D'eux-mêmes, ô prodige! ils partent, et de Dieu
Suivent le char brûlant, sur leurs axes de feu.
Il avance : à l'aspect des célestes cohortes,
Des Cieux sur leurs gonds d'or s'ouvrent les vastes portes
Et rendent, en s'ouvrant, des sons harmonieux :
Les célestes concerts sont moins mélodieux.
La Gloire suit ses pas; dans sa pleine puissance,
A des mondes nouveaux il porte la naissance;
S'arrête au bord du Ciel, et du gouffre profond
Déjà ses yeux perçants ont pénétré le fond :
Abîme ténébreux, océan sans rivage,
Agité par les vents, tourmenté par l'orage,
Qui, lançant dans les airs ses flots séditieux,
Semble braver Dieu même et menacer les Cieux.
« Vents fougueux, taisez-vous! vaste mer, fais silence ».
Ainsi parle au Chaos l'éternelle puissance.
Soudain l'abîme entend sa redoutable voix;
Ses brûlants Séraphins accourent à la fois :
En triomphe porté sur leurs rapides ailes,
Il s'avance, brillant de splendeurs paternelles,
Il marche; du Chaos le soin respectueux
A sa voix a calmé ses flots tumultueux.

Son cortége le suit, brûlant de voir éclore
Ce monde qu'il médite, et qui n'est pas encore.
Il arrête son char, et déjà dans sa main,
Avec ses branches d'or, luit ce compas divin
Qui, gardé dans les Cieux, en cette nuit profonde,
Devait un jour tracer les limites du monde ;
L'une s'arrête au centre, et l'autre, dans les airs,
Marque en tournant le cercle où sera l'univers.
« Monde, viens jusqu'ici ; tes bornes sont prescrites ;
» Reste dans ton enceinte, et connais tes limites ».
Ainsi Dieu fit d'un mot et la Terre et les Cieux.

» Mais de ce vaste amas, sombre et silencieux,
La nuit couvrait encor la matière inféconde :
L'esprit de Dieu s'étend sur les gouffres de l'onde,
Les couve sous son aile, et verse dans leur sein
Son âme créatrice et son souffle divin.
Au feu vivifiant de sa chaleur puissante
Le Chaos se féconde, et la Nature enfante.
Tout se range à sa place, et chaque germe impur
Étranger à la vie, au fond du gouffre obscur
Plonge sa masse inerte et sa grossière lie ;
Attirant, attiré, l'être à l'être s'allie :
L'un écoute sa haine, et l'autre son amour,
Et comme ses penchans chacun a son séjour.
Le feu vole, l'air monte, et dans l'air élancée,
La Terre par son poids y demeure fixée.

» Alors l'Éternel dit au Néant qui conçut :
« Que la lumière soit ; » et la lumière fut ;

La lumière, de l'air l'essence la plus pure,
L'enfant, le premier-né de toute la Nature,
Dont Dieu même est la source, et qui, d'un air riant,
Commence sa carrière aux portes d'orient.
Cependant le Soleil n'existait pas encore ;
Les nuages cachaient le berceau de l'Aurore ;
Dieu la vit et l'aima ; mais de l'obscurité
Son ordre tout-puissant sépara la clarté,
Nomma l'une le jour, et l'autre les ténèbres.
Ici des rayons purs, là des vapeurs funèbres,
Se succédant sans cesse et changeant de séjour,
Sur le double hémisphère habitent tour-à-tour.
Ainsi du jour naissant brillèrent les prémices :
Le Ciel même à la Terre envia ses délices ;
Et tout l'Olympe en chœurs, par de joyeux concerts,
Chanta le jour enfant et le jeune univers.
» Au chef-d'œuvre de Dieu les Anges applaudirent ;
Les célestes palais à leurs chants répondirent :
De la harpe et du luth, frémissant sous leurs doigts,
La corde harmonieuse accompagnait leurs voix ;
Tous chantaient à l'envi le Dieu qui fit éclore
Et la première nuit, et la première aurore.
Pour la seconde fois il commande au Chaos :
« Flots humides, dit-il, séparez-vous des flots ;
» Que dans l'immensité chacun prenne sa route,
» Et que le firmament arrondisse sa voûte ».
Il commande : à sa voix flotte une double mer,
L'une au-dessous des Cieux, l'autre au-dessous de l'air.

Sur le monde entouré de la vapeur errante,
Monte en voile d'azur une onde transparente :
Dieu leur donne des lois. Enfin son bras puissant
Du monde raffermit l'édifice naissant.
Dans l'abîme fougueux gronde un reste d'orage :
Il l'écarte; il a peur que son noir voisinage
Pour ce monde nouveau ne soit contagieux.
Du nom de firmament il a nommé les Cieux :
C'en est fait; et le Soir, l'aimable Matinée
Déjà chantent en chœur la seconde journée.

» Le monde était formé, son globe à peine éclos,
Tel qu'un faible embryon, sommeillait sous les flots;
Mais l'humide élément, de ses vapeurs fécondes,
Pénétrait en secret ce nourrisson des ondes;
Dieu fait entendre alors ces mots impérieux :
« O flots, rassemblez-vous, et roulez sous les Cieux;
» Flots, vos bassins sont prêts; Terre, sors des abîmes ».
Il dit : des monts altiers les gigantesques cimes
Lèvent leur tête chauve, et, s'approchant des Cieux,
Vont cacher dans la nue un front audacieux.

» Autant que vers le Ciel les montagnes s'étendent,
Autant des vallons creux les profondeurs descendent :
Vaste lit qui, s'ouvrant en canal, en bassin,
Reçoit les flots charmés de rouler dans leur sein;
D'abord faibles, pareils aux gouttes orageuses
Qu'épanche un ciel brûlant sur les plaines poudreuses,
Tous de l'Auteur du monde ont entendu la voix;
A leur poste assigné tous marchent à la fois :

Les uns se redressant en montagnes liquides ;
D'autres suivant leur marche en bataillons rapides,
Et tels que je t'ai peint aux accents des clairons
Les escadrons des Cieux suivant les escadrons ;
Du ruisseau qui murmure ou du torrent qui gronde
Les flots poussent les flots, et l'onde pousse l'onde ;
Chacun suit son penchant : d'autres du haut des monts
Tombent avec fracas dans des gouffres profonds ;
Là, sur la plaine unie, une rivière lente
Déroule en paix les plis de son onde indolente :
Des monts et des rochers les séparent en vain ;
L'un, sous terre en secret se frayant un chemin,
Dans son lit caverneux rapidement s'élance ;
Un autre, en longs détours s'avançant en silence,
Dans les champs s'insinue, et par mille canaux
Filtre à travers le sable abreuvé de ses eaux ;
Et cependant déjà les fleuves, les rivières
Ouvrent pompeusement leurs courses régulières,
Laissent à nu la terre et, dans leur cours heureux,
De leur sol paternel baisent les bords poudreux ;
Enfin, se grossissant des sources vagabondes,
Dans l'abîme grondant amoncèlent leurs ondes.
Dieu voit l'amas des eaux, et le nomme les Mers.

« Maintenant sur la terre offrez vos tapis verts,
» Riants gazons, dit-il ; paraissez, frais ombrages ;
» Arbres, donnez vos fruits, déployez vos feuillages.
» Déjà les champs féconds vous portent dans leur sein,
» Vivez et montrez-vous. » Il commande, et soudain

La Terre, qui d'abord, sombre, informe et hideuse,
Découvrait tristement sa nudité honteuse,
Prend sa robe de fête, et de riants gazons
Ont tapissé la plaine, ont habillé les monts;
Dans les champs parfumés le jeune arbuste étale
De son luxe naissant la pompe végétale,
Et, déployant sa tige, et sa feuille, et ses fleurs,
De nuance en nuance assortit ses couleurs.
Le lierre étend ses bras; la vigne qui serpente,
Montre ses fruits de pourpre, et sa vrille grimpante.
L'épi doré rangea ses nombreux bataillons;
Les buissons hérissés s'armèrent d'aiguillons;
L'humble ronce embrassa les rochers des collines;
L'arbre leva sa tête, et cacha ses racines,
Forma de frais abris de ses bras complaisants,
Et donna tour-à-tour ou promit ses présents;
Il borda les ruisseaux, couronna les montagnes,
Et fut et le trésor et l'honneur des campagnes.
La Terre ainsi devint une image des Cieux,
Et le séjour de l'Homme eût fait envie aux Dieux.
» Mais nulle ondée encor ne tombait de la nue;
La terre inculte encore ignorait la charrue :
Seulement des vapeurs la douce exhalaison
Rafraîchissait la plante, humectait le gazon
Et les germes cachés de la jeune verdure
Qu'avait déjà créés l'Auteur de la Nature.
Il vit, il approuva ces prodiges nouveaux;
Et le troisième jour admira ses travaux.

» Le suivant le revit : « Allez, astres sans nombre,
» Reprit-il, et du jour distinguez la nuit sombre ;
» Éclairez l'univers de vos feux bienfaisants,
» Et ramenez les jours, les saisons et les ans ».

» Il commande, ils sont nés : à la céleste voûte
Deux astres suspendus ouvrent déjà leur route ;
Le plus grand luit le jour, et le moindre la nuit ;
Un cortége brillant en triomphe les suit.
D'innombrables flambeaux qu'il nomme les étoiles,
De la Nuit étonnée ont parsemé les voiles,
Et se cachant aux yeux, se montrant tour-à-tour,
Séparent les confins de la nuit et du jour.
Dieu les vit, applaudit à leur magnificence.
Eh ! qui l'honorait mieux que ce Soleil immense
Qui, créé pour briller, mais encor ténébreux,
Surpasse de bien loin tous les orbes des Cieux,
Et la Lune, et les feux qu'aux champs de la lumière
L'Éternel a semés ainsi que la poussière,
Inégaux de beauté, d'éclat et de grandeur ?
Enfin, de l'orient qui cachait sa splendeur,
La lumière s'élance ; elle abreuve, elle inonde
D'un torrent de clarté le grand astre du monde,
Dont la masse solide et le tissu poreux
Sont faits pour recevoir et retenir ses feux.
Là, comme en son palais, habite la lumière ;
C'est son temple sacré, c'est sa source première :
Là, ses brillants sujets, avec leurs urnes d'or,
Vont puiser de ses feux le liquide trésor ;

Ceux même qui, placés bien loin de votre vue,
Se perdent comme un point dans la vaste étendue,
Se partageant entre eux l'écoulement divin,
S'alimentent des feux émanés de son sein.
Superbe, impatient de franchir la barrière,
C'est lui qui le premier commença sa carrière,
Et de son trône d'or jusqu'aux bornes des Cieux
Lança ses traits brûlants et ses gerbes de feux.
Les Pléiades ouvraient sa marche triomphante ·
L'Aurore déployait sa robe blanchissante;
D'autre part, ce bel astre, ami du doux sommeil,
Ornement de la nuit, et miroir du Soleil,
Sur son char, entouré d'un cortége d'étoiles,
Descendait de l'Olympe et repliait ses voiles.
L'Astre du jour paraît, il marche dans les Cieux ;
La Lune a dérobé son cours mystérieux.
La Nuit sombre renaît, et sa lampe argentée
Revient montrer encor sa splendeur empruntée,
Reprend son doux empire, et sur ses frais habits
Les astres de sa cour ont semé leurs rubis.
Pour la première fois, le soir, la douce Aurore
Admire les flambeaux dont le Ciel se décore,
Leur retour régulier, le partage des temps,
Du quatrième jour prodiges éclatants.

» Dieu reprend la parole, il éveille, il féconde
Les germes endormis dans les gouffres de l'onde :
»Troupeaux, couvrez les champs, poissons, peuplés les mers;
» Légers oiseaux, volez et planez dans les airs ».

Soudain l'oiseau léger, la pesante baleine
Fendent les champs de l'air et la liquide plaine.
Dieu les voit et jouit ; mais son souffle puissant
Veut propager leur germe à jamais renaissant :
Les mers et leurs détroits, leurs golfes et leurs anses
Reproduisent sans fin leurs peuplades immenses ;
L'onde à peine contient tout ce peuple écaillé,
Des plus vives couleurs richement émaillé ;
Tout son sein est couvert de rameurs innombrables :
Les uns, plongeurs adroits, descendent sur les sables ;
Sur les flots populeux, d'autres par bataillons
Croisent en mille sens leurs rapides sillons ;
Les uns seuls de la mer paissent les frais herbages ;
Dans des bois de corail, quelques-uns moins sauvages
Vont se jouant ensemble, ou de leur corps vermeil
Allument les couleurs aux rayons du Soleil ;
Ceux-ci, le corps paré de perles éclatantes,
Boivent les eaux des mers dans leurs conques flottantes ;
L'un conduit sa gondole, en habile nocher ;
Sous l'abri protecteur d'un énorme rocher,
D'autres forment ensemble une vivante chaîne,
Et guettent le butin que le flot leur amène.
Là, les dauphins voûtés, les phoques vagabonds,
Vont tournant, se jouant, et s'élançant par bonds ;
De ses longs mouvements l'autre en courant tourmente
L'onde tumultueuse et la vague écumante.
L'affreux léviathan, géant des animaux,
Tantôt, le corps tourné, s'allonge sous les eaux,

Et de loin semble aux yeux un vaste promontoire,
Tantôt, développant son immense nageoire,
Semble une île mouvante, et des profondes mers
Absorbe tour-à-tour et rend les flots amers.
Les marais, les étangs, les lacs ont leurs familles,
Leurs bords sont animés; de ses frêles coquilles
En foule on voit sortir le peuple des oiseaux,
Sous la main maternelle couvés dans leurs berceaux :
D'abord faibles et nus, bientôt fiers de leurs ailes,
Et hasardant l'essor de leurs plumes nouvelles,
De leur terre natale ils fuiront le séjour,
Et d'un nuage immense iront noircir le jour.
Au cèdre aérien, aux rochers solitaires,
L'aigle altier, la cigogne ont suspendu leurs aires.
Les uns voyagent seuls dans les champs de l'éther;
Les autres, pressentant l'approche de l'hiver,
En triangles ailés, caravane annuelle,
Se prêtent, en voguant, leur force mutuelle;
Ils traversent les mers, ils franchissent les monts :
Telle, ombrageant les Cieux de ses noirs escadrons,
La grue agile part, vole avec les nuages,
Et s'abat à grand bruit sur de lointains rivages.
Cependant, tout le jour, un peuple d'oiselets,
De rameaux en rameaux volant dans les bosquets,
Charme leur doux silence, et, sous le vert feuillage
Fait ouïr ses concerts et briller son plumage.
Ses chants ont-ils cessé, dans les bois ténébreux
Philomèle reprend ses refrains douloureux :

Elle chante ; et, sensible à sa voix douce et tendre,
L'Astre brillant des nuits s'arrête pour l'entendre.
L'onde à son tour reçoit les germes créateurs :
Tous les flots sont peuplés d'oiseaux navigateurs ;
Dans les lacs azurés, dans les ruisseaux limpides,
Ils baignent le duvet de leurs gorges humides.
A leur tête le cygne, au plumage d'argent,
Courbe son col en arc, s'applaudit en nageant,
Et déploie, au milieu des ondes paternelles,
Les rames de ses pieds, les voiles de ses ailes ;
Tantôt il prend l'essor, et vers l'Astre du jour
S'élance dédaigneux de l'humide séjour.
D'autres, sans s'élever à la voûte céleste,
Préfèrent sur la terre un destin plus modeste.
Au milieu d'eux le coq, d'un air de majesté,
Marche, sûr de sa force, et fier de sa beauté ;
Superbe, le front haut, en triomphe il étale
Son panache flottant, son aigrette royale ;
Son plumage doré descend en longs cheveux ;
L'orgueil est dans son port, l'éclair est dans ses yeux ;
Sa voix est un clairon ; son organe sonore
Marque l'heure des nuits, et réveille l'Aurore ;
C'est le chant du matin, c'est l'annonce du jour,
L'accent de la victoire, et le cri de l'amour ;
Lui seul réunit tout, force, beauté, courage.
De la création le plus brillant ouvrage,
Après lui vient le paon, de lui-même ébloui ;
Son plumage superbe, en cercle épanoui,

Déploie avec orgueil la pompe de sa roue :
Iris s'y réfléchit, la lumière s'y joue ;
Il semble réunir dans son arc radieux
Et les fleurs de la Terre et les astres des Cieux.
Tout vit au sein des eaux, tout vit sur le rivage,
L'un montre son écaille, et l'autre son plumage.
» Enfin le soir arrive, et la Nuit à son tour
Vient finir à regret cet admirable jour.
» Le sixième finit ce magnifique ouvrage ;
Le soir et le matin lui rendirent hommage ;
Et des harpes, des chants les sons mélodieux
Ajoutèrent encore aux délices des Cieux.
Le Créateur poursuit : « Terre fertile, enfante ! »
» Il dit ; la Terre entend sa voix toute-puissante :
Aussitôt de son sein les êtres animés,
Comme d'un long sommeil s'élancent tout formés.
La Terre s'organise, et la poudre est féconde.
Les antres caverneux et la forêt profonde
Ont chacun leurs enfants, chacun leurs nourrissons :
Ils sortent des taillis, s'élancent des buissons.
Les troupeaux en famille inondent la prairie,
Errent au bord des eaux, paissent l'herbe fleurie.
L'un vit seul ; celui-ci, moins sauvage en ses mœurs,
De la société veut goûter les douceurs.
Chaque instant donne au monde une race naissante ;
Chaque sol est fécond, et chaque glèbe enfante.
Lynx, tigre, léopard, de taches parsemés,
Dans leurs berceaux poudreux déjà sont animés.

Cherchant enfin le jour, la taupe souterraine
Autour d'elle en monceaux a rejeté l'arène.
Le lion montre aux yeux la moitié de son corps;
Le reste pour sortir tente de longs efforts,
Et cherchant à briser la prison qui l'enserre,
De sa griffe tranchante il déchire la terre;
Enfin, tel qu'un captif échappé de ses fers,
Il s'élance, il s'enfuit dans le fond des déserts,
Et secoue en grondant sa crinière ondoyante.
Le daim bondit et part; de sa forêt naissante,
Le cerf aux pieds légers étale les rameaux;
Tandis que le plus lourd de tous les animaux,
Le difforme éléphant, de sa terre natale
Dégage pesamment sa masse colossale.
Comme l'herbe des champs, d'innombrables troupeaux
Ont couvert les vallons, ont peuplé les coteaux.
De leurs molles toisons les brebis se vêtissent :
De leurs longs bêlements les plaines retentissent :
Le chevreau vagabond suit son goût inconstant.
De son double séjour équivoque habitant,
Le crocodile sort de l'arène féconde,
Et balance indécis entre la terre et l'onde.
 » Par un art plus savant et plus prodigue encor,
De la création épuisant le trésor,
Déjà de tous côtés naît, pullule et fourmille,
Des insectes, des vers l'innombrable famille :
Les uns, de l'œuf natal à peine épanouis,
Déjà d'un vol léger se sont évanouis.

Dieu lui-même forma de la plus molle argile
Leurs membres délicats, et leur tissu fragile :
On croit voir du printemps s'assortir les couleurs,
Se nuancer l'iris, et voltiger des fleurs.
D'autres naquirent nus et sur la douce arène
En replis tortueux cheminent avec peine.
Tandis que sont éclos ces vermisseaux rampants,
De terribles dragons, de monstrueux serpents,
Vont roulant, déroulant leur croupe tortueuse,
Ou s'élancent dans l'air d'une aile impétueuse.

» Pourrai-je t'oublier, ô modeste animal,
Content d'un antre obscur et d'un repas frugal,
Qui dans un faible corps caches un grand courage,
Toi, d'un état heureux la plus parfaite image,
Chez qui l'autorité, partagée entre tous,
Rend les droits plus égaux, et le pouvoir plus doux,
Et qui peut-être un jour aux nations humaines
Seras l'exemple heureux des mœurs républicaines ?

» Des abeilles bientôt on vit naître l'essaim,
Peuple heureux, dont la ville enferme dans son sein
Et ses ruisseaux de miel et ses palais de cire ;
Tandis que, par son luxe appauvrissant l'empire,
Le frelon fainéant vit des travaux d'autrui,
Et s'engraisse d'un suc qui n'était pas pour lui.

» Mais pourquoi m'égarer dans ce détail immense ?
Tous sont nés tes sujets : toi-même, à leur naissance,
Tu leur donnas des noms, observas leurs humeurs.
Le serpent à tes yeux n'a point caché ses mœurs :

LIVRE VII.

De tous les animaux le plus rusé peut-être,
Quelquefois il s'irrite, il menace son maître,
Agite sa paupière, et roule un œil ardent;
Mais bientôt, plus paisible, ou du moins plus prudent.
Il se calme, et répond à la voix qui l'appelle.
Ne deviens point ingrat, il te sera fidèle.

» Le jour brillait encor; dans toute leur splendeur,
Les Cieux de l'Éternel proclamaient la grandeur;
Tous les globes, ouvrant leur carrière naissante,
Suivaient du grand moteur l'impression puissante:
La Terre en souriant admirait sa beauté;
Le Monde s'étonnait de sa fécondité;
Les airs, les eaux, les champs, les monts étaient fertiles;
Quadrupèdes, oiseaux, et poissons et reptiles,
Nageaient, marchaient, rampaient, ou prenaient leur essor.
Mais cet ouvrage immense est imparfait encor :
Un Être lui manquait, dont la face divine
Attestât la grandeur de sa noble origine,
Qui, doué de raison, sentant la dignité,
Revînt comme à sa source à la divinité,
La peignît dans ses traits, brillât de sa lumière,
Aux pieds de l'Eternel envoyât sa prière,
Fixât sur lui son cœur, son esprit et ses yeux.

« O mon fils! dit alors le monarque des Cieux,
» Créons l'Homme pour nous, créons-le à notre image;
» Que du monde il reçoive et m'apporte l'hommage ».
Il dit, et tu naquis; lui-même en chaque trait
Grava sa ressemblance, et traça son portrait.

Tu vivais seul encor, mais sa main paternelle
Forma pour ton bonheur ta compagne fidèle ;
Puis il dit à tous deux : « Allez, heureux époux,
» Vivez, croissez, aimez, et multipliez-vous ;
» De vos nombreux enfants peuplez ce nouveau monde,
» Et rangez sous vos lois les airs, la terre et l'onde ».
Mais toi, dans quelque lieu que le Ciel t'ait formé,
(Car alors aucun lieu n'était encor nommé,)
Adam, tu t'en souviens, de mes mains bienfaitrices,
Moi-même te portai dans ces lieux de délices,
Dont les brillantes fleurs et les fruits savoureux
Sont à la fois le charme et du goût et des yeux.
Eh bien, les fleurs, les fruits que ce lieu te présente,
A tes libres desirs sa bonté complaisante
Les abandonne tous ; mais du bien et du mal
L'arbre, interdit pour toi, te deviendrait fatal.
Oui, par lui de la Mort doit commencer l'empire :
Qui le cueille est coupable, et qui le goûte expire.
Contiens donc tes desirs. Il dit, vit ses travaux,
Et s'admira lui-même en les voyant si beaux ;
Et le sixième soir et la sixième aurore
Aux prodiges du jour applaudirent encore.

» Là ne s'arrête point l'infatigable Auteur :
De sa demeure sainte il gagne la hauteur ;
Veut, du fond de sa gloire et de son sanctuaire,
Qu'habite sa grandeur, qu'entoure le mystère,
Voir ce jeune univers, si beau, si gracieux,
Conforme à sa pensée et digne de ses yeux ;

Voir son empire accru de ses nouveaux empires :
Il s'élève en triomphe ; et d'innombrables lyres,
Les acclamations, les chants et les concerts,
Félicitent l'Auteur, le Roi de l'univers.

» Un hymne universel (tu l'entendis sans doute)
Accompagnait le char vers la céleste voûte ;
Tous les astres rendaient un son harmonieux ;
Les Cieux applaudissaient, l'air répondait aux Cieux :
Les Soleils s'arrêtaient, et, jeune, vierge et pure,
La Nature fêtait le Dieu de la Nature.
« Le voici ! s'écriaient tous les Anges en chœur ;
» Voici de l'univers l'incomparable Auteur ;
» Il arrive ; ouvrez-vous, demeures éthérées !
» Et vous, sur vos gonds d'or, roulez, portes sacrées !
» De son sixième jour l'ouvrage est accompli :
» Il revient triomphant, son décret est rempli.
» Qu'à nos vœux, à nos voix le Ciel entier réponde :
» Rien ne manque à sa gloire, il a créé le monde ;
» Il a fait l'univers, il fait notre bonheur.
» Du séjour des élus impérissable honneur,
» Lui-même au milieu d'eux a choisi sa demeure ;
» Dieu sera près de nous ; nous pourrons à toute heure
» L'adorer, le servir, et porter aux humains
» Les trésors de sa grâce, et les dons de ses mains ;
» Lui rapporter leurs vœux, leurs hommages fidèles.
» Pour jamais ouvrez-vous, demeures éternelles ;
» Et puissent être unis par d'invincibles nœuds
» Et l'Homme et le Très-Haut, et la Terre et les Cieux ! »

» Tels, du Chaos dompté solemnisant la fête,
De leur Roi triomphant ils chantaient la conquête.
Il approche : soudain du séjour fortuné
Sur leurs gonds éternels les portes ont tourné :
Les deux battants font place à ses grandeurs suprêmes,
Et devant ses regards ont reculé d'eux-mêmes ;
Dans sa demeure enfin leur maître est arrivé.
Un chemin sablé d'or et d'étoiles pavé,
Sur une mer de feu le conduit dans son temple.
Tel, au milieu des nuits, ton œil charmé contemple
Cette voie où, pareils à des points enflammés,
En poussière d'argent les astres sont semés.
Il entre : à son aspect tout s'enivre de joie.
» Mais l'ombre sur Éden par degrés se déploie.
La septième soirée obscurcit l'univers ;
Le jour fuit, le Soleil redescend dans les mers ;
Et du pâle orient, nageant déjà dans l'ombre,
Le crépuscule obscur annonce la nuit sombre.
Enfin, le fils de Dieu parvient au mont sacré
Qui de foudres, d'éclairs et d'ombres entouré,
Et portant jusqu'aux Cieux sa cime inviolable,
Est du trône de Dieu la base inébranlable.
A côté du Très-Haut le Verbe s'est assis :
Le père en ses travaux accompagnait son fils ;
Privilége divin de la toute-puissance :
Seul il remplit l'espace, et tout sent sa présence.
L'Auteur, la fin de tout, lui-même de sa main
Des mondes à son fils a tracé le dessin.

Six jours ainsi remplis, l'architecte suprême
Consacre le septième, au repos, à lui-même.
Tout le Ciel fut en paix, et de ses saints loisirs
Ses Anges fortunés partageaient les plaisirs.
Mais, dans ce calme heureux, leur sublime délire
Ne laissa reposer la harpe, ni la lyre;
Durant le jour entier l'orgue majestueux,
Les fils retentissants du luth voluptueux,
La voix mélodieuse à la cithare unie,
Ensemble répandant un torrent d'harmonie,
Tantôt résonnaient seuls, et tantôt tour-à-tour.
Des fleurs jonchent au loin le céleste séjour;
L'encens fume, et porté vers la montagne sainte,
D'un nuage odorant en a voilé l'enceinte.

« Salut, ô Jéhovah! chantait le Ciel en chœur;
» Tu nous reviens plus grand que quand ton bras vainqueur
» Foudroya la révolte, et vengea ton empire.
» Tu détruisais alors, et tu viens de produire.
» Ton empire est sans borne, et ton pouvoir sans fin :
» Contre un de tes regards, contre un trait de ta main,
» Que pouvait, Dieu puissant, leur ligue ambitieuse?
» En vain ils espéraient (espérance trompeuse!)
» Décourageant la foi, refroidissant l'amour,
» Séduire tes sujets et dépeupler ta cour;
» Tu te lèves : soudain tes ennemis succombent :
» Ton trône est agrandi de leurs trônes qui tombent.
» Mais ta bonté, grand Dieu, tire le bien du mal.
» Ce globe qu'environne une mer de cristal,

» Ce beau séjour de l'Homme est ton heureux ouvrage :
» Placé si près du Ciel, lui-même en est l'image.
» Que ton sein est fécond, son domaine étendu !
» Qu'avec grâce dans l'air ta main l'a suspendu !
» De quels feux rayonnants la clarté l'environne !
» De quels astres pompeux tu formas ta couronne !
» Monde encore désert, mais dont peut-être un jour
» Des êtres inconnus peupleront le séjour.
» Par toi, renouvelant leurs voyages sans nombre,
» La nuit succède au jour, et la lumière à l'ombre ;
» Tu prodigues tes dons à ce jeune univers :
» Il a ses continents, son soleil et ses mers ;
» Digne empire de l'Homme, et son noble héritage,
» De l'Homme où ton amour a gravé ton image ;
» De qui la douce tâche et le sublime emploi
» Est d'honorer son Dieu, d'obéir à son roi ;
» D'asservir à ses lois les airs, la terre et l'onde ;
» Noble vassal du Ciel et souverain du monde !
» De sa race divine à jamais renaissants,
» Ses fils sur tes autels feront fumer l'encens.
» Que leur bonheur est grand s'ils savent le connaître,
» Et s'ils savent toujours obéir à leur maître ! »
» Ainsi chantait le Ciel ; et ses nombreux échos
Fêtèrent les premiers le saint jour du repos.
Des prodiges de Dieu je t'ai conté l'histoire ;
Et le monde nouveau, monument de sa gloire,
Tout ce qui précéda votre arrivée au jour :
Votre postérité doit l'apprendre à son tour.

Les pères à leurs fils en transmettront l'image.
Toi, si ton cœur desire en savoir davantage,
Parle; je t'instruirai de tout ce que tes yeux
Peuvent lire ici-bas dans les secrets des Cieux ».

FIN DU LIVRE SEPTIÈME.

REMARQUES

SUR LE LIVRE SEPTIÈME.

Ce livre commence par l'invocation à la Muse sacrée. Quelques-uns des vers qu'elle renferme indiquent l'époque à laquelle ils furent écrits : il paraît que Milton, après la restauration, avait été rejeté, des troubles politiques auxquels il n'avait eu que trop de part, dans la retraite et la solitude à laquelle le condamnaient les nouvelles circonstances : il prie sa Muse d'y conduire un petit nombre d'amis, d'en écarter les hommes licencieux, et ces femmes qu'il appelle des Bacchantes, ennemies naturelles des Orphées. Il est aisé de voir qu'il désignait par ces mots les hommes et les femmes de la cour de Charles second. Milton pouvait s'épargner cette prière : personne à cette époque n'était tenté d'aller troubler la retraite d'un poète vieux et aveugle, qui fut puni, par l'abandon presque général, d'avoir été le secrétaire de Cromwel. Il regne dans tout ce morceau un ton de tristesse et de mélancolie qui rend le poëte extrêmement intéressant, et lui fait presque pardonner ses fautes, en faveur de ses infortunes. Le sujet de ce livre est la création; la bataille des Anges est le sujet du livre précédent. Virgile, pour ne pas nuire à l'unité d'action, quoique la ruine de Troie eût précédé son arrivée à Carthage, nous représente Énée jeté sur son rivage par une tempête, et racontant à Didon l'embrasement de cette capitale de la Phrygie; et ce récit, au lieu de se présenter comme une partie principale de l'action, n'en est qu'un épisode. C'est cette marche que Milton a suivie dans son poème; et, quoique dans l'ordre historique il fût naturel et même nécessaire de commencer par la bataille des Anges, et même la création, il a jugé à propos (l'action principale une fois commencée) de faire raconter par Raphaël ces grands événements aux heureux habitants d'Éden.

Ce récit ne leur est point étranger; la punition des Anges rebelles doit encourager leur fidélité; la peinture de la création et du monde nouveau que Dieu a fait pour eux, doit exciter et entretenir leur reconnaissance.

Rien n'égale la grâce avec laquelle Adam prie l'Archange de différer encore son départ pour le Ciel, pour lui raconter l'histoire de la création. Le poëte lui a prêté à la fois les expressions les plus aimables et les figures les plus hardies :

Le Soleil a rempli la moitié de son cours :
L'autre est encore à nous ; et quand l'orbe du jour
Serait prêt à nos yeux d'éteindre sa lumière,
Ce grand astre, à ta voix, prolongeant sa carrière,
Pour toi s'arrêterait sur le trône des airs,
T'écouterait conter ces prodiges divers,
Dire quel jour ouvrant sa marche solennelle,
Lui-même il s'étonna de sa clarté nouvelle.
Mais si la nuit survient, à tes savants discours
Non, non, les Cieux muets ne resteront pas sourds :
Le Silence prendra du plaisir à t'entendre ;
Le Repos sur nos yeux tardera de descendre ;
Et, forcé par tes soins d'interrompre ses lois,
Le Sommeil veillera pour écouter ta voix ;
Et nous, nous jouirons jusqu'à ce que l'Aurore
Se lève, et te renvoie à ce Dieu que j'adore.

Jamais la poésie n'a tracé un plus magnifique tableau ; jamais épisode plus sublime, mieux lié au sujet, n'a embelli un poëme épique. Si le héros troyen sait nous intéresser en racontant la destruction d'une ville, combien Raphaël doit nous intéresser davantage en racontant la création du monde !

On ne peut rien ajouter à la solennité du départ de Dieu pour ce grand ouvrage ; les portes des Cieux s'ouvrant d'elles-mêmes pour lui faire passage, sont visiblement imitées des trépieds d'or fabriqués par Vulcain, qui, mus par une force secrète, allaient et revenaient d'eux-mêmes. C'est une chose digne de remarque, que Milton est à la fois le poète le plus imitateur et le plus original; il a emprunté une foule de beautés des poètes anciens et modernes; mais il les a converties, pour ainsi dire, en sa propre substance. L'airain de Corinthe était composé de plusieurs métaux différents; si cet assemblage eût été fait à coups de marteau, il eût été bizarre et sans valeur; mais le feu les avait fondus, et avait fait de cet amalgame un métal plus précieux que l'or; tel est l'ouvrage de Milton; le feu de son génie a fondu, avec ses propres richesses, des richesses étrangères, et toutes sont devenues également sa propriété. On ne peut rien ajouter à la magnificence du cortége du fils de Dieu, et à la convenance du choix qu'il a fait de ce cortége : c'est la Majesté, la Sagesse et l'Amour. La peinture du Chaos, le silence qu'il commande à ses flots tumultueux, l'obéissance de l'abîme, sont d'une extrême sublimité; et, ce qui est peut-être plus sublime encore, c'est le moment où Dieu, plongeant dans le Chaos, prend le compas d'or gardé dans le trésor des Cieux, fixe l'une de ses branches dans le centre, fait tourner l'autre dans la circonférence de l'espace, et marque au monde ses limites. Quelques-uns des passages suivants sont empruntés de la Genèse, et ne sont pas indignes de l'historien sacré de la création.

« Mais de ce vaste amas, sombre et silencieux,
» La nuit couvrait encor la matière inféconde;
» L'esprit de Dieu s'étend sur les gouffres de l'onde,
» Les couvre sous son aile, et verse dans leur sein
» Son âme créatrice et son souffle divin ;
» Au feu vivifiant de sa chaleur puissante,
» Le Chaos se féconde, et la Nature enfante ».

Milton a peint, d'une manière fort supérieure à celle d'Ovide, la séparation des divers éléments : dans la création de la lumière, il a emprunté de Moïse un trait cité avec raison par Longin, comme le modèle du sublime :

Alors l'Éternel dit au Néant qui conçut :
Que la lumière soit! et la lumière fut.

La Lumière étant le premier bienfait de Dieu, c'est avec raison que Milton la fait célébrer particulièrement par la voix des Anges, comme le prélude brillant de la création :

« Ainsi du jour naissant brillèrent les prémices;
» Le Ciel même à la Terre envia ses délices;
» Et tout l'Olympe en chœur, par de joyeux concerts,
» Chanta le Jour enfant, et le jeune Univers ».

La séparation de l'air et des ondes n'est pas peinte avec moins de richesses; l'un s'élève vers l'éther, les autres descendent sur la terre : là le poète peint leurs cours variés des couleurs les plus poétiques et les plus vraies : la chute des cascades, les molles sinuosités des ruisseaux, les eaux qui filtrent à travers les monts, et triomphent de tous les obstacles ; enfin tous ces flots, courant tomber et s'amonceler dans le bassin des mers, forment un magnifique tableau ; une agréable fraîcheur, une extrême variété, et des contrastes charmants, caractérisent la création du règne végétal.

Milton a épuisé toutes les couleurs de la poésie pour peindre avec la magnificence convenable la première marche, et, pour ainsi dire, ce début du Soleil déjà créé mais ténébreux encore. La Lumière qui part de son berceau où l'orient la retenait captive, qui court inonder cet astre, en fait son palais et son temple ; tous ces Astres inférieurs qui viennent l'y puiser dans leurs urnes d'or, le Soleil prenant sa course comme un héros pour parcourir sa brillante carrière, poursuivant sur son char victorieux la Nuit qui s'enfuit en repliant ses voiles, offrent un tableau digne des objets qu'il représente : la Lune, plus modeste et plus timide, vient former avec cet astre éclatant le contraste le plus aimable ; et ces deux astres accompagnés de leur cortége d'étoiles ont dû suffire à la quatrième journée.

La création du règne animal semble l'emporter encore sur tout ce qui précède. Milton, dans cette peinture de la cinquième journée, semble avoir prodigué la poésie comme le Créateur a prodigué les êtres ; chacun est peint avec les couleurs qui lui conviennent, et toute la variété de la nature animée. Tantôt Milton, comme un grand peintre, présente les animaux en groupe, tantôt en détache quelques-uns plus intéressants ; c'est ainsi que dans la peinture des oiseaux il se plaît à nous représenter le plus mélodieux de tous, le rossignol, qui charme le silence de la nuit et qui semble inviter la Lune à s'arrêter pour l'entendre. On distinguera dans le tableau la peinture du cygne, du coq et du paon ; ils étaient, de tous les volatiles, les plus remarquables par leur instinct, leur plumage et leur beauté.

Le sixième jour est consacré à la création des quadrupèdes. Milton a mis dans ce tableau une grande variété : les uns s'échappent, tout formés, de la terre, les autres sont sortis à moitié et luttent encore contre le sol qui les retient ; c'est dans cette attitude qu'avec un goût infini il a peint le lion montrant déjà la moitié de son corps, s'indignant des obstacles qui retiennent l'autre moitié, et *déchirant la terre de sa griffe tranchante*. Ce coup de pinceau est vraiment admirable. Parmi les animaux, les uns sont distingués par leur légèreté, les autres par leur pesanteur ; *le cerf bondit et part*, tandis que le lourd éléphant dégage pesamment de la terre sa masse colossale ; les uns vivent solitaires, les autres connaissent les douceurs de la société ; ailleurs il distingue les animaux par les lieux qu'ils habitent; en un mot, tous sont caractérisés ou par leurs mœurs, ou par leurs attitudes au moment de leur naissance.

Milton compare quelques-uns de ces animaux qui s'échappent en rejetant la terre autour d'eux, à la taupe qui sort de la terre. Cette comparaison paraît manquer de goût, la taupe qui dans ce jour fait elle-même partie de la création, ne devait pas être un objet de comparaison; je lui ai donc rendu la place à laquelle elle avait droit comme les autres animaux.

Milton, dans cette énumération, s'est bien gardé d'oublier le serpent, qui bientôt va devenir l'instrument et l'organe de l'ennemi du genre humain. C'est un des passages les plus ingénieux de ce chant; et quoiqu'il ne lui donne point encore le caractère de la méchanceté, il le peint comme facile à s'irriter, et annonçant quelquefois un instinct d'inimitié contre l'Homme. Raphaël en avertit Adam, et finit par ces mots :

« Mais bientôt plus paisible, ou du moins plus prudent,
» Il se calme et répond à la voix qui l'appelle :
» Ne deviens point ingrat, il te sera fidèle ».

Après la création des animaux, Milton peint admirablement ce monde nouvellement créé, étonné de son éclat, jouissant de son bonheur, et se félicitant de son existence. Avec quel art il prépare la naissance de l'Homme! Sans lui la nature est imparfaite, et il manque au monde son plus bel ornement. Le portrait qu'il trace de l'Homme est court, mais sublime : il est l'image de Dieu; c'est par lui que le Ciel veut communiquer avec la terre, et recevoir l'hommage de la créature, qu'il lui permet de partager avec la divinité Un des traits les plus profonds, c'est le privilége qu'a reçu l'Homme de communiquer avec le Ciel par la prière.

Comme on le voit, rien n'est oublié dans ce tableau qui caractérise la dignité, je dirai presque la divinité de l'Homme; mais ce qui est au-dessus de tout éloge, c'est la peinture du Créateur montant et remontant vers le Ciel, contemplant du haut de son sanctuaire, avec un œil de complaisance, la création nouvelle, et s'admirant dans l'œuvre de ses mains; la Nature entière, les planètes, les étoiles, les soleils, le félicitant sur son passage, se répondant en chœur, et formant un vaste concert de l'harmonie de tous les éléments. L'hymne que les Anges chantent à sa gloire est plein du plus céleste enthousiasme, et termine magnifiquement le grand œuvre de la création.

Milton, d'une manière non moins heureuse ni moins brillante, a peint la fête que célèbrent dans le Ciel les Esprits immortels; et leur second cantique ne le cède au premier ni en chaleur, ni en magnificence. Si ce chant pouvait avoir quelque défaut, ce serait celui de retarder l'action; mais par son sujet il est lié à l'événement principal d'une manière si heureuse, qu'il doit être regardé comme un des plus beaux de l'ouvrage.

ARGUMENT.

Adam fait diverses questions sur les mouvements célestes. Il reçoit une réponse douteuse, et une exhortation de chercher plutôt à s'instruire de ce qui lui peut être utile. Il y souscrit ; et, pour retenir Raphaël, il lui rapporte ses premières idées après la création ; comment il fut enlevé dans le Paradis terrestre ; son entretien avec Dieu touchant la solitude. Il obtient une compagne, et raconte à l'Ange quels furent ses transports en la voyant. Raphaël lui fait là-dessus une leçon utile, et retourne au Ciel.

PARADIS PERDU,
POËME.

LIVRE HUITIÈME.

Ainsi l'Ange l'instruit des secrets qu'il ignore :
Il cesse de parler, Adam l'écoute encore.
Et bientôt revenu comme d'un long sommeil :
« Esprit des Cieux, dit-il, quel bienfait est pareil
» A tes récits divins? de combien de merveilles
» Tes célestes discours ont charmé mes oreilles !
» Que j'en étais avide ! O pur Esprit ! sans toi,
» Ces grands événements étaient perdus pour moi :
» Ta voix me les apprend; je vois au Dieu que j'aime
» Ce que doivent les Cieux, et la Terre, et moi-même.
» Mais un point trouble encor mon esprit incertain :
» Près de ces corps pompeux qu'une immortelle main
» Dans les champs de l'espace a répandus sans nombre,
» Qu'est-ce que notre Terre? un point étroit et sombre,
» A peine un grain de sable; aussi lorsque je vois
» Tous ces astres lointains obéir à ses lois,
» Je me dis en secret : Tous ces globes immenses,
» Jetés loin de nos yeux à d'énormes distances,
» D'où vient que l'Éternel, dans leur rapide cours,
» Les condamne à marquer et nos nuits et nos jours?

» Pour qui les força-t-il, dans leur course pénible,
» D'apporter leur lumière à ce point invisible ?
» Le Ciel, sans tant d'efforts, n'a-t-il pu l'éclairer ?
» Lui-même, à moins de frais ne peut-on l'admirer ?
» Ce Dieu qui créa tout d'une main économe,
» D'où vient qu'il ordonna, pour le séjour de l'Homme,
» Ces révolutions, ces mouvements sans fin ;
» Tandis que l'humble objet d'un appareil si vain,
» La Terre qui pouvait, dans son étroite orbite,
» Décrire un moindre cercle, et voyager moins vite,
» Reine immobile, attend que ces corps lumineux
» Reviennent de si loin l'éclairer de leurs feux ;
» Et, tournant sans repos, dans leur course éternelle,
» Comme de vils sujets se fatiguent pour elle ;
» Eux qui, par leur grandeur faits pour donner des lois,
» Au lieu de ses vassaux devraient être ses rois ? »
 Il dit, Ève entendit ce qu'à l'Esprit céleste
Demandait son époux, et, noblement modeste,
Respecte, en s'éloignant, ce sublime entretien.
Sa touchante candeur et son chaste maintien
Aux regards enchantés l'embellissent encore.
Elle part, va revoir le fruit qui se colore,
Ses arbustes, ses fleurs, doux objets de ses soins ;
Elle aide à leur naissance, et veille à leurs besoins.
A peine elle a paru, les bois se réjouissent,
Le gazon s'épaissit, les fleurs s'épanouissent,
Et semblent, prodiguant les trésors de leur sein,
Deviner sa présence et connaître sa main.

Des grands secrets des Cieux digne dépositaire,
Sans doute elle en pourrait connaître le mystère :
Mais d'un époux chéri son cœur veut les savoir ;
De ce doux entretien elle nourrit l'espoir,
Brûle de l'écouter ; et son amour extrême
Préfère ses discours à ceux de l'Ange même.
Elle espère mêler à ces récits charmants
Les folâtres propos, les doux embrassements ;
Lui demander le prix des caresses perdues,
Faire trève aux leçons doucement suspendues,
Et, sur sa bouche aimable en arrêtant le cours,
Cueillir un miel plus doux que celui des discours.
O temps ! ô mœurs ! où sont ces innocentes flammes,
Ces saints plaisirs d'hymen, ces doux liens des âmes,
Et des soins mutuels l'échange affectueux ?
D'un air tout à la fois simple et majestueux,
Elle part : sa démarche est d'une souveraine ;
Ces lieux, en la voyant, ont reconnu leur reine.
Ne la croyez point seule en ce riant séjour :
Sa suite sont les Jeux, les Plaisirs sont sa cour ;
Et l'innocent Desir, le chœur brillant des Grâces,
En se donnant la main ont volé sur ses traces.
Son époux reste seul auprès de Raphael,
Avide de savoir les grands secrets du Ciel.

« Cher Adam, tu veux lire en la céleste voûte?
» Lui dit l'Ange ; tes vœux sont louables, sans doute ;
» Dieu lui-même t'ouvrit le grand livre des Cieux.
» Là, le jour et la nuit, ces orbes radieux

» Racontent sa puissance; et la vue étonnée,
» Lit en lettres de feu l'histoire de l'année,
» Les annales du Ciel, et les fastes du temps,
» Et leur pompe changeante, et leurs retours constants.
» Mais si la Terre tourne, ou bien l'astre du monde,
» Que t'importe ! crois-moi, dans une nuit profonde
» Laisse ce qu'à tes yeux le Ciel défend de voir :
» Ton sort est d'admirer, et non pas de savoir.
» Dieu d'avance se rit des recherches futiles
» Que tenteront un jour des efforts inutiles ;
» Il voit dans l'avenir ces vains imitateurs,
» D'un Ciel imaginaire insensés créateurs,
» Conduire dans les Cieux des sphères vagabondes,
» Figurer des soleils, distribuer des mondes,
» Changer cent fois leur place, envoyer tous ces corps
» Des bords du monde au centre, et du centre à ses bords,
» Construire, déconstruire, embarrasser leurs sphères
» De cercles compliqués, de mouvements contraires,
» Et par les vains efforts d'un art capricieux,
» Bouleverser le monde et tourmenter les Cieux ;
» Tandis que la Nature, à sa marche fidèle,
» Emporte l'astronome et ses plans avec elle.
» Ton instinct curieux déjà me fait prévoir
» Que tes fils, comme toi, brûleront de savoir.
» Tu vois d'un œil surpris ces masses de lumière
» De l'aurore au couchant parcourir leur carrière,
» Tandis que seul, tranquille en ce grand mouvement,
» Ce globe voit pour lui tourner le firmament.

» Mais apprends-le de moi : ce n'est point par la masse,
» Ce n'est point par l'éclat que notre aveugle audace
» Des œuvres du Très-Haut doit décider le prix :
» L'usage règle seul l'estime ou le mépris.
» La Terre, comme un point nageant dans l'étendue,
» Cède au feu du Soleil : mais sa force perdue
» Ne produit rien pour lui, tandis que dans ses flancs,
» Doublant l'activité de ses rayons brûlants,
» Grâce aux trésors couvés par sa chaleur profonde,
» La Terre rend jaloux l'astre qui la féconde :
» Cette Terre elle-même, elle emprunte ses feux.
» Vante donc ton Auteur, ô toi, voûte des Cieux,
» Dont le cercle infini dans sa circonférence,
» Des campagnes de l'air remplit l'espace immense !
» Lève les yeux au Ciel, Homme, et songe tout bas
» Que tu n'habites point dans tes propres états.
» Envisage ces Cieux, vaste et brillant domaine,
» D'où cette terre et toi s'aperçoivent à peine ;
» Ne pousse pas plus loin tes regards indiscrets :
» Le reste a devant Dieu ses usages secrets ;
» Même en les ignorant, il faut qu'on les révère.
» Ces étoiles sans fin dont le feu vous éclaire,
» Dont le vol est si prompt, dont chacune, en son tour,
» Part, monte, redescend, et revient en un jour ;
» C'est Dieu qui les conduit, ce Dieu dont la sagesse
» Peut des esprits aux corps imprimer la vitesse.
» Moi, parti ce matin de la hauteur des Cieux,
» Vers le milieu du jour j'ai touché ces beaux lieux.

» N'imagine donc pas que la céleste voûte
» Ne puisse se mouvoir : Dieu connaît, et je doute.
» Tous ces orbes lointains, ton œil ne peut les voir :
» Le monde est son secret ; adorer, ton devoir.
» Peut-être aussi, dans l'air que son fluide inonde,
» Ce Soleil, le moteur et le centre du monde,
» Fait mouvoir, circuler ces innombrables corps ;
» Peut-être son pouvoir et leurs propres efforts
» Attirent vers le centre, et repoussent sans cesse
» Ces globes différents de grandeur, de vitesse,
» S'élevant, s'abaissant, visibles ou cachés,
» Tantôt fuyant du centre, et tantôt rapprochés,
» Tantôt fixés, tantôt errant dans l'étendue ;
» Six d'entre eux d'ici-bas se montrent à ta vue.
» Mais si, pour expliquer le plan de l'univers,
» La Terre, que tu crois tranquille au sein des airs,
» D'un triple mouvement s'élance dans l'espace,
» L'ordre du monde alors n'a rien qui t'embarrasse ;
» Dès-lors, pour l'établir tu n'auras plus recours
» A ces orbes divers qui, croisés dans leurs cours,
» Par d'obliques chemins marchent en sens contraire ;
» Le Soleil n'aura plus ce long voyage à faire,
» Alors tu ne fais plus tourner péniblement
» Ce grand cercle, moteur de tout le firmament,
» Et qui roule avec lui, dans sa course indomptable,
» De la nuit et du jour la roue infatigable.
» Et qu'en as-tu besoin, si d'un instinct prudent
» Chaque hémisphère évite et cherche

LIVRE VIII.

» Et suivant ses aspects, tantôt clair, tantôt sombre,
» Trouve et perd tour-à-tour et la lumière et l'ombre?
   » Peut-être tes enfants découvriront un jour
» D'innombrables soleils qu'environne leur cour ;
» Comme vous, dans leurs fils destinés à renaître,
» Les lunes, les soleils ont des sexes peut-être,
» Qui d'enfants radieux repeuplent l'univers ;
» Car je n'en doute point, des deux sexes divers
» La puissance est partout, et leurs flammes fécondes
» Enfantent les soleils et propagent les mondes.
» Comme le tien, sans doute, ils sont tous habités :
» Car, que ces vastes corps, muets, infréquentés,
» Ne servent qu'à donner une courte lumière,
» Dont les traits, affaiblis dans leur longue carrière,
» Arrivent à ce monde, et reprenant l'essor,
» Réfléchissent dans l'air un jour plus faible encor ;
» Dieu ne l'a pas permis. Mais quoi que Dieu dispose,
» Soit que dans son foyer l'astre du jour repose,
» Soit qu'autour de ton globe éclairé de ses feux
» Il ouvre à l'orient son cours majestueux ;
» Soit que la terre autour de sa masse enflammée
» Parcoure à l'occident sa route accoutumée,
» S'achemine en silence, et d'un doux mouvement
» Te roulant dans les airs t'y berce mollement ;
» Adore l'Éternel, à ses mains souveraines
» Des mondes qu'il créa laisse guider les rênes,
» Et chéris, sans tenter un indiscret essor,
» Ces beaux lieux, ces beaux fruits, Ève plus belle encor.

» Voilà ton univers : ces planètes lointaines,
» Leurs lois, leurs habitants, leurs mœurs, leurs phénomènes,
» Va, laisses-en le soin à leur suprême roi ;
» Occupe-toi des biens qu'il plaça près de toi ».
   Il dit ; et de la soif d'une vaine science
Adam calme, à ces mots, la folle intempérance.
« Interprète des Cieux, lui dit-il, que mon cœur
» De tes récits charmants a goûté la douceur !
» D'utiles vérités et de grandes merveilles,
» Qu'ils ont rempli mon âme et charmé mes oreilles !
» D'un frivole savoir le pénible plaisir
» De mes jours fortunés eût troublé le loisir :
» Cette source d'ennui, d'erreur, d'incertitude,
» Un Dieu nous l'épargna, si notre inquiétude,
» Aux lieux où loin de nous il daigna la cacher,
» Dans son vol imprudent ne va pas la chercher.
» Mais qui peut arrêter ses écarts téméraires ?
» Long-temps impatient de percer ces mystères,
» L'homme voudra franchir son étroit horizon ;
» Jusqu'à ce que, docile aux lois de la raison,
» Les conseils du malheur, les leçons de la vie
» En viennent réprimer la dangereuse envie,
» Et qu'il se dise enfin : Aimer Dieu sans le voir,
» L'adorer, et jouir, voilà le vrai savoir.
» Au livre des vivants nous avons notre page ;
» Lisons-la : malheureux qui saurait davantage !
» Le reste est un vain songe, une faible vapeur,
» Et de l'orgueil oisif le délire trompeur ;

» Stérile ambition, éclatante folie,
» Qui rend l'Homme inhabile aux emplois de la vie,
» Et, cherchant d'un vain nom l'infructueux honneur,
» Au desir de la gloire immole le bonheur.
» De la hauteur des Cieux daigne donc redescendre
» A ce qui m'est utile, et que je puis comprendre.
» Tu m'as dit les combats, les triomphes des Cieux,
» Tout ce qui précéda mon séjour en ces lieux ;
» Pour comble de faveur m'est-il permis de croire
» Que tu daignes toi-même écouter mon histoire ?
» Tu l'ignores peut-être, et c'est le seul moyen
» De prolonger ici ton aimable entretien :
» La nuit est loin encor. Tu l'aperçois sans doute
» Que je veux reculer l'instant que je redoute ;
» Assis auprès de toi, je me crois dans les Cieux ;
» Oui, pour moi tes discours sont plus délicieux
» Que les fruits du palmier, dont la sève embaumée,
» Mouillant ma lèvre aride et ma bouche enflammée,
» Au retour du travail, aimable et doux festin,
» Désaltère ma soif et contente ma faim.
» Que dis-je ? leur douceur est bientôt insipide,
» Et mon cœur de t'entendre est toujours plus avide ».
  « O père des humains ! lui répond Raphaël
» Avec ce doux accent qui n'appartient qu'au Ciel,
» Toi-même as pour mon cœur un charme qui le touche :
» Dieu se peint sur ton front, il parle par ta bouche ;
» Le Ciel te prodigua ses plus rares trésors,
» Aussi-bien que ton âme il embellit ton corps ;

» D'une main complaisante il soigna son ouvrage,
» Et voulut que dans toi l'on chérît son image.
» L'Homme vit sur la terre, et l'Ange dans les Cieux,
» Mais ce père commun les voit des mêmes yeux ;
» Comme nous tu le sers, et sa main libérale
» A l'Homme de ses dons fit une part égale.
» Parle donc. Quand tu vis la lumière du jour,
» Adam, j'étais bien loin du céleste séjour ;
» J'allais, accompagné d'une troupe nombreuse,
» Visiter des proscrits la rive ténébreuse :
» On craignait que Satan ne forçât les Enfers,
» Qu'il ne vînt épier ce naissant univers,
» Et que, la foudre en main, la vengeance divine
» A la création ne mêlât la ruine.
» Cependant, qu'auraient pu tenter sans son aveu,
» Ces traîtres, surveillés dans leur gouffre de feu !
» Nous marchons, et, bien loin de la porte fatale,
» Nous entendons le bruit de la rive infernale.
» Ce n'était point du Ciel les chants mélodieux,
» Les danses de la joie, et le doux bruit des jeux ;
» C'était des sons plaintifs, des clameurs lamentables,
» Et du crime souffrant les cris épouvantables.
» Nous repartons en hâte, et rentrons au Saint-Lieu
» Le soir qui termina le grand repos de Dieu :
» Ainsi nous l'ordonna la suprême puissance.
» Mais tu me l'as promis, conte-moi ta naissance ;
» Parle : mon entretien eut des attraits pour toi,
» Et le tien n'aura pas moins de charmes pour moi ».

« Ah! si l'Homme, en naissant, se connaît mal encore,
» Comment, reprit Adam, conter ce que j'ignore?
» Cependant j'obéis ; le plaisir de te voir
» Triomphe de ma crainte, et soutient mon espoir.
» J'étais né : tels qu'on voit de l'être qui sommeille
» Les sens encor troublés au moment qu'il s'éveille,
» Les yeux à peine ouverts, de moi-même surpris,
» Je me vis étendu sur des gazons fleuris ;
» Une douce moiteur sur mon corps épanchée
» S'évapore au Soleil par ses rayons séchée :
» Je regarde, je vois ce Ciel brillant et pur,
» Ce vaste firmament, cette voûte d'azur ;
» De mon lit de gazon tout-à-coup je m'élance,
» Et sur son double appui mon corps droit se balance ;
» De là, mes yeux charmés embrassent à la fois
» Les coteaux, les vallons, et les prés, et les bois ;
» Tout m'étonne et me plaît. Bientôt d'une onde pure
» Arrive jusqu'à moi l'agréable murmure ;
» Sur ses bords se jouaient mille animaux divers,
» Les uns foulent les champs, d'autres fendent les airs ;
» Du concert des oiseaux le bocage résonne ;
» Les fleurs, leurs doux parfums, tout ce qui m'environne
» M'enivre de plaisir. Un instinct curieux
» Sur moi-même, à la fin, me fait jeter les yeux :
» J'examine mon corps, sa grâce, sa souplesse ;
» J'allais, je revenais, plein d'une douce ivresse.
» Mais qui suis-je? d'où viens-je? et comment suis-je né?
» De la Terre, du Ciel, de moi-même étonné,

» J'interroge mes sens, ma voix cherche une route ;
» J'écoutais les oiseaux, moi-même je m'écoute,
» Et ma langue étonnée articule des sons ;
» A tout ce que je vois elle donne des noms.

» O Soleil, m'écriai-je, ô bienfaiteur du monde !
» Toi, qu'échauffent ses feux, que sa lumière inonde,
» Terre, séjour riant dont l'aspect enchanté
» Réunit la fraîcheur, la grâce et la beauté !
» Vous, épaisses forêts ! vous, superbes montagnes !
» Et toi, fleuve pompeux ! et vous, vertes campagnes !
» Vous tous, êtres charmants que je vois dans ces lieux
» Vivre, agir, se mouvoir, et jouir à mes yeux !
» De grâce, apprenez-moi, vous le savez peut-être,
» Qui m'a mis en ces lieux, et qui m'a donné l'être.
» Ce n'est pas moi, sans doute : un suprême pouvoir
» Qui par ses bienfaits seuls me permet de le voir,
» En me donnant le jour signala sa puissance.
» Où chercher, où trouver l'auteur de ma naissance
» Celui par qui je vis, je sens, j'entends, je vois :
» Qui m'a fait ce bonheur qu'à peine je conçois ?

» Tout se tait. Las d'errer dans ces lieux que j'ignore,
» Sur les gazons touffus, qu'un vif émail colore,
» Je tombe, je m'étends à l'ombre de ces bois ;
» Là, vient le doux sommeil, pour la première fois,
» De ses molles vapeurs affaisser ma paupière ;
» Mon œil appesanti se ferme à la lumière,
» Je me sens défaillir, et rentré par degré
» Dans ce même néant dont Dieu m'avait tiré ;

LIVRE VIII.

» Mais ce néant pour moi n'était pas sans délices :
» A peine cependant j'en goûtais les prémices,
» A mes yeux s'offre en songe un fantôme charmant;
» Dans mon cœur, à sa vue, un doux tressaillement
» M'avertit que j'existe, et mon âme ravie
» Retrouve avec transport la lumière et la vie.
  « Lève-toi, disait-il, toi qui dois être un jour
» Le père des humains, lève-toi; ton séjour
» Est celui du bonheur; viens, tes jardins t'attendent
» Tes ombrages, tes fleurs, et tes fruits te demandent ».
  » Il dit, saisit ma main, et, comme si des airs
» Nous fendions doucement les liquides déserts,
» De ses pieds suspendus à peine effleurant l'herbe,
» Glisse, vole, et me pose au haut d'un mont superbe,
» En cercle environné d'arbres majestueux.
» Là, tout est frais, riant, fécond, voluptueux,
» Plein de fruits et de fleurs; et près de ce bocage,
» Tout ce que j'ai connu semble un désert sauvage.
» J'avance : autour de moi pendent des pommes d'or,
» Et mon avide main convoite leur trésor.
» Tout-à-coup je m'éveille : ô surprise! mon songe
» Était une figure, et non pas un mensonge;
» Je vois ce qu'il m'a peint, et de mon doux sommeil
» L'erreur se réalise au moment du réveil.
» Je marchais vers ces bois, quand de leurs voûtes sombres
» Une splendeur soudaine illumine les ombres :
» Dieu, c'était Dieu lui-même, apparaît à mes yeux;
» Un doux effroi saisit mon cœur religieux.

» A ses pieds prosternés, je l'adore et m'incline ;
» Je me sens relevé par cette main divine :
« L'ami que tu cherchais, me dit-il, le voici ;
» Ce que tu vois là-haut, ce qui te charme ici,
» Tout ce qui sous tes pieds croît, fleurit et respire,
» Je t'en fais possesseur : la Terre est ton empire.
» Embellis cet enclos, cultive ce jardin ;
» Dans ces riches vergers moissonne à pleine main,
» Leur prodigalité passera ton envie.
» Mais l'arbre du savoir près de l'arbre de vie
» (Regarde, il n'est pas loin), est planté dans ces lieux ;
» Adam, je t'interdis ce fruit pernicieux :
» Pour unique tribut, à ta reconnaissance
» J'impose cette utile et juste obéissance ;
» De ta rébellion la mort serait le prix :
» Toi, les tiens, leurs enfants, exilés et proscrits,
» Vous iriez, promenant votre juste infortune,
» Traîner dans les déserts une vie importune ».
» Il dit, et dans mes sens imprime une terreur
» Dont le seul souvenir me glace encor d'horreur,
» Quoique ma volonté, que nul pouvoir ne gêne,
» Ainsi que le forfait puisse éviter la peine.
» Cependant sur son front à la sévérité.
» Succèdent la douceur et la sérénité.
» Il poursuit, et me dit d'une voix consolante :
« O père d'une race à jamais renaissante !
» Ton empire à ces lieux ne sera point borné ;
» Non : ce monde nouveau que mes mains ont orné,

» A tous les tiens, à toi, je le donne en partage,
» L'air, la Terre et les Eaux seront votre héritage.
» Dès ce jour, je le veux, les brutes, les oiseaux,
» Tes fidèles sujets et tes heureux vassaux,
» Devant leur Souverain en foule vont paraître;
» Ils recevront des lois et des noms de leur maître;
» Seuls, ne pouvant quitter leurs humides états,
» Les habitants des eaux ne comparaîtront pas ».

» Il dit, et tout-à-coup autour de moi se range
» Des diverses tribus l'innombrable phalange;
» Par couples réunis, quadrupèdes, oiseaux,
» Sont accourus du ciel, des vallons, des coteaux.
» Sur ma tête attroupés, les uns battent des ailes;
» D'autres, de mon pouvoir tributaires fidèles,
» Ont fléchi les genoux, et, soumis à ma loi,
» Semblent avec plaisir reconnaître leur roi.
» De mille instincts divers la foule m'environne,
» J'assortis à leurs mœurs les noms que je leur donne;
» Dieu même les dictait. Toutefois dans mon cœur
» Un vide inexplicable attristait mon bonheur,
» Quelque chose manquait à ce cœur solitaire :
» Heureux et mécontent, je m'écrie : O mon père !
» O source de tout bien ! toi de qui la splendeur
» Efface tout éclat, passe toute grandeur,
» O Créateur du monde ! ô bienfaiteur de l'Homme !
» De quel nom glorieux faut-il que je te nomme ?
» Que tes bienfaits sont grands ! qu'ils sont riches ! mais quoi !
» Aucun être chéri ne les goûte avec moi.

9.

» Que m'importe ce monde et ce vaste héritage ?
» Ah ! les biens les plus doux sont les biens qu'on partage.
» Ainsi mon triste cœur s'exhale en liberté.
« Avec un doux sourire où se peint sa bonté :
» Tu te plains d'être seul, dit l'Éternel ; ce monde
» Si riche, si peuplé, cette terre féconde,
» Ces nombreux animaux qui, pour flatter leur roi,
» Viennent bondir, courir, folâtrer devant toi,
» Ne te disent-ils rien ? pour t'offrir leur hommage,
» Leur voix a ses accents, leur geste son langage ;
» Leur instinct quelquefois ressemble à la raison.
» Mais je t'ai fait leur roi, sois content de ce don ».
» A ces mots, rappelant mon humble obéissance,
» J'ose implorer encor la céleste puissance :
» Si je crains ton courroux, j'espère en ta bonté ;
» O mon père ! pardonne à ma témérité :
» A tes sévères lois je suis prêt à souscrire.
» Mais n'as-tu pas soumis la Terre à mon empire ?
» Ne m'as-tu pas créé le roi des animaux !
» Pour être mes amis, sont-ils donc mes égaux ?
» Non : d'un tendre penchant les sympathiques flammes
» Veulent mêmes besoins, même esprit, mêmes âme ;
» Le doux rapport des cœurs l'un par l'autre entendus,
» L'échange des plaisirs accordés et rendus.
» Chaque animal choisit l'être qui lui ressemble :
» L'un vers l'autre attirés, ils s'unissent ensemble.
» Voyons-nous à l'oiseau le poisson s'allier,
» Le lion aux brebis, et le singe au coursier ?

» Et celui qui les tient sous ses lois souveraines,
» L'Homme seul au hasard doit-il former des chaînes?
« Je le vois, répond-il d'un ton plein de douceur,
» L'être semblable à toi peut seul remplir ton cœur :
» Eh quoi! trouves-tu donc mon sort si déplorable?
» Seul dans l'éternité, je n'ai point de semblable;
» A qui puis-je m'unir qui ne soit près de moi,
» Moins que le ver rampant n'est aujourd'hui pour toi».
» Grand Dieu, lui répondis-je, en tes sacrés mystères
» Je suis loin de porter mes regards téméraires;
» Mais l'Homme, tu le sais, de la perfection
» Seul a reçu de toi la noble ambition;
» Et ne pouvant lui seul en combler la mesure,
» Hélas! il a besoin qu'une autre créature,
» Un être son égal, lui prêtant son appui,
» Soutienne sa faiblesse, et s'unisse avec lui.
» L'être faible et borné qui finit et commence,
» En la communiquant, accroît son existence.
» Toi seul es tout pour toi; mais l'Homme hors de lui
» Verse son existence, et renaît dans autrui.
» Toi seul, avec toi-même habitant d'âge en âge,
» Tu vis sans héritier, et jouis sans partage;
» Mais peux-tu rapprocher les sujets de leur roi?
» Comment pourront les miens commercer avec moi?
» Puis-je de ma raison leur prêter la noblesse,
» A leur instinct rampant faut-il qu'elle s'abaisse?
» Pardonne des desirs par toi-même enhardis.
« A tes vœux, me dit-il, moi-même j'applaudis;

» J'ai voulu t'éprouver. C'était peu de connaître
» Ces nombreux animaux dont je t'ai fait le maître,
» Et que ta voix naguère a nommé de leur nom :
» Tu te connais toi-même ; il suffit. Ta raison
» Te sépare en effet, par un vaste intervalle,
» De ceux que vers la terre un vil instinct ravale.
» Tu puisas dans mon sein les purs rayons des Cieux ;
» Tu reçus une autre âme, et vois par d'autres yeux.
 » Conforme donc ta vie à ta noble origine.
» J'ai prévenu tes vœux : l'objet que je destine
» A consoler tes jours, je ne l'ai point cherché
» Chez le peuple servile à la terre attaché.
» J'ai voulu m'assurer si tu savais connaître
» L'être digne en effet de s'unir à ton être.
» Bientôt tu l'obtiendras, ce besoin de ton cœur,
» Compagnon de tes jours, source de ton bonheur,
» Ta plus chère moitié, ta plus fidèle image,
» Le plus doux bien de l'homme, et mon plus bel ouvrage.
 » A ces mots il se tait. En moi-même troublé,
» De la splendeur de Dieu je me sens accablé.
» Je n'entendis plus rien ; cet entretien céleste
» De ma force mortelle avait usé le reste :
» Et de son vif éclat, de sa puissante voix,
» Trop long-temps ma faiblesse avait porté le poids :
» Telle d'un feu brillant la vue est éblouie.
» Alors, pour ranimer ma force évanouie,
» J'appelle le sommeil ; son voile officieux,
» Mollement déployé, revient fermer mes yeux,

LIVRE VIII.

» Mes yeux seuls; car l'esprit, l'esprit qui toujours veille,
» Était ouvert encor. Tout-à-coup, ô merveille!
» Je vois, je reconnais ce fantôme divin
» Par qui je fus porté dans ce riant jardin;
» Je le vois, il se baisse, et, dans mon corps qui s'ouvre,
» Sans effort, sans douleur, il enlève, il découvre
» Une côte ravie à mes flancs déchirés,
» Puis rejoint avec art les tissus séparés;
» Le sang rentre, et bientôt de ma large blessure
» Les deux bords rapprochés ont fermé l'ouverture.
» Cette part de moi-même, il la forme; elle prend
» Avec les traits de l'homme un sexe différent.
» Dieu! quel charme divin brillait dans sa figure!
» Jamais objet si beau n'embellit la Nature:
» Ou plutôt on eût dit que de leurs doux attraits
» Les habitants du Ciel avaient formé ses traits.
» Je la vis; de ses yeux part un rayon de flamme;
» Des plaisirs tout nouveaux ont inondé mon âme;
» Un monde tout nouveau vient s'offrir à mes yeux;
» Le Ciel devient plus pur, l'air plus délicieux.
» Tout-à-coup elle échappe, elle fuit; je m'éveille
» Où vas-tu? m'écriai-je, ô céleste merveille!
» Reviens; je veux revoir, adorer tes attraits,
» Ou dans ces lieux déserts te pleurer à jamais.
» Et quels plaisirs mon cœur eût-il goûtés sans elle?
» Je vole, je l'atteins, et la trouve aussi belle
» Que le sommeil l'avait présentée à mes yeux.
» Tout ce qu'ont de beautés et la Terre et les Cieux

» S'éclipse devant elle : elle vient ; Dieu lui-même
» (Ah ! dans ce doux moment j'ai connu si Dieu m'aime),
» D'une invisible main guidait vers moi ses pas.
» Par la Nature instruite, elle n'ignorait pas
» Les saints droits de l'hymen et sa chaste tendresse.
» La beauté dessina sa forme enchanteresse :
» Le Ciel est dans ses yeux, sur son front la candeur ;
» Ses moindres mouvements ont un charme flatteur ;
» La Volupté, l'Amour, l'essaim riant des Grâces,
» Composent son cortége, et volent sur ses traces.
» Dieu puissant, m'écriai-je, éperdu, hors de moi,
» Le voilà donc enfin, ce bien promis par toi !
» Sévère et bienfaisant, par quelle douce ivresse
» Tu viens de racheter un moment de tristesse !
» Auteur de tous les biens, à ma félicité,
» Mon cœur avec transport reconnaît ta bonté ;
» C'est toi qui m'as choisi ma compagne fidèle ;
» La beauté vient de toi, mais rien n'est beau comme elle :
» De ma propre substance elle naquit par toi ;
» C'est moi que j'aime en elle, elle que j'aime en moi.
» L'époux doit pour sa femme abandonner son père ;
» Le père dans ses fils adorera leur mère :
» Tous les deux ne seront qu'un esprit et qu'un cœur,
» Enchaînés par l'amour, unis par le bonheur.
» Ève entend mes discours ; et, quoique Dieu lui-même
» L'eût conduite à l'époux qu'elle adore et qu'elle aime,
» L'honneur, la dignité, la timide pudeur,
» Qui des plus doux transports dissimulent l'ardeur,

» Qui, rougissant d'aller au-devant des caresses
» Repoussant mollement les plus chastes tendresses,
» Et, pour mieux lui céder combattant le desir
» Par d'amoureux délais augmentent le plaisir,
» La retiennent encor; dans sa crainte ingénue,
» Elle me voit, tressaille, et recule à ma vue :
» La Nature inspirait ses innocents refus.
» Je la suis, sa fierté ne me résiste plus ;
» Le devoir en triomphe, et sa noble innocence
» Obéit avec grâce et cède avec décence :
» Sa docile pudeur m'abandonne sa main,
» Je la prends, je la mène au berceau de l'hymen,
» Fraîche comme l'Aurore, et rougissant comme elle ;
» Tout me félicitait en la voyant si belle.
» Pour nous ces globes d'or qui roulent dans les Cieux,
» Épuraient leurs rayons et choisissaient leurs feux ;
» Les oiseaux par leurs chants, l'onde par son murmure,
» A fêter ce beau jour invitaient la Nature ;
» Les coteaux, les vallons semblaient se réjouir,
» Les arbres s'incliner, les fleurs s'épanouir ;
» Zéphire nous portait ses fleurs fraîches écloses,
» De son aile embaumée il secouait les roses ;
» Des plus douces vapeurs l'encens délicieux
» En nuage odorant s'exhalait vers les Cieux.
» Dieu lui-même bénit la couche fortunée ;
» Le rossignol chanta le doux chant d'hyménée ;
» Et l'étoile du soir brillant d'un feu plus beau,
» Vint du premier hymen allumer le flambeau.

» Je t'ai conté mon sort, mon bonheur, mes richesses :
» L'Éternel, tu le vois, prodigue de largesses,
» Comble ici-bas mes vœux, et prévient mes désirs.
» Toutefois, je le sens, des terrestres plaisirs,
» Si j'en excepte un seul, le sentiment s'émousse :
» Ces fruits semblent moins beaux, et leur saveur moins douce ;
» Déjà je goûte moins le concert des oiseaux,
» Le vif émail des fleurs, le murmure des eaux ;
» Mais Ève est toujours chère à mon âme ravie,
» C'est-là qu'est mon amour, mon bonheur et ma vie.
» Je brûlai quand je vis ses innocents attraits ;
» Je brûlai quand son œil lança ses premiers traits ;
» Je brûle quand ma main touche son corps céleste :
» D'un œil indifférent je puis voir tout le reste.
» D'un coup-d'œil, d'un souris, quel est donc le pouvoir ?
» Les droits de la justice, et les lois du devoir,
» Au cœur de son époux sont mieux gravés peut-être ;
» Elle ressemble moins au Dieu qui nous fit naître ;
» Dieu ne lui donna point cet imposant aspect
» Par qui sa noble image imprime le respect :
» Mais, je te l'avoûrai, quand je m'approche d'elle,
» Elle me paraît sage à force d'être belle :
» Sûre du doux pouvoir qu'elle exerce sur moi,
» Ses conseils sont ma règle, et ses vœux sont ma loi ;
» Son aimable raison, sa grâce enchanteresse
» Déconcerte l'esprit, fait honte à la sagesse ;
» Plus fort que le pouvoir son charme me ravit ;
» Timide elle m'impose, et faible m'asservit :

» La crainte et le respect compose son cortége ;
» La grâce l'embellit, la pudeur la protége :
» Il semble que le Ciel, la formant à plaisir,
» L'ait faite pour régner, et non pour obéir :
» Ah ! comment maîtriser un être qui sait plaire ! »

Raphaël lui répond avec un front sévère :
« N'accuse point le Ciel ; la Nature pour toi
» A fait ce qu'elle a dû ; fais donc ce que tu dois.
» Que toujours la raison soit ta garde fidèle :
» Elle sera pour toi, si tu n'es pas contre elle.
» Ève sans doute est belle, et doit charmer ton cœur ;
» Fais-en donc ton amie, et non pas ton vainqueur ;
» Connais ta dignité, connais ton rang sublime :
» Qui ne s'estime pas perd ses droits à l'estime.
» Exige sans rigueur le respect qui t'est dû :
» La fierté généreuse entretient la vertu.
» Garde donc de tes droits la noble conscience ;
» Dans ton autorité, ta juste confiance
» Contiendra ton épouse, et sa docilité
» Bientôt à la raison soumettra la beauté.
» Belle, ses doux appas flatteront ta tendresse ;
» Vertueuse, tu peux l'adorer sans faiblesse.
» Son amour veillera dans les temps dangereux ;
» Aveuglé par l'erreur, tu verras par ses yeux :
» Tu parles de plaisirs ! mais ce vil avantage,
» Le roi des animaux avec eux le partage :
» Ils sont loin de savoir, s'ils domptaient leurs desirs,
» Sur les besoins du cœur s'ils réglaient leurs plaisirs

» Quel charme aurait pour eux cette volupté pure
» Qu'au souverain du monde accorda la Nature.
» Qu'Ève trouve dans toi son guide et son soutien ;
» Sois maître de ton cœur, tu le seras du sien.
» Aime-la, tu le dois, un amour légitime
» Aux penchants vertueux donne un élan sublime,
» Et, volant sans effort sur des ailes de feu,
» Va de la Terre au Ciel et des Hommes à Dieu ».

« Crois-tu donc, dit Adam que la pudeur colore,
» Que pour le plaisir seul ma faiblesse l'adore ?
» Il est commun à tous. Je sais que des humains
» L'hymen est plus auguste, et les devoirs plus saints :
» Dieu même l'entoura des ombres du mystère ;
» Mais ce qui, plus que tout, me rend Ève si chère,
» Ce sont mille trésors dont le Ciel lui fit don ;
» C'est sa grâce facile et son tendre abandon,
» Le charme de sa voix, celui de son silence,
» Son aimable fierté, sa douce complaisance.
» Communs sont nos desirs ; notre bonheur commun ;
» Oui, sa vie est la mienne, et nos cœurs n'en font qu'un :
» Accord délicieux ! ravissante harmonie !
» La harpe séraphique, à la voix réunie,
» Pour l'oreille charmée a bien moins de douceur
» Qu'à ce tendre concert n'en éprouve mon cœur.
» Tu le vois, mon amour n'est point de la faiblesse :
» Ève plaît à mes sens, et flatte ma tendresse ;
» Mais libre, dégagé d'un servile lien,
» Mon esprit sait connaître et pratiquer le bien :

» C'est un bien que l'amour, tu l'approuves toi-même ;
» Par lui, me disais-tu, vers le bonheur suprême
» L'âme prend son essor, et, comme un trait de feu,
» Vole, plonge, et se perd dans le sein de son Dieu.
» Mais puis-je quelque temps te retenir encore,
» Et savoir de ta bouche un secret que j'ignore ?
» Aimez-vous dans le Ciel, et quels sont vos amours ?
» Est-ce un tendre regard, ou de tendres discours ?
» Vous lancez-vous de loin vos amoureuses flammes ?
» Unissez-vous de près vos rayons et vos âmes ? »
  Avec ce doux sourire et ce tendre incarnat
Dont la rose elle-même eût envié l'éclat,
Et dont l'amour divin dans les Cieux se colore :
« D'un mot, dit Raphaël, je puis répondre encore :
» Nous sommes tous heureux au céleste séjour,
» Et comment concevoir le bonheur sans amour ?
» Nous aimons ; et toi-même obtins de la Nature
» De l'union des cœurs la jouissance pure.
» Mais cet amour plus libre ignore parmi nous
» Des entraves du corps les obstacles jaloux ;
» Nous sommes tout entiers pénétrés de sa flamme ;
» Comme l'air avec l'air, l'âme s'unit à l'âme,
» L'esprit avec l'esprit ; nos êtres confondus,
» L'un par l'autre embrassés, l'un dans l'autre perdus,
» Contractent, en s'aimant, cette union intime,
» Des célestes amours privilége sublime ;
» Tandis que, pour s'unir, vos esprits impuissants
» Ont toujours à franchir la barrière des sens.

» Mais adieu ; le Soleil à sa marche fidèle,
» Descend vers l'occident, et le Ciel me rappelle.
» Va, sois heureux, sois sage ; aime Dieu, suis ses loix :
» C'est l'aimer, cher Adam, qu'obéir à sa voix.
» Coupable ou vertueux, tes erreurs, ta sagesse,
» Vont remplir tout le Ciel de joie ou de tristesse ;
» Le Ciel t'a créé libre, et ta postérité
» Te devra ses malheurs ou sa félicité.
» Garde-toi de te rendre à des conseils perfides ;
» Ne prends que ton devoir et la raison pour guides ;
» Crains l'ennemi de Dieu, crains ton propre ennemi ».

A ces mots, il se lève. « Adieu, céleste ami,
» Adieu, lui dit Adam, toi que le Roi suprême
» A ses humbles sujets a député lui-même :
» Je l'aimerai toujours ; je n'oublîrai jamais
» Ton aimable entretien, ses précieux bienfaits.
» De retour dans les Cieux, sois-nous toujours propice,
» Et reviens quelquefois charmer notre humble hospice.

Là cesse l'entretien ; ils repartent tous deux,
Adam pour son berceau, Raphaël pour les Cieux.

FIN DU LIVRE HUITIÈME.

REMARQUES

SUR LE LIVRE HUITIÈME.

Le commencement de ce chant est plein de grâce; on y remarque ce vers charmant :

. Il cesse de parler, Adam l'écoute encore.

Il est naturel qu'Adam cherche à connaître l'ordre du monde et les mouvements des Cieux; mais il ne l'est pas autant que l'Ange lui détaille le système de Ptolomée, et surtout celui de Copernic. Il y a un trop grand intervalle entre l'innocence ignorante du premier Homme, et les découvertes astronomiques du seizième siècle; ni Homère ni Virgile ne se seraient permis cette inconvenance, due à l'envie extrême qu'avait Milton d'étaler ses connaissances de tout genre, comme le prouvent plusieurs autres détails qui enrichissent moins la composition du poème qu'ils n'en retardent la marche. Ces tableaux disparates des découvertes modernes nuisent à la douce illusion que doit produire celui des mœurs du premier âge, et de cette heureuse simplicité que l'Ange lui-même recommande à nos premiers pères. Enfin, l'un de ces Esprits qui présidaient aux révolutions des globes célestes ne pouvait être indécis entre deux systèmes dont l'un a été reconnu comme absolument faux, et dont l'autre est aujourd'hui adopté par tous les astronomes : mais tout ce morceau est écrit d'une manière à la fois très-claire et très-poétique; et pour le trouver bien, il ne faudrait que l'extraire du poème.

Ce qui est véritablement plein de convenance et de grâce, c'est le parti que prend la modeste compagne d'Adam, lorsqu'elle s'absente d'un entretien trop élevé au-dessus d'elle, pour se rendre à des occupations mieux faites pour son sexe, aux soins de ses plantes et de ses fleurs; c'est le défaut opposé à cette vertu qui a inspiré à Molière l'idée des *Femmes savantes.*

Il y a une grâce infinie dans la peinture des occupations champêtres de la compagne d'Adam; dans l'expression du plaisir qu'elle prend à soigner ses fleurs, à épier la naissance de leur premier bouton; toutes ces plantes qui se réjouissent à son approche,

Et semblent, prodiguant les trésors de leur sein,
Deviner sa présence, et connaître sa main.

forment une peinture délicieuse. Mais rien n'égale la délicatesse des motifs que le poète lui suppose ; c'est de son époux même qu'Ève veut apprendre ce qu'elle peut de ces grands secrets ; elle préfère sa voix à celle de l'Ange même : surtout elle se promet les douces interruptions de leur entretien, les caresses données et rendues ; car c'est moins l'instruction qu'elle cherche que le plaisir d'être instruite par son époux.

Le discours où Adam exprime à Raphaël le plaisir qu'il prend à l'entendre, est plein des plus doux sentiments et de la plus aimable poésie.

Avant de représenter Adam racontant à Raphaël l'histoire de sa naissance, Milton a évité avec beaucoup d'esprit une grande difficulté. Si Raphaël à cette époque eût été dans le Ciel, Adam n'aurait pu lui raconter ce qu'il aurait su comme les autres Anges. Raphaël lui apprend donc qu'alors, par l'ordre de Dieu, il avait été visiter les confins de l'Enfer, et qu'il n'était revenu au Ciel qu'après la création, le jour du repos de Dieu. La courte peinture qu'il fait de l'Enfer est heureusement imitée de Virgile.

Le récit de la naissance d'Adam fait par lui-même est regardé, avec raison, comme un des plus beaux morceaux du poème. On y trouve toute la vérité qu'on peut desirer dans une peinture sans modèle ; ou plutôt Milton a mieux fait que de peindre, il a deviné. Toutes les impressions qu'il prête au cœur d'Adam nouvellement créé, à l'aspect des différents tableaux de la Nature, dont les beautés l'environnent en foule, sont de la plus grande vraisemblance. Horace nous dit que les poètes doivent emprunter le fond des idées aux philosophes.

Rem tibi Socraticæ poterunt ostendere chartæ.

Mais ici le poète a fourni des idées aux philosophes, et M. de Buffon, en peignant l'homme naissant et les diverses affections qu'il reçoit des objets de la Nature, présentés à ses yeux pour la première fois, n'a pas dédaigné d'emprunter plusieurs images de l'Homère anglais, et même l'idée entière de cet admirable tableau.

On trouve dans ces vers ce qu'on a écrit peut-être de plus frappant en faveur de l'existence de Dieu, dont Milton fait une idée innée. Adam à peine formé veut savoir l'auteur de sa naissance ; il le demande aux forêts, aux vallons, aux montagnes, au Ciel, à la Terre : il sent qu'il ne s'est pas fait lui-même, et déjà il existe pour lui un Créateur, et l'expression de cet instinct céleste, si j'ose ainsi parler, vaut toutes les preuves métaphysiques de l'existence de Dieu.

Rien de plus naturel que les idées que fait naître

dans le cœur d'Adam son premier sommeil ; il le prend pour un second néant : mais bientôt il croit renaître à la voix du fantôme charmant qui l'invite à le suivre, ou plutôt qui le transporte légèrement sur la belle montagne où son jardin l'attend. Pour y arriver, il ne marche point sur la terre, il glisse doucement dans l'air. Cette marche convient également et à la poésie et aux êtres aériens.

La description des animaux comparaissant devant Adam pour lui rendre hommage et recevoir leurs noms, est pleine de la plus riche variété et de la plus aimable poésie.

L'expression la plus sublime de l'instinct social et du besoin d'une compagne, se trouve dans le discours qu'adresse à Dieu le premier Homme : il vient de lui donner l'empire du monde, et son cœur éprouve encore un vide. Cette idée amène d'une manière admirable la naissance d'Ève. Dieu paraît résister un instant à sa demande, et lui dit qu'entouré des animaux dont il l'a nommé le roi, il ne doit pas se croire seul. Adam lui fait la réponse la plus touchante et la plus philosophique. Dieu lui répond qu'il n'a voulu que l'éprouver. Voilà peut-être un de ces défauts de convenance qu'on trouve quelquefois dans Milton. Feindre est indigne de Dieu ; il peut éprouver l'homme et non pas le tromper. Le récit de la création d'Ève n'est pas moins beau que celui de la naissance d'Adam. Peut-être la côte enlevée au premier Homme, le sang qui coule de sa blessure, cette blessure refermée, sont peints d'une manière un peu trop chirurgicale; mais tout le reste du récit, la description de la beauté d'Ève, toute la Nature éclipsée devant elle, sont un tableau divin. C'est avec un art infini que, pour prolonger l'intérêt de ce moment, Milton suppose qu'Ève s'échappe et fuit devant son époux. Cette fuite donne lieu au discours tendre et passionné qu'il lui adresse. Le moment où il l'atteint est peint avec la plus grande délicatesse; la pudeur d'Ève, sa molle résistance, ses délais amoureux, enfin sa pudeur vaincue abandonnant sa main à la main de son époux, forment un tableau délicieux. Mais rien n'égale la beauté des images dont le poète a peint le premier hymen dont le monde nouvellement créé fut témoin : les astres, les bois, les ruisseaux, les fleuves, les oiseaux, toute la Nature en célèbre la fête. On ne peut peindre d'une manière plus passionnée que ne le fait Adam, dans son discours à Raphaël, les premières impressions qu'il reçoit de cet objet adorable; elles sont si profondes, qu'il semble un instant dégoûté de toutes les beautés de la Nature; il ne voit plus, il n'entend plus qu'elle.

Toutefois, je le sens, des terrestres plaisirs,

Si j'en excepte un seul, le sentiment s'émousse :
Ces fruits semblent moins beaux, et leur saveur moins douce;
Déjà je goûte moins le concert des oiseaux,
Le vif émail des fleurs, le murmure des eaux ;
Mais Ève est toujours chère à mon âme ravie :
C'est-là qu'est mon amour, mon bonheur et ma vie.
Je brûlai quand je vis ses innocents attraits ;
Je brûlai quand son œil lança ses premiers traits ;
Je brûle quand ma main touche son corps céleste :
D'un œil indifférent je puis voir tout le reste.

Dans la manière passionnée avec laquelle Adam exprime son amour, on entrevoit déjà des symptômes de faiblesse et des pronostics de sa chute. La réponse de Raphaël est pleine de sagesse et de la plus excellente morale. Adam dans sa réplique paraît sûr de sa force et de sa fidélité aux ordres de Dieu. Peut-être quelques lecteurs ne goûteront pas les questions un peu étranges qu'il fait à Raphaël sur les amours des Cieux ; mais il y a beaucoup de grâce et de poésie dans la manière dont l'Ange lui peint la pureté de ces amours surnaturels. Enfin, on ne peut lire sans attendrissement les adieux touchants que lui fait le premier Homme, et leur touchante séparation. Ce chant, comme on voit, est un des plus beaux de l'ouvrage : le commencement seul offre quelques défauts ; le reste presque en entier est admirable.

Presque tous les détails en sont intéressants ; c'est la beauté de la Nature encore vierge, l'innocence de l'Homme ; ce que les idées religieuses ont de plus sublime, les affections humaines de plus touchant ; les premiers tributs de la prière, et les premières expressions de l'amour.

ARGUMENT.

Satan ayant parcouru la terre, et s'étant armé de malice, revient de nuit comme un brouillard dans le Paradis. Il s'est insinué dans le serpent, tandis qu'il dormait. Adam et Ève sortent au lever de l'aurore pour leurs occupations ordinaires. Ève propose de s'écarter l'un de l'autre, et de travailler séparément. Adam s'y oppose, alléguant le danger prochain, et la crainte que l'ennemi, dont ils ont été avertis, ne vienne la tenter quand elle sera seule. Ève, touchée de ce qu'il ne la croit pas assez circonspecte, ni assez ferme, persiste dans sa première idée, afin de faire preuve de sa vertu. Adam se rend à la fin. Le serpent la trouve seule, et l'aborde avec souplesse. D'abord il la regarde, ensuite lui parle en termes flatteurs, et l'élève au-dessus de toutes les créatures. Ève, surprise de l'entendre parler, lui demande comment il a acquis la voix et la raison humaine, qu'il n'avait point dans son origine. Le serpent répond que le fruit d'un certain arbre du jardin lui a procuré ces avantages. Ève le prie de la conduire à cet arbre; elle trouve que c'est celui de la science, qui leur était interdit. Le serpent l'engage à manger du fruit, elle le trouve exquis; elle délibère quelque temps si elle en fera part à Adam ou non. Enfin, elle lui porte une branche garnie de ses fruits. Adam est d'abord consterné; mais, par un excès d'amour, il prend la résolution de périr avec elle; et s'aveuglant lui-même, il mange du fruit. Quels en furent les effets. Ils cherchent d'abord à couvrir leur nudité; ensuite la discorde se met entre eux, et ils en viennent aux reproches.

PARADIS PERDU,
POÈME.

LIVRE NEUVIÈME.

O Terre malheureuse ! ô changements funestes !
Ils vont finir ces jours où les Esprits célestes
Remplissaient ici-bas leurs messages divins ;
Où l'Ange, hôte indulgent du premier des humains,
L'entretenait du Ciel, des grandeurs de son maître ;
Quelquefois s'asseyant à sa table champêtre,
Oubliait, pour ses fruits, le doux nectar des Dieux.
Au lieu de ces accords de la Terre et des Cieux,
Quel sujet vient s'offrir à ma lyre affligée ?
L'Éternel méconnu, sa puissance outragée,
La Révolte aux humains amenant le Trépas,
Tous les fléaux en foule accourant sur ses pas,
Et la Justice enfin, vengeresse du crime :
Déplorable sujet, mais plus grand, plus sublime,
Qu'Achille sous les murs d'Ilion désolé,
Traînant sept fois Hector, à sa rage immolé ;
Que la lance de Mars, le trident de Neptune ;
Qu'Énée, aux champs latins, transportant sa fortune,
Et le fougueux Turnus, et la fière Junon,
Poursuivant sur les flots les debris d'Ilion !

Toi, daigne seulement inspirer ton poete,
O Muse ! qui souvent, dans ma sombre retraite,
En silence reviens, à l'heure du repos,
Dicter mes vers nombreux qui coulent à grands flots,
Depuis que le sujet dont le charme m'entraîne
Vint transporter mon âme et féconder ma veine.
D'autres assez long-temps ont chanté les guerriers,
La valeur romanesque et les vieux chevaliers,
Tandis que leur oubli, dans un ingrat silence,
Laisse le vrai courage et la noble constance.
Qu'ils célèbrent les jeux, les joûtes, les tournois,
La vigueur des coursiers, et l'éclat des harnois ;
Des illustres beautés qu'ils nous vantent les charmes,
Et les grands coups de lance, et les nobles faits d'armes,
Et les manteaux de pourpre, et les boucliers d'or,
Où des faits glorieux resplendissent encor ;
Qu'ils dressent des festins l'ordonnance pompeuse ;
De pages, d'écuyers, qu'une foule nombreuse,
Dans des parcs somptueux, des palais enchantés,
Relève l'appareil de ces solennités :
J'ignore et veux toujours ignorer ces merveilles,
Qui du peuple crédule amusent les oreilles.
Un sujet plus nouveau, plus cher à l'univers,
Va réveiller ma lyre et consacrer mes vers ;
A moins qu'un ciel glacé, la vieillesse pesante,
N'éteignent mon courage, et qu'à ma main tremblante
Ma Muse par pitié n'ôte la lyre d'or,
Et d'un vol indiscret ne réprime l'essor

Le Soleil dans les eaux achevait sa carrière ;
Déjà de Vespérus la douteuse lumière,
Qui participe ensemble et de l'ombre et du jour,
Éclairait à demi le terrestre séjour ;
La nuit venait couvrir une moitié du monde ;
Lorsqu'enfin, terminant sa course vagabonde,
Satan, du frais Éden banni par Gabriel,
Revient braver encor les menaces du Ciel.
Non moins fier, mieux instruit ; et fidèle à sa haine,
La nuit le vit partir, et la nuit le ramène,
Mais prudent, mais craintif ; depuis que cet Esprit
Qui guide le Soleil dans le tour qu'il décrit,
Vers Éden menacé de ses piéges funestes,
A dénoncé sa marche aux milices célestes,
Satan a par trois fois dans son immense cours,
Doublé le cercle ardent qui des nuits et des jours
Conserve l'équilibre et le juste partage.
Durant trois longues nuits il poursuit son voyage ;
Durant quatre grands jours son essor agrandi
Revient du sud au nord, et du nord au midi,
Toujours fuyant l'éclat, et se cachant dans l'ombre.
De la huitième nuit enfin le voile sombre
Seconde dans Éden son retour criminel ;
Mais il craint les regards des milices du Ciel.
Par des chemins cachés, trompant leur vigilance,
Vers la plage opposée il aborde en silence.
Là jadis fut un antre (avant que sur ces lieux
Le désordre marquât la colère des Cieux),

Où le Tigre, perdu sous une obscure voûte,
S'enfonçait, ressortait, et poursuivait sa route.
L'ennemi le découvre : en ce chemin secret
Il plonge avec le fleuve, avec lui reparaît.
Cependant, pour cacher sa marche frauduleuse,
Il emprunte des eaux la vapeur nébuleuse,
La jette autour de lui comme un voile mouvant,
Et pour asile enfin cherche un être vivant.
De l'aurore au couchant, du midi jusqu'à l'ourse,
Il avait observé, durant sa longue course,
Les mœurs des animaux ; le plus astucieux,
Le perfide serpent avait frappé ses yeux.
Là Satan veut cacher et son piége et lui-même,
Dans un être stupide, un adroit stratagème
Au spectateur surpris aurait avec raison
D'une infernale ruse inspiré le soupçon :
Le serpent pouvait seul, connu par sa finesse,
D'un air de vérité colorer tant d'adresse.
Le traître le choisit ; mais de quelle douleur
Ce choix humiliant vient déchirer mon cœur !

« O Terre ! cria-t-il (puisqu'ainsi l'on te nomme),
» Séjour digne des Dieux, et profané par l'Homme,
» Toi, le second travail de la Divinité,
» Le second par le temps, le premier en beauté ;
» Terre ! de quel éclat ces astres te couronnent !
» C'est pour toi que sont faits ces Cieux qui t'environnent
» Chacun de ces flambeaux, tout fier de son emploi,
» Se lève, part, revient, et voyage pour toi.

LIVRE IX.

» De son maître nouveau, fidèle tributaire,
» Chacun de leurs rayons vient tomber sur la terre.
» Ainsi que dans le Ciel, tous ces globes de feu
» Comme au centre commun aboutissent à Dieu,
» De même autour de lui, ce monde heureux assemble
» Tous ces Soleils épars qui rayonnent ensemble ;
» Ce feu, source de grâce et de fécondité,
» Tu lui dois tes trésors, tu lui dois ta beauté :
» Il court dans chaque fleur, circule en chaque tige ;
» Il forme, accroît, nourrit, par un plus grand prodige,
» Ces peuples animés, sans cesse renaissants,
» Il leur donne la vie, il leur donne des sens,
» Et choisissant pour eux sa plus subtile flamme,
» Leur prête la pensée, et leur inspire une âme.
» Tous inégaux en rang, mais sans être jaloux,
» S'obéissent entre eux ; l'Homme commande à tous.
» O Terre ! quels tableaux décorent tes campagnes !
» O vous, riants vallons, vous, altières montagnes,
» Verts coteaux, antres frais, abris voluptueux,
» Élégants arbrisseaux, arbres majestueux,
» Audacieux rochers, agréables prairies,
» Ruisseaux, fleuves pompeux, beaux lacs, rives fleuries !
» O combien me plairait votre aspect enchanteur,
» Si le plaisir encore était fait pour mon cœur !
» Il n'en est plus pour moi : pour calmer mes supplices,
» J'ai besoin de forfaits, j'ai besoin de complices :
» Il me faut un malheur à mes malheurs égal ;
» Le bien n'est plus pour moi que dans l'excès du mal.

» Enfer, enfin j'ai fui ton océan de flamme,
» Un enfer plus ardent se rallume en mon âme ;
» Il me suit sur la Terre, il me suivrait aux Cieux,
» Si je n'humiliais leur despote orgueilleux.
» Le monde est son chef-d'œuvre, et l'Homme son image :
» Au Dieu qui les a faits faisons un double outrage.
» Mon sort est trop cruel s'il n'est point partagé ;
» Satan se croit heureux si Satan est vengé.
» Qu'alors tombe sur moi le sort de mes victimes ;
» Que mes calamités l'emportent sur mes crimes,
» Par les douleurs d'autrui je serai consolé.
» Que l'Homme soit perdu, son séjour désolé :
» Ce monde est fait pour lui, ce monde m'importune ;
» De ce maître odieux qu'il suive la fortune.
» Objets de mon envie, objets de mon courroux,
» Homme, Dieu, Terre, Ciel, évanouissez-vous ?
» Dans les mêmes projets ma haine vous rassemble.
» Je vous attaque tous ; périssez tous ensemble ;
» Qu'au gré de ma fureur, tout soit anéanti !
» Rendons-leur le tourment que mon cœur a senti ;
» Et qu'heureux d'un désordre où mon bonheur se fonde,
» Satan seul soit debout sur les débris du monde :
» Alors je pars content : je cours dire aux Enfers :
   » Le voici le vainqueur du Dieu de l'univers !
» Tombez tous à ses pieds, rendez lui tous hommage !
» De six jours en un seul j'ai renversé l'ouvrage,
» L'ouvrage du Très-Haut, de l'Être tout-puissant !
» De la création ce prodige récent

LIVRE IX.

» Semble nouveau pour nous ; mais Dieu dans sa vengeance
» Peut-être dès long-temps méditait sa naissance.
» C'est du sein des fureurs que naquit sa bonté.
» Peut être il le conçut quand son bras irrité,
» De la moitié des siens délivrés de leur chaîne,
» Par un coup imprudent dépeupla son domaine.
» Bientôt le repentir irrita son courroux.
» Pour peupler son palais et se venger de nous,
» Soit que ma main ne pût créer de nouveaux Anges
» De qui la voix servile entonnât ses louanges
» (Si les Anges pourtant sont sortis de ses mains),
» Soit pour mieux nous flétrir, il créa les humains,
» Ce vil peuple, sorti d'une obscure origine,
» Qui, riche de nos biens, fier de notre ruine,
» Et de notre grandeur saisissant les débris,
» Doit monter de sa fange aux célestes lambris.
» Ce qu'il voulut jadis aujourd'hui se consomme ;
» L'Homme est né de la Terre, et la Terre est à l'Homme ;
» Sur son trône il plaça ces superbes rivaux ;
» L'Empyrée est leur dais, les astres leurs flambeaux,
» L'Ange est leur messager, à leurs grandeurs nouvelles
» Les brulants Séraphins ont asservi leurs ailes :
» Pour un indigne maître ils veillent nuit et jour ;
» Ils forment son cortége et composent sa cour ;
» Et soumettent sans honte, en cet emploi servile,
» Leurs célestes esprits à sa terrestre argile.
» Pour éviter leurs yeux, je me suis vu réduit
» A me glisser couvert des vapeurs de la nuit.

» Trop heureux maintenant si, pour tromper leur veille,
» Je trouve pour asile un serpent qui sommeille,
» Et si je puis cacher dans ses plis tortueux,
» Du chef des Séraphins les traits majestueux !
» O honte ! ce rival du monarque du monde,
» Il va donc se cacher dans ce reptile immonde !
» Moi, qui prétends au Ciel, habiter un serpent !
» Dans les plis sinueux de cet être rampant,
» Je vais donc, rasant l'herbe et léchant la poussière,
» Humilier ce front et cette âme si fière?
» O puissances d'Enfer ! qui de vous, dites-moi,
» Dans cet état abject reconnaîtra son roi?
» O que pour s'élever l'ambition s'abaisse !
» Plus hauts sont ses projets, plus grande est sa bassesse.
» Vengeance, dont la rage empoisonna mon cœur,
» Que d'amertume, hélas! se mêle à ta douceur!
» Si tes plaisirs sont grands, que leur suite est cruelle !
» N'importe! Cieux, tonnez sur ma tête rebelle !
» Sans en être ébranlé, je recevrai vos coups ;
» Puissé je seulement punir ce Dieu jaloux !
» Ou, si mon bras enfin ne l'atteint pas lui-même,
» Puissé-je m'en venger sur l'insolent qu'il aime !
» Sur ce fils que créa son dépit envieux,
» Ce fils de sa fureur, adopté par les Cieux !
» Ce Dieu me provoqua : c'en est assez; ma rage
» Rendra haine pour haine, outrage pour outrage ».

    A ces mots, apaisant ses transports orageux,
A travers les buissons, les joncs marécageux,

Il se glisse sans bruit comme un sombre nuage,
Et cherche le serpent ministre de sa rage;
Il le trouve dormant : en cercles redoublés
De son corps sinueux les replis sont roulés ;
Au milieu reposait sa tête languissante ;
Rusé, mais non cruel, sa douceur innocente,
Incapable de crainte ainsi que de fureur,
N'habitait point des bois la ténébreuse horreur,
Ni des antres muets la profondeur obscure ;
Tranquille, il sommeillait sur un lit de verdure :
Le perfide Satan se glisse dans son corps ;
Dans son cœur s'insinue, anime ses ressorts,
Et, prêtant sa raison à l'instinct qui sommeille,
Attend paisiblement que le jour le réveille.

Le jour enfin paraît, et vers le Ciel serein
Montent en pur encens les parfums du matin.
Au Dieu qui la créa la Terre rend hommage ;
Ce Dieu puissant et bon sourit à son ouvrage ;
Et, par ces doux tributs payés de ses bienfaits,
Voit remonter vers lui les présents qu'il a faits.
Le couple heureux alors quittait ses toits champêtres;
Il vient, joignant sa voix aux chœurs muets des êtres,
Du Soleil renaissant saluer le retour,
Et goûter à longs traits les prémices du jour.
Mais les moments sont chers, leurs jardins les attendent;
Il est temps de régler les doux soins qu'ils demandent ;
Seuls à leur tâche immense ils ne suffisent pas.
« O cher époux! dit Ève ; en vain nos faibles bras

» Unissent leurs efforts pour un si grand ouvrage ;
» Ces boutons et ces fleurs, ces fruits et ce feuillage
» Exercent vainement nos travaux assidus ;
» Les travaux de la veille au matin sont perdus :
» En vain nous étayons ces tiges languissantes ;
» Des rameaux trop hâtifs, des feuilles renaissantes
» En vain nous réprimons l'essor présomptueux ;
» Une nuit reproduit leur luxe infructueux ;
» Et tout ce que notre art retranche à leur verdure,
» Leur prodigalité le rend avec usure :
» Pour abréger l'ouvrage inventons des moyens :
» Donne-moi tes conseils ou profite des miens ;
» Partageons entre nous cette tâche innocente
» Qu'exige de nos mains chaque fleur, chaque plante.
» Toi, porte tes secours aux lieux où leurs besoins,
» Où ton libre caprice appelleront tes soins,
» Soit que tu joignes l'orme au lierre qui l'embrasse,
» Soit qu'autour du palmier le jasmin s'entrelace,
» Ou que le cep errant, le souple chèvre-feuil,
» De leurs bras amoureux étreignent le tilleul ;
» Moi, j'irai cultiver les myrtes et les roses,
» Dans ces riants jardins nouvellement écloses :
» Car lorsque, réunis par les mêmes travaux,
» Ensemble nous soignons nos fleurs, nos arbrisseaux,
» Faut-il nous étonner que, si près l'un de l'autre,
» Souvent nous oublions leur bonheur pour le nôtre ;
» Que les doux entretiens, les sourires charmants
» Et d'aimables hasards nous volent nos moments,

» Et qu'à notre festin quand midi nous ramène,
» Nous goûtions sans plaisir des mets acquis sans peine? »
 « O charme de mes jours! doux repos de mon cœur!
» Ce desir de hâter notre agreste labeur,
» Cet amour des devoirs dont ton sexe s'honore,
» A mes yeux, dit Adam, te rend plus chère encore.
» Eh! quel plus doux honneur pour ton sexe charmant
» Que de sacrifier un vain amusement
» Aux paisibles vertus des emplois domestiques,
» D'exciter un époux à ces travaux rustiques?
» Mais Dieu ne nous fit pas d'aussi sévères lois :
» Au milieu du travail, il permet quelquefois
» Que ma main se repose un moment dans la tienne,
» Que ta bouche en passant vienne effleurer la mienne,
» Qu'un champêtre repas nous rende la vigueur ;
» Par de tendres discours, doux aliment du cœur,
» D'un pénible exercice il permet qu'on respire,
» Qu'on adresse un regard, qu'on s'envoie un sourire,
» Ce sourire, de l'âme aimable expression,
» Dont à l'être pensant la Nature a fait don,
» Et qui, de l'Homme seul intéressant langage,
» De la brute jamais n'embellit le visage ;
» Il entretient l'amour, cet amour vertueux,
» Le plus doux des besoins et le plus saint des nœuds;
» Et de tous les présents de notre divin maître
» Le plus inestimable, et le plus cher peut-être :
» Dieu même dans nos cœurs a daigné l'allumer,
» Et nous dit d'être heureux en nous disant d'aimer.

» Ce Dieu, dont la sagesse à jouir nous convie,
» A la peine n'a point condamné notre vie;
» Il voulut qu'au travail succédât le loisir,
» Et fit de la raison le guide du plaisir.
» Travaillons, nettoyons ces belles promenades;
» Veillons sur les besoins de ces vertes peuplades;
» Un jour peut-être, un jour, nos propres rejetons,
» Brillants comme ces fleurs, frais comme ces boutons,
» Appuis de leurs parents, ainsi que leurs délices,
» Croîtront autour de nous, dans ces riants hospices,
» Et viendront partager, s'instruisant près de nous,
» Un travail avec eux plus facile et plus doux.
» Si tu ne peux toujours te plaire en ma présence,
» Je ne t'interdis pas quelques moments d'absence :
» Heureux qui, retiré, ne connaît point l'ennui!
» L'Homme n'est jamais seul s'il se plaît avec lui :
» On revient avec joie à l'ami que l'on quitte,
» Et vers lui le regret nous rappelle bien vite.
» Mais pour toi, loin de moi, je crains quelque danger,
» Sur nous l'affreux Satan brûle de se venger;
» N'espérant plus de paix, il veut troubler la nôtre,
» Nous corrompre, nous perdre : assistons-nous l'un l'autre
» Quel triomphe pour lui s'il nous voit séparés!
» Sans secours, en ses mains nous nous verrions livrés;
» Dieu nous a prévenus, l'ennemi nous assiége :
» Non loin d'ici peut-être il nous prépare un piége.
» Nous avons tout promis, nous devons tout à Dieu :
» Nous séparer de lui, Satan, voilà ton vœu!

LIVRE IX.

» L'amour doit offenser un cœur nourri de haine ;
» Notre plus grand plaisir est ta plus grande peine.
» Chère Ève, au nom de Dieu, demeure à mon côté ;
» Il fut ton origine, il est ta sûreté.
» De celle que la honte ou le danger menace,
» Je le répète encor, la véritable place
» Est près de son époux ; il prévient le danger,
» Et si le mal arrive, il sait le partager ».

A ces mots, sa compagne aussi chaste que pure,
S'affligeant d'un soupçon dont sa gloire murmure,
Lui répond d'un air triste ensemble et gracieux :
« Cher époux! noble enfant de la Terre et des Cieux !
» Je connais nos dangers ; je sais quel artifice
» D'un ennemi caché prépare la malice ;
» Et ta voix, cher époux, et l'envoyé des Cieux
» Ne m'ont que trop appris ses projets odieux.
» Hier, lorsque nos fleurs refermaient leurs calices,
» Quand, près de retourner aux célestes délices,
» Raphaël te faisait les adieux du départ,
» De retour du travail, et couchée à l'écart,
» Sous ce berceau voisin, je l'écoutais ; sa bouche
» Te parlait de dangers, d'un ennemi farouche :
» Ces dangers, fuyons-les, j'y consens, mais que moi
» Dont mon Dieu, mon époux, ont éprouvé la foi,
» Parce qu'un noir esprit médite des vengeances,
» Tu m'oses affliger d'injustes défiances !
» L'Ange n'en a rien dit, Ève rien entendu.
» Non, mon cœur à ce coup ne s'est point attendu.

» Que crains-tu, cher Adam ? est-ce la force ouverte ?
» Nous sommes immortels ; ainsi donc notre perte
» Doit venir de la ruse. Elle peut quelque jour,
» Malgré tous mes serments de respect et d'amour,
» Dans une erreur coupable entraîner ma faiblesse !..
» Cher Adam ! d'où te vient ce soupçon qui me blesse ?
» En ai-je mérité l'humiliant aveu ? »

« O fille de la Terre ! ô chef-d'œuvre de Dieu !
» Toi qui reçus de lui la vie et l'innocence,
» Non, je ne te crains point, mais je crains ton absence.
» Seule à notre ennemi pourquoi donc t'exposer ?
» Satan peut te flétrir, s'il ne peut t'abuser ;
» L'espoir de te séduire est lui-même un outrage.
» Ignores-tu sa ruse et sa perfide rage ?
» Ah ! s'il a pu changer en vils séditieux
» Ces Esprits immortels, ces purs enfants des Cieux,
» Combien pour nous le traître est plus à craindre encore.
» Accepte donc l'appui d'un époux qui t'adore ;
» Moi-même, près de toi, plus prudent et plus fort,
» Pour ne pas succomber redoublerai d'effort.
» Ton époux n'oserait faillir en ta présence ;
» Un seul de tes regards soutiendra ma constance.
» Rien près de toi, non, rien ne saurait m'ébranler,
» Et, près de moi, toi-même aurais moins à trembler.
» Oui, ce qu'Ève est pour moi, je le serai pour elle,
» Donc, s'il faut cette épreuve à ton âme fidèle,
» Va, parais hardiment dans ce champ glorieux ;
» Mais prends-moi pour témoin, et combats sous mes yeux».

Tel Adam alarmé fait parler sa tendresse,
Sa prudence attentive et sa mâle sagesse.
Ève, craignant toujours qu'on soupçonne son cœur,
Exhale encore ainsi sa plaintive douleur :
« Ainsi donc, en ces lieux et la force et l'adresse
» Par un double danger nous menacent sans cesse.
» Ah ! si chacun de nous ne peut impunément,
» Pour errer à son choix, quitter l'autre un moment,
» Où donc est le bonheur ? La honte suit le crime.
» Si de nos propres cœurs nous conservons l'estime,
» Notre honneur dépend-il des attentats d'autrui ?
» Non, l'ennemi n'aura déshonoré que lui.
» Que craignons-nous ? sans risque on n'obtient point de gloire:
» Plus grand fut le danger, plus grande est la victoire.
» Nous triompherons mieux ayant bien combattu,
» Et Dieu du haut des Cieux verra notre vertu.
» Qu'est-elle sans combat, si, sur le bras d'un autre,
» Il faut que lâchement nous appuyions le nôtre ?
» De nos faibles moyens ce flétrissant aveu
» Est affligeant pour nous, est outrageant pour Dieu.
» Ah ! si le Créateur fit l'Homme si fragile,
» Non, non, du vrai bonheur Éden n'est plus l'asile ».
« Femme, répond Adam, ne te plains pas du Ciel :
» Tout est sorti parfait des mains de l'Éternel.
» Tout est ce qu'il doit être, et, dans ce grand ouvrage,
» Aurait-il donc moins fait pour l'Homme son image ?
» Libre dans son bonheur, il doit le conserver :
» Lui seul il peut se perdre, et seul peut se sauver.

» Dieu même à nos desirs abandonna les rênes ;
» Mais la sage raison sait leur donner des chaînes.
» La raison elle-même est un présent des Cieux :
» Pour régler notre marche, ils lui donnent des yeux,
» Qui, des objets divers marquant la différence,
» Lui font voir les vrais biens et leur fausse apparence,
» De peur que nos desirs, égarés dans leur choix,
» Ne quittent les sentiers que nous tracent ses lois.
» Je le répète encor, d'une lutte douteuse
» N'ambitionne pas l'épreuve dangereuse ;
» Ne l'affronte du moins qu'auprès de ton époux :
» Les dangers sont toujours assez voisins de nous.
» De ta docilité présente à Dieu l'hommage,
» Ensuite prouve-lui! si tu peux, ton courage,
» Plus faible, plus obscur s'il est sans spectateur.
» Mais je ne retiens plus ta généreuse ardeur :
» Pars; Ève, à mes conseils à regret complaisante
» Présente malgré soi, serait encore absente.
» Rassemble ton courage, appelle ta vertu ;
» Pour toi le Tout-Puissant a fait ce qu'il a dû :
» Fais donc ce que tu dois ; sa bonté toujours sage
» T'a donné la raison, et t'en laisse l'usage »

Prenant un ton soumis, mais ferme en ses desseins,
Ainsi lui répondit la mère des humains :
« Puisque tu le permets, et puisqu'enfin toi-même,
» Dans tes derniers conseils à l'épouse qui t'aime,
» Conviens que des assauts imprévus à tous deux
» Auraient plus de dangers, je marche au-devant d'eux :

» Mais crois-tu que jamais le fier Satan s'abaisse
» A venir d'une femme attaquer la faiblesse ?
» Quel triomphe pour moi ! quelle honte pour lui ! »
   Elle dit, et des mains de son fidèle appui,
Sa main qu'il tient encore doucement se dégage :
Elle part : moins légère en sa course volage,
Des mensonges brillants nous peignaient autrefois
La jeune hamadryade et la nymphe des bois ;
Bien moins majestueux, la fiction profane
Nous peignait et les traits et le port de Diane.
Au lieu d'arc, de carquois, la serpe, le râteau
A sa jeune beauté prête un charme nouveau :
Adam même forgea cette armure champêtre,
Ou quelque Ange des Cieux les apporta peut-être.
Adam la suit de l'œil, et son geste et sa voix
De hâter son départ la pressent mille fois ;
Chaque fois, témoignant la même impatience,
Son épouse promet d'abréger son absence.
Le Soleil, achevant la moitié de son tour,
Au berceau nuptial la verra de retour,
La verra préparer, sous sa verte tenture,
Et leur festin champêtre, et leur lit de verdure.
Épouse infortunée ! hélas ! que promets-tu ?
C'est fait de ton bonheur, comme de ta vertu.
Non, non, tu n'auras plus, dans ce riant asile,
Ni d'innocents festins, ni de sommeil tranquille.
   Avide de sa proie, avec ce couple heureux,
Voulant perdre leur race et le monde avec eux,

Satan, dès le matin, parcourait les bocages;
De réduits en réduits, d'ombrages en ombrages,
Agréables vergers, bosquets mystérieux,
Il interroge tout d'un regard curieux;
Il court de la fontaine au ruisseau qui murmure,
De la clairière ouverte à la forêt obscure;
Il cherche ces époux de son cœur abhorrés;
Trop heureux si son œil les trouve séparés!
Il n'ose s'en flatter : sans l'époux qu'elle adore
Eve dans ces beaux lieux ne parut point encore.
Mais enfin le hasard a passé tous ses vœux.
Sur les gazons fleuris, bientôt Ève à ses yeux
D'un nuage odorant se montre environnée :
Il la voit sur les fleurs mollement inclinée;
Leur reine de plus près en respirait l'encens,
Des unes relevait les rameaux languissants,
Des autres, dont la tête à son poids s'abandonne,
De baguettes de myrte appuyait la couronne;
Elle-même oubliait, durant son doux labeur,
Qu'elle est de ces beaux lieux la plus brillante fleur;
Hélas! et sans l'appui de son époux fidèle,
Bientôt la plus fragile. Il s'avance vers elle;
Audacieux et souple, il vient, il a passé
La forêt, où le cèdre et le pin élancé
S'élèvent vers les cieux en verte pyramide;
Tantôt se laissant voir, et tantôt, plus timide,
Dans le dédale obscur des fleurs, des arbrisseaux,
Se glisse, s'insinue en flexibles anneaux :

Il entre enfin, il entre au fortuné bocage,
Où la beauté hâtait son innocent ouvrage.
Tel qu'un triste habitant d'une vaste cité,
Si, dans un beau matin d'un beau jour de l'été,
Au lieu de ces vieux murs, de cet impur mélange
De peuple, d'artisans, de brouillard et de fange,
Il rencontre, en sortant, des champs délicieux ;
Les fermes, les jardins, les lointains gracieux,
Les troupeaux, les vergers, cette odeur végétale
Que dans l'air embaumé la laiterie exhale,
Tout lui plaît ; mais parmi ce spectacle enchanté,
Si de loin se découvre une jeune beauté,
En voyant son maintien, sa pudeur et sa grace,
Pour lui tout s'embellit, ou plutôt tout s'efface ;
En elle il voit uni ce qu'il vit de plus doux,
Et dans un seul objet il les retrouve tous :
Tel au cœur de Satan un doux transport s'élève,
Lorsqu'il voit ces beaux lieux, ces fleurs, ces bois ; mais Ève.
Ève, sans son époux, fixe surtout ses yeux.
Il s'arrête, il croit voir un habitant des Cieux.
Seulement son œil lance une plus douce flamme ;
C'est un Ange en effet sous les traits d'une femme :
Sa grâce, son maintien, ses brillantes couleurs,
La fleur de la beauté souriant à des fleurs,
La pudeur de son front, sa forme ravissante,
Le moindre mouvement de sa taille élégante,
Pénétrant doucement dans le fond de son cœur,
Ont de ses noirs projets désarmé la fureur.

Dans le démon du mal, le mal vaincu s'arrête;
Enchaîné, confondu, l'étonnement lui prête
Le stupide semblant d'un moment de bonté,
Involontaire oubli de sa férocité.
Mais bientôt dans son cœur tout l'enfer se rallume;
A l'aspect du plaisir le dépit le consume.
Indigné d'un bonheur qu'il ne peut partager,
Ne pouvant en jouir, il prétend s'en venger;
Et, bénissant le lieu qui lui montre sa proie,
Il exprime en ces mots son effroyable joie :
« Quel projet m'a conduit en ce riant séjour?
» Est-ce un projet de haine? est-ce un transport d'amour?
» Non, je ne prétends point partager leurs délices,
» Ni contre leur bonheur échanger mes supplices :
» Le détruire, voilà mon unique desir.
» Trop heureux, si d'Éden je chasse le plaisir!
» L'occasion me rit, profitons-en : la femme
» Doit contre tous les deux favoriser ma trame.
» Son époux est absent, c'est lui qui m'effrayait;
» Sur son bras protecteur sa femme s'appuyait :
» Et comment triompher de sa mâle constance,
» Séduire sa sagesse, et tromper sa prudence,
» Et corrompre à la fois tous ces dons précieux
» Qu'à son sexe héroïque ont accordés les Cieux!
» Je dois, en l'attaquant, redouter ma victime :
» Son cœur est sans blessure, et son âme sans crime.
» Flétri par mes forfaits, par mes maux abattu,
» Moi, j'ai perdu ma force en perdant ma vertu :

» A peine ai-je gardé, dans cet état funeste,
» Quelques traits effacés de ma splendeur céleste.
» Sa femme est ravissante; et, si j'en crois mes yeux,
» Elle pourrait tenter le cœur même des Dieux :
» Sa grâce, sa beauté, voilà ses seules armes.
» Mais tant d'attraits pourraient m'inspirer des alarmes,
» Si la haine en mon cœur ne subjuguait l'amour.
» Eh bien, sans le sentir, feignons-le à notre tour,
» Si ce semblant d'amour peut seconder la haine.
» Marchons; le piége est prêt, et leur chute est certaine ».
 Ainsi du tentateur s'exprime la fierté.
Dans les plis sinueux de son corps emprunté,
Vers la jeune beauté doucement il s'avance.
Ce n'est point ce serpent qui, rampant en silence,
Traîne, humblement couché, ses cercles tortueux.
Sur sa queue arrondie en plis majestueux,
L'un sur l'autre posés, et croissant par étage,
Son front impérieux domine le bocage;
Une crête de pourpre en relève l'orgueil;
La flamme de l'éclair étincelle en son œil :
Son cou brille émaillé d'émeraudes, d'opales;
Sur ses anneaux, roulés en brillantes spirales,
La moitié de son corps s'élève dans les airs;
Rassemblée alentour en cent replis divers,
L'autre rase la terre; et l'orgueilleux reptile
Marche en pompe, exhaussé sur son trône mobile.
Il s'essaie, il prélude, et glissant de côté
S'avance obliquement vers la jeune beauté,

Épiant le moment, l'occasion propice :
Ainsi d'un courtisan le prudent artifice,
Craignant à des refus d'exposer son orgueil,
Se prépare avec art un obligeant accueil.
Vers l'épouse d'Adam, par une marche habile,
S'avance en louvoyant l'insidieux reptile :
Tel, semblant fuir le port qu'il brûle d'approcher,
Manœuvre lentement l'industrieux nocher;
Tel, des vents inconstants il consulte l'haleine,
Règle sur eux les plis de sa voile incertaine,
Trompe leur violence au lieu de l'affronter,
Et lui cède avec art afin de la dompter,
Ainsi l'adroit serpent en cent formes se joue,
Étale ses replis, les roule, les dénoue,
Et, par ses tours changeants et ses folâtres jeux,
D'Ève occupée ailleurs veut attirer les yeux.

 Retirée à l'écart, et tout à son ouvrage,
Ève d'un bruit léger sent frémir le feuillage.
Ce bruit l'étonne peu : souvent les animaux
Venaient en se jouant égayer ses travaux.
Enfin il s'encourage, et, sans qu'Ève l'appelle,
Il approche, il se montre, et, l'œil fixé sur elle,
Il feint de l'admirer, d'un air respectueux
Incline quelquefois son front majestueux;
Et tantôt à ses pieds courbant sa tête altière,
De ses pas adorés il baise la poussière.
Alors plus attentive à ses jeux amusants,
Ève arrête sur lui des regards complaisants.

Le perfide triomphe, et, tressaillant de joie,
D'un air plus familier joue autour de sa proie;
Et soit que du serpent qui le tient enfermé
Son adresse empruntât l'organe accoutumé,
Soit qu'il anime l'air et lui souffle un langage,
Le traître à sa victime en ces mots rend hommage :
« O toi, que Dieu lui-même a voulu couronner,
» Reine de ces beaux lieux, ne vas point t'étonner !
» Et quel étonnement est fait pour une belle
» Qui voit le Ciel lui-même étonné devant elle?
» Non, ne sois point surprise, et ne t'irrite pas,
» Si, brûlant d'admirer, d'honorer tes appas,
» Malgré ton air auguste et ta forme imposante,
» Moi seul des animaux devant toi me présente;
» Et, par excès d'amour devenant indiscret,
» Viole pour te voir ton asile secret.
» O d'un auteur divin incomparable ouvrage !
» Mon œil, sans se lasser, voit dans toi son image ;
» Plus j'observe tes traits, plus tu sais me charmer;
» Tout vit pour te connaître, et tout sent pour t'aimer.
» Mais de quel triste empire on te fit souveraine !
» Il faut d'autres sujets pour une telle reine,
» Des yeux de ta beauté dignes admirateurs,
» Et d'un si noble objet moins vils adorateurs.
» Tous ces nombreux sujets que t'a soumis ton maître,
» Sont faits pour te servir, et non pour te connaître,
» L'Homme seul, animé par un céleste feu,
» A droit d'apprécier le chef-d'œuvre de Dieu.

» Mais à tant de vertus l'Homme peut-il suffire ?
» Il te faut un plus vaste, un plus brillant empire.
» Oui, le palais des Cieux doit être ton séjour
» Les astres ta couronne, et les Anges ta cour ».

Ainsi le tentateur, caressant et timide,
Par l'attrait décevant d'un éloge perfide,
Préludait avec art, et, par un ton flatteur,
Se frayait doucement le chemin de son cœur.

Au son de cette voix, à l'Homme seul donnée,
Fixant sur lui les yeux, Ève reste étonnée :
« Quoi ! la brute, dit-elle, articule des sons !
» Elle a notre langage, elle a nos passions,
» Comme nous les exprime. O surprise ! veillé-je ?
» L'Homme seul, ce me semble, obtint ce privilége ;
» Et le destin n'accorde à nos humbles sujets
» Qu'un murmure confus, et des sons imparfaits.
» Depuis quand donna-t-il à leur race muette
» Ce langage, de l'âme éloquent interprète ?
» Celui-ci, cependant, en son geste, en son air,
» Montre je ne sais quoi de plus grand, de plus fier ;
» Un céleste rayon dans ses yeux étincelle ».
Après un long silence, « O serpent, reprit-elle,
» Réponds-moi : je savais que la faveur des Cieux
» Te fit des animaux le plus ingénieux ;
» Mais je ne savais pas que sa loi souveraine
» Aux formes d'une brute unît la voix humaine.
» Pourquoi donc en ces lieux ne trouvé-je qu'en toi
» Ce langage flatteur, et si nouveau pour moi ! »

Le perfide répond : « O beauté sans seconde,
» L'amour, l'étonnement et la reine du monde !
» Commander est ton sort, t'obéir mon devoir.
» Mon destin est changé : long-temps tu m'as pu voir,
» Vers la terre, comme eux, courbé par la Nature,
» Avec les animaux partager leur pâture.
» Et leurs grossiers repas, et leurs grossiers amours,
» Dans cet état abject occupaient tous mes jours ;
» L'instinct me parlait seul, et jamais ma pensée
» Vers des objets plus hauts ne s'était élancée.
» Mais un jour qu'au hasard j'errais dans ces beaux lieux
» Un bel arbre soudain s'en vint frapper mes yeux ;
» A ses rameaux féconds pend un fruit que colore
» Un or pur où se joint la pourpre de l'Aurore :
» Son doux parfum encor surpassait son éclat ;
» Le serpolet fleuri flatte moins l'odorat ;
» Une moins douce odeur parfume le laitage
» Que rapporte le soir, d'un riche pâturage,
» La chèvre ou la brebis qui sevra ses agneaux,
» Quand sous tes belles mains il coule en longs ruisseaux.
» Rien ne me retient plus ; je cours, vole où m'invitent
» Et la faim et la soif que ces beaux fruits irritent ;
» Je me glisse, m'élance autour du tronc mousseux,
» Et je vois de plus près ce fruit délicieux :
» Toi, ton époux lui-même, auriez peine à l'atteindre.
» A sa vue, une soif que rien ne peut éteindre
» Saisit les animaux, dont l'appétit fougueux
» Ne pouvant le cueillir, le dévore des yeux.

» Me voilà donc sur l'arbre, entouré des richesses
» Qu'à mes vœux enflammés prodiguaient ses largesses;
» Les cueillir, les goûter n'est pour moi qu'un moment.
» O Dieu! quelle saveur, et quel ravissement!
» Oui, le long des ruisseaux, dans les gras pâturages,
» Les gazons les plus frais, les plus riches herbages
» Semblent moins odorants et moins délicieux.
» Enfin, rassasié de ces fruits précieux,
» Tout-à-coup je me sens une vigueur nouvelle.
» Que dis-je? un avant-goût de la vie éternelle,
» Plus pur que l'ambroisie, et plus doux que le miel,
» De la Terre à l'instant m'a porté dans le Ciel;
» Et quoique ce beau fruit m'ait laissé la figure
» Qu'en me donnant le jour, me donna la Nature,
» Je parlai comme vous; plein d'un céleste feu,
» Je sentis l'animal se transformer en Dieu;
» Devant moi l'ignorance abaissant sa barrière,
» Ouvrit à ma pensée une vaste carrière;
» La Terre fut sans voile, et le Ciel sans rideau;
» Je reconnus le bon, je distinguai le beau.
» Bel objet, l'un et l'autre en toi seul se rassemble;
» Aux célestes beautés ton visage ressemble.
» Grâce à ce fruit puissant mon œil est dessillé;
» A mes regards enfin tes vertus ont brillé :
» C'est lui qui m'enhardit, trop indiscret peut-être,
» A te voir de plus près; trop heureux de connaître
» Celle à qui tant d'attraits et de titres divers
» Ont mérité l'empire et soumis l'univers! »

Sous les traits de l'amour ainsi parlait la haine.

« O serpent ! lui répond Ève encore incertaine,
» Plus tu vantes ici ce fruit nouveau pour moi,
» Dont les sucs n'ont encor divinisé que toi,
» Et plus je dois douter. Mais réponds-moi, sa tige
» Croît-elle loin de nous ? où trouver ce prodige ?
» En arbres si divers ces lieux sont abondants !
» Mon œil voit tant de fruits à leurs branches pendants !
» La Terre en est prodigue; et quelque jour, peut-être,
» D'heureux cultivateurs une race doit naître,
» Qui de ces plants nombreux de leurs fruits surchargés
» Dépouilleront enfin les rameaux soulagés ».

L'astucieux serpent que ce prélude enchante,
Lui répond : « O ma reine ! ô beauté ravissante !
» Cet arbre n'est pas loin : près de ces lieux chéris,
» Par-delà ces bosquets et ces myrtes fleuris,
» Dans ces lieux arrosés d'une fraîche fontaine,
» Un doux et court chemin t'y mènera sans peine;
» Et si ta volonté ne s'y refuse pas,
» Moi-même avec plaisir je conduirai tes pas ».

« Eh bien ! dit-elle, allons ». L'auteur de sa ruine,
Presque sûr du succès, aussitôt s'achemine,
Glisse rapidement, rampe moins qu'il ne court,
Et même en serpentant rend le chemin plus court :
L'espoir brille en ses yeux, il relève sa tête;
D'un rouge plus ardent il enflamme sa crête.
Telle, enfant des marais, une humide vapeur
S'embrase dans la nuit; de son phare trompeur

Le voyageur séduit voit la lueur sinistre,
Des esprits malfaisants pernicieux ministre :
Malheureux ! à travers la vaste obscurité,
Il marche, il erre, il suit l'infidèle clarté,
Et, de l'astre perfide ignorante victime,
Tombe englouti dans l'onde, ou plongé dans l'abime.

 Ainsi brillait Satan : tel, vers l'arbre fatal,
Auteur de notre perte, et la source du mal,
Il conduit la jeune Ève ; elle le voit, s'arrête :
« Serpent, garde pour toi ta brillante conquête,
» Lui dit-elle : ce fruit si beau, si merveilleux,
» Qui transforma ton être et qui t'ouvrit les Cieux,
» Le toucher seulement pour moi serait un crime.
» De tous les autres fruits l'usage légitime
» Nous fut abandonné par le suprême roi :
» Son ordre est la raison, la raison notre loi ».

 « Eh quoi ! répond Satan, vous, les maîtres du monde,
» Parmi les fruits divers dont ce jardin abonde,
» Il en est que le Ciel interdit à vos mains ! »
— « Eh bien ! qu'ont de cruel ces ordres souverains ?
» Dieu nous laissa d'Éden la libre jouissance :
» Des présents infinis que nous fait sa puissance,
» Cet arbre, qui s'élève au centre du jardin,
» Est lui seul excepté par son ordre divin ;
» Gardez-vous d'y toucher ! nous a-t-il dit lui-même,
» Autrement vous mourrez ». De son vil stratagème
Déguisant la noirceur sous un air d'amitié,
L'affreux Satan poursuit ; dans sa fausse pitié

Il plaint l'Homme opprimé par une loi sévère,
Du juste courroucé feint la noble colère;
Sur le large contour de son corps tortueux
Il s'assied, il élève un front majestueux,
Et son air, son regard, le beau feu qui l'anime,
De son adroit discours sont l'exorde sublime.
Ainsi, parmi les Grecs ou ces fameux Romains,
Quand Rome, libre encor, commandait aux humains,
Du geste, du regard la muette éloquence,
D'avance du discours préparait la puissance :
Des plus grands intérêts profondément rempli,
L'orateur en soi-même un instant recueilli,
Méditait de son art les brillantes merveilles,
Par le plaisir des yeux prévenait les oreilles,
S'arrêtait à propos, se taisait à dessein,
S'exprimait du regard, et parlait de la main;
Tantôt insinuant, circonspect et timide,
Préludait lentement : tantôt brusque et rapide,
Et d'un exorde adroit dédaignant les lenteurs,
Partait comme l'éclair, et tonnait dans les cœur
Tel prélude Satan, tel il rompt le silence,
Et déploie en ces mots sa funeste éloquence :
« Arbre sacré, dit-il, où germe le savoir,
» Apprends de moi ta force et connais ton pouvoir;
» C'est par toi que j'ai su des mystères du monde
» Déchirer le bandeau, chasser la nuit profonde,
» Senti chaque beauté, connu chaque ressort.
» Reine de l'univers, eh quoi! tu crains la mort!

» Mais d'où pourrait venir son atteinte funeste ?
» Est-ce de ce beau fruit ? cet aliment céleste,
» Chère Ève, est un bienfait, et non pas un poison ;
» Il nourrit le génie et mûrit la raison.
» Crains-tu que de ton Dieu le courroux te dévore ?
» Je l'ai goûté ce fruit, et je respire encore :
» Que dis-je ! avec ses sucs si doux et si puissants,
» La source de la vie a coulé dans mes sens.
» Quoi ! de Dieu pour vous seuls la bonté se resserre !
» La brute obtiendrait plus que le roi de la Terre !
» Pourrait-il donc, ce Dieu, punir une action,
» De son injuste loi légère infraction ?
» Ah ! plutôt il loûrait la courageuse audace
» Qui, dédaignant la mort, oubliant sa menace,
» Vers un plus noble rang, un destin plus heureux,
» Aurait osé tenter un essor généreux,
» Et du bien et du mal conquérir la science
» Dont il nous dérobait l'utile connaissance.
» Oui, l'Homme doit savoir, et qui peut en douter ?
» Le bien pour en jouir, le mal pour l'éviter.
» Si l'Éternel est juste, en quoi peut-il vous nuire ?
» S'il n'exerce sur vous qu'un tyrannique empire,
» Alors il n'est plus Dieu ; s'il ne l'est plus, vos cœurs
» Peuvent-ils redouter ses injustes rigueurs ?
» Non, non, bravez sa haine ainsi que son envie :
» Sa menace de mort vous assure la vie.
» Pourquoi donc sa défense ? Il veut que la terreur
» Vous retienne enchaînés sous le joug de l'erreur,

» Et, dans une honteuse et longue ignominie,
» Vous trouve sans secours contre sa tyrannie.
» Il sait trop que le jour où, plus audacieux,
» Vous aurez pu goûter ce fruit digne des dieux,
» De vos yeux dessillés tombera le nuage
» Qui du bien et du mal vous dérobait l'image.
» Si le serpent, de Dieu peut devenir l'égal,
» L'Homme ne peut-il pas être un jour son rival?
» Ce que je suis à vous, l'Homme l'est à son maître.
» Ce trépas qui vous doit donner un nouvel être,
» Loin de le redouter, faites pour lui des vœux :
» Sujets, devenez rois; Hommes, devenez Dieux.
» Que sont-ils plus que vous, si votre âme immortelle
» Boit avec le nectar une vie éternelle?
» Si l'on en croit ces Dieux, de l'Homme trop jaloux,
» Existant les premiers, ils nous ont créés tous.
» Mais, peut-on le penser? Non, non; l'astre du monde
» Lui seul a tout produit par sa chaleur féconde :
» Tout existe sans eux. Quel pouvoir souverain
» A caché dans ce fruit ce principe divin,
» Qui, dès qu'on a goûté sa sève enchanteresse,
» Dans nos cœurs, malgré nous, fait entrer la sagesse?
» Dieu craint notre savoir; mais, s'il est notre roi,
» S'il est seul tout puissant, d'où viendrait son effroi?
» Serait-il donc jaloux? mais un Dieu peut-il l'être?
» Que te faut-il de plus pour t'apprendre à connaître
» Que ce fruit, nécessaire autant que précieux,
» Est l'honneur de la Terre, et le gage des Cieux!

» Il enferme en son sein la vie et la sagesse.
» O femme ! étends la main, et tu seras déesse ! »
　　Il dit : de ses discours l'artifice vainqueur,
Comme un poison subtil, a glissé dans son cœur.
Elle fixe ce fruit dont la beauté suprême
Aurait fait chanceler la sagesse elle-même.
C'est peu ; dans son oreille Ève conserve encor
La voix qui la pressa de cueillir ce trésor ;
L'œil est déjà séduit ; l'ardeur qui la dévore
Par son parfum divin est irritée encore ;
Et la vue éblouie et l'odorat charmé
Aiguillonnent du goût le desir enflammé.
Cependant le Soleil, dans la céleste voûte,
Déjà vient de marquer la moitié de sa route :
La faim se fait sentir ; et le besoin pressant
Ajoute un nouveau charme à ce fruit ravissant.
A peine elle contient sa main impatiente ;
L'éclat des pommes d'or, leur vapeur odorante,
L'heure de son banquet, tout sert à la tenter.
Brûlant de les cueillir, brûlant de les goûter,
Elle résiste encore, elle hésite et balance ;
A leur vertu divine elle rêve en silence.
　　« Fruit défendu, dit-elle, ou plutôt négligé,
» C'est par toi qu'avec nous la brute a partagé
» Et la raison divine et le don du langage,
» Dont l'Homme seul encore avait reçu l'usage ;
» Et l'éloge étonnant de cet arbre si beau,
» Fut le premier essai de son talent nouveau.

» Celui qui le défend, Dieu l'a vanté lui-même :
» Il appelle sacré cet arbre heureux que j'aime ;
» Par lui, dit-il, du bien on distingue le mal,
» Et cet arbre divin nous doit être fatal.
» Ah ! l'interdire ainsi, c'est le louer encore :
» En croyant l'avilir, sa défense l'honore.
» Qui peut trouver le bien, s'il ne le connaît pas?
» Et d'un bien inconnu quels seraient les appas?
» Qui défend le savoir nous défend la sagesse ;
» Obéir à ses lois serait une faiblesse.
» La mort sera le prix de la rébellion ;
» Mais cette liberté dont il nous a fait don,
» Que devient-elle alors? Si jamais votre audace
» Touche à ce fruit fatal, et vous et votre race
» Vous mourrez, nous dit-il. Mais cet heureux serpent
» Qui, sans voix, sans raison, se traînait en rampant,
» Il respire, il connaît, il raisonne, il s'exprime.
» Ce fruit pour l'Homme seul serait-il donc un crime?
» Ce fruit par qui des sens l'erreur s'évanouit,
» Il le refuse à l'Homme, un serpent en jouit !
» Il l'accorde à lui seul ! Mais l'heureux téméraire
» Qui fit l'essai hardi de ce fruit salutaire,
» Avec l'Homme du moins veut bien le partager,
» Et, si j'en crois mon cœur, son offre est sans danger ;
» Il paraît nous aimer ; il est sans artifice.
» S'il commit un forfait, je me fais sa complice.
» Un forfait ! en est-ce un, quand j'ignore à la fois
» Et le bien et le mal, et le crime et les lois,

» Et Dieu même, et la mort dont il nous épouvante ?
» Le remède du mal, c'est vous, céleste plante,
» C'est vous, arbre divin, c'est votre aimable fruit,
» Dont la beauté me p'aît, dont l'odeur me séduit,
» Dont le palais chérit la douceur savoureuse,
» Et qui répand dans l'âme une lumière heureuse !
» Allons, plus de délais, cueillons ce fruit charmant,
» Du corps et de l'esprit immortel aliment ».
   Elle dit, et soudain, ô forfait lamentable !
Sur le fruit tentateur porte une main coupable,
Le saisit, le dévore ; à peine il est cueilli,
D'épouvante et d'horreur la Terre a tressailli.
La Nature en ressent la blessure profonde,
Et marque par son deuil la ruine du monde.
L'adroit serpent s'enfuit, et dans les antres creux
Va cacher, en rampant, son triomphe honteux.
Mais Ève avec transport admire sa conquête,
Et de ce jour affreux se fait un jour de fête.
Jamais aucun des fruits, trésors de ces beaux lieux,
Ne lui parut si doux ni si délicieux ;
Soit que de son nectar la saveur délectable
Eût rempli tous ses sens d'un plaisir véritable,
Ou soit que du savoir l'impatiente ardeur
Eût séduit sa raison, eût abusé son cœur ;
Et que d'un rang divin la perfide promesse
Flattât de son orgueil l'ambitieuse ivresse :
Elle revient à l'arbre, hélas ! et ne sait pas
Que l'arbre du savoir est celui du trépas.

LIVRE IX.

Enfin, dans les transports où mon âme se noie,
Ivre de ce doux suc, et d'espoir, et de joie :
« Arbre divin, dit-elle, arbre trop ignoré,
» Non, Dieu n'a pas en vain produit ton fruit sacré ;
» Cependant de tes biens l'abondance perdue
» A tes bras dédaignés demeurait suspendue.
» Mais, j'en jure le Ciel, de leurs riches fardeaux
» Chaque jour me verra soulager tes rameaux,
» Jusqu'à ce que ta douce et sainte nourriture
» M'ait fait des Immortels partager la nature.
» D'un trésor qu'ils n'ont pas, les Dieux semblent jaloux,
» Ah! s'il était leur bien, serait-il parmi nous?
» Et toi, ma bienfaitrice, utile expérience,
» Salut! je te dois tout, je te dois la science :
» Je l'ignorai long-temps ; tu parus, et par toi
» La porte de son temple est ouverte pour moi.
» Peut-être aussi (du Ciel la distance est extrême),
» Aux yeux des Immortels j'échappe ici moi-même.
» Ils ne peuvent d'en-haut nous apercevoir tous ;
» Peut-être aussi que Dieu, ce surveillant jaloux,
» Laissant à d'autres yeux cette pénible tâche,
» D'une longue rigueur un moment se relâche,
» Et s'occupe de soins plus pressants ou plus doux.
» Mais comment retourner! que dire à mon époux?
» Dois-je lui révéler ma fortune nouvelle,
» Partager avec lui le sort d'une Immortelle,
» Ou garder pour moi seule un bien si précieux!
» Alors ce qu'à mon sexe ont refusé les Cieux

» Est compensé sans doute ; alors, et je l'espère,
» Au cœur de mon époux je deviendrai plus chère.
» Ève aura moins souvent besoin de son appui ;
» Je pourrai quelquefois marcher égale à lui,
» Prétendre aux mêmes droits, et peut-être à l'empire.
» Que dis-je ? quels pensers un fol orgueil m'inspire !
» Qui ? moi désobéir ! Cher époux, est-ce à moi
» D'oublier un respect dont tout me fait la loi,
» D'oublier mon devoir ? Ah ! si Dieu, notre maître,
» Voyait Ève coupable, Ève cesserait d'être ;
» Et si je n'étais pas, ô regret ! ô douleur !
» Une autre Ève viendrait consoler ton malheur ?
» C'en est fait, cher époux, partage avec ta femme
» La joie, et, s'il en est, les peines de mon âme ;
» Adam est mon bonheur, Adam est tout pour moi :
» Cher Adam, tous les maux me sont chers avec toi :
» Absent, tu manques seul à mon âme ravie ;
» Oui, si je perds Adam, que je perde la vie ! »
    Alors, après avoir rendu grâce à genoux
A cet arbre, à ces fruits qui lui semblent si doux,
Ou plutôt à celui que son cœur s'imagine
L'auteur de ces beaux fruits, de leur vertu divine,
Elle part. Son époux, impatient d'amour,
Avec empressement attendait son retour ;
Il avait, pour orner sa belle chevelure,
Enlacé mille fleurs, doux prix de sa culture :
Sur son trône champêtre, ainsi de ses festons
La rose pare encor la reine des moissons.

LIVRE IX.

Quels plaisirs se promet son âme impatiente!
Combien ils seront chers, embellis par l'attente!
Cependant, de ses maux sinistre avant-coureur,
Je ne sais quel effroi trouble en secret son cœur;
Il ne se contient plus, il marche au-devant d'elle;
Il part, prend le chemin que son cœur lui rappelle,
Ce chemin du bosquet où, la suivant des yeux,
Par un tendre regard il lui fit ses adieux.
Ève dans ce moment quittait l'arbre funeste;
Au lieu des instruments de son labeur agreste,
O douleur! dans ses mains il voit les pommes d'or,
Et la branche où pendait ce perfide trésor :
L'air en est embaumé. Brûlant d'impatience,
Ève hâte ses pas; et, s'excusant d'avance,
De loin son doux sourire et son tendre regard,
Demandent les premiers pardon de son retard;
Puis, d'un accent plus doux qu'un ruisseau qui murmure:
« Cher époux, que te voir, dit-elle, me rassure!
» Mes délais n'ont-ils pas affligé ton amour?
» Ah! que le mien vers toi devançait mon retour!
» Que le temps paraît long à la tendresse absente!
» Que mon âme a souffert, loin de toi languissante!
» Dès ce jour, c'en est fait, je ne te quitte pas;
» Je vivrai sous tes yeux, marcherai sur tes pas.
» Me préserve le Ciel d'abandonner encore
» L'ami qui me protége, et l'époux que j'adore!
» Il m'en a trop coûté. Mais apprends quel hasard
» Ou plutôt quel prodige a causé mon retard :

» Cet arbre qu'on nous peint comme fatal au monde,
» Non, il n'est point du mal l'origine féconde,
» Non, crois-moi, ce beau fruit qu'on dit pernicieux
» Illumine notre âme, et nous ouvre les Cieux :
» Le serpent l'éprouva. Soit erreur, soit audace,
» Malgré l'arrêt de mort dont le Ciel nous menace,
» Il a goûté ce fruit : loin de subir la mort,
» Ce reptile ennobli s'applaudit de son sort.
» Né sans voix, sans raison, il parle, et la science
» Élève son instinct à notre intelligence.
» Sur la foi du succès j'ai suivi son conseil ;
» J'ai fait la même épreuve, et l'effet est pareil ;
» Mes yeux sont plus perçants, ma raison plus hardie ;
» Devant moi des objets la scène est agrandie,
» Mon cœur est plein d'espoir, mon esprit plein de feu,
» Mes pensers sont d'un Ange, et mes destins d'un Dieu.
» Cher époux ! j'ai pour toi cherché ces avantages.
» Mes plaisirs les plus doux sont ceux que tu partages.
» Avec toi le bonheur a des charmes plus doux ;
» Et puis-je rien aimer que n'aime mon époux !
» Prends cette pomme, Adam, pour toi je l'ai cueillie;
» Ainsi que même attrait, même sort nous lie :
» De biens et de penchants douce conformité !
» Ces destins si brillants, cette immortalité,
» Je les sacrifierais sans peine à ma tendresse ;
» Mais enfin de mon sort je ne suis plus maîtresse ;
» Mes destins sont fixés : prends, et sans craindre rien,
» Ajoute à mon bonheur en achevant le tien ».

Ainsi, d'un air riant, son vain bonheur s'exprime;
Mais déjà dans ses traits est l'empreinte du crime;
Déjà s'est éveillé le repentir vengeur,
Et son front de la honte a connu la rougeur.
Mais, que devient Adam à ce récit funeste!
De sa force mourante il cherche en vain le reste :
D'horreur, en l'écoutant, son front s'est hérissé,
Tout son corps en frissonne, et son sang s'est glacé.
Sa défaillante main laisse tomber les roses
Que pour un sort plus doux le matin vit écloses,
La couronne de myrte, et les festons fleuris
Brillants comme elle, hélas! et comme elle flétris.
Immobile d'horreur, et muet d'épouvante,
Sa langue se refuse à sa voix expirante.
Enfin elle s'échappe, et, parmi des sanglots,
Prononce en gémissant ces lamentables mots :
« O des bienfaits du Ciel ineffable assemblage!
» O son dernier présent, et son plus bel ouvrage!
» Ornement de ce monde, et chef-d'œuvre des Cieux!
» Tout ce qui plaît au cœur, tout ce qui parle aux yeux,
» Innocence, vertu, grâce, beauté divine,
» Tu réunissais tout : ah! dans quelle ruine
» Un matin, un instant t'a-t-il précipité!
» Avec ton innocence a péri ta beauté.
» Téméraire! comment ta rebelle imprudence
» A-t-elle osé de Dieu violer la défense?
» Quel esprit malfaisant, conjuré contre moi,
» Chère Eve, t'a perdue, et moi-même avec toi?

» Car, quel que soit ton sort, je suis prêt à le suivre :
» Je puis mourir pour toi, sans toi je ne puis vivre.
» Pourrais-je me passer de tes doux entretiens,
» De ces tendres regards qui répondaient aux miens ?
» Ces lieux, remplis de toi, de nouveau solitaires,
» Me reverront-ils seul promener mes misères ?
» Ah! quand le Tout-Puissant, pour charmer mon malheur,
» Dans ma propre substance, et tout près de mon cœur,
» Choisirait une autre Ève, ô moitié de moi-même !
» Peux-tu sortir d'un cœur qui te plaint et qui t'aime ?
» Quels traits remplaceront tes adorables traits ?
» Non, mon amour vivra, nourri par ses regrets ;
» Dieu, le sang, la Nature, ont formé notre chaîne ;
» L'un vers l'autre à jamais leur pouvoir nous entraîne.
» C'est moi qu'en t'immolant le Ciel voudrait punir ;
» Chère Ève! il peut nous perdre, et non nous désunir ».

  Il dit ; et toutefois il appelle à son aide
La fermeté qui sied à des maux sans remède ;
Et mêlant la tendresse à la sévérité :
« Quels effets je prévois de ta témérité !
» Ton crime est grand : ces fruits dont Dieu défend l'usage,
» Les convoiter des yeux, déjà c'est un outrage ;
» L'œil même de la faim, sans blesser l'Éternel,
» Ne peut les regarder ; combien plus criminel
» Quiconque ose y porter, bravant leur privilége,
» Sa main audacieuse, et sa dent sacrilége !
» Enfin il n'est plus temps, le mal est trop certain :
» Rien ne peut l'empêcher, ni Dieu, ni le destin.

» Mais tu ne mourras point, ma tendresse l'espère :
» Ce fruit, qui menaçait l'audace téméraire,
» Peut-être est moins sacré depuis qu'impunément
» De ce reptile heureux il devint l'aliment.
» De ce fruit dangereux loin d'être la victime,
» Lui-même, me dis-tu, s'applaudit de son crime.
» D'ailleurs puis-je penser que ce Dieu tout-puissant
» Qui nous a faits les rois de ce monde naissant,
» Tout à-coup au néant rende son propre ouvrage,
» Détruire l'univers, et l'Homme son image?
» De créer, de détruire, il se ferait un jeu !
» Détruire est d'un Démon, et créer est d'un Dieu.
» Le voilà donc, ce Dieu, disait le noir abîme :
» L'Ange périt, et l'Homme à son tour est victime !
» Qu'épargnera-t-il donc? Quoi qu'il puisse arriver,
» Adam veut avec toi périr ou se sauver :
» Ta faute doit me perdre, ou rester impunie.
» Ma fortune à la tienne est pour jamais unie :
» Nos êtres ne sont qu'un ; oui, chère Ève, je croi
» M'attacher à moi-même en m'attachant à toi ;
» Ton corps naquit du mien, ton âme de la mienne :
» Ta mort sera ma mort, et ma vie est la tienne ».

« O modèle d'amour ! prodige d'amitié !
» Répond d'un air touchant sa coupable moitié,
» Comment puis-je payer ce dévoûment sublime ?
» Puis-je égaler jamais cet effort magnanime?
» Ton être est trop parfait ; et moi, tu t'en souvien,
» La gloire de mon sexe est d'être né du tien.

» Mais, ô mon doux appui! qu'il m'est doux de t'entendre
» M'exprimer cet amour, ce dévoûment si tendre,
» M'assurer, me prouver que nos cœurs ne sont qu'un ;
» Que communs sont nos maux, notre bonheur commun ;
» Que mon crime est le tien, si ce fruit délectable,
» Quand j'y portai la main, put me rendre coupable !
» Mais quoi ! comment le bien peut-il naître du mal,
» N'est-ce pas à ce fruit, que l'on dit si fatal,
» Que je dois ces garants d'un amour qui m'enchante,
» Et dont j'aurais perdu l'expression touchante ?
» Mais daigne m'écouter : si cet arrêt de mort
» Nous menace en effet, ah ! permets que mon sort
» Se sépare du tien ; si j'ai commis un crime,
» Dois-je t'offrir au Ciel pour seconde victime ?
» Que son courroux sur moi retombe tout entier.
» Cher époux ! à mes maux dois-je t'associer,
» Lorsque de mes malheurs ta grande âme jalouse
» Sur le bord de l'abîme embrasse ton épouse,
» Lorsque je te dois tout, et qu'en ce même jour
» Ton cœur m'a prodigué tant de marques d'amour ?
» Que dis-je, cher époux ? bien loin d'être mortelle,
» Je sens en moi, je sens une force nouvelle :
» Mes yeux se sont ouverts, mon cœur est exalté ;
» Un torrent de plaisirs, une mer de clarté
» D'un bonheur inconnu m'inonde tout entière.
» A ces biens, dont ta femme a joui la première,
» Participe à ton tour : jouis ; et loin de toi
» Écarte de la mort le chimérique effroi ».

LIVRE IX.

Elle dit, et se tait ; mais, sûre de ses charmes,
L'embrasse doucement, laisse échapper des larmes,
Des larmes de plaisir, s'applaudissant tout bas
D'un amour qui pour elle affronte le trépas,
Affronte Dieu lui-même : alors l'enchanteresse,
Comme le digne prix d'une indigne faiblesse,
Lui présente ce fruit, ce fruit séditieux
Qui le séduit bien moins qu'un regard de ses yeux.
Il le prend, le dévore ; et l'amour d'une femme
Triomphe du remords, et subjugue son âme.
De rechef à ce coup la Nature a gémi ;
Jusqu'en ses fondements la Terre en a frémi ;
Au tonnerre en éclats les deux pôles répondent ;
L'horizon s'est voilé, le jour fuit, les vents grondent ;
Et sur ce jour fatal qui comble leurs malheurs,
Le Ciel même attendri répandit quelques pleurs !
Et toutefois Adam, que sa femme encourage,
Prolonge son festin, redouble son outrage :
Le délire et l'orgueil enivrent leurs esprits ;
Ils jettent sur la Terre un regard de mépris ;
Et pour voler aux Cieux par des routes nouvelles,
Déjà leur fol orgueil croit déployer des ailes :
Les Cieux ! ah ! leurs plaisirs ne sont plus faits pour eux ;
Leur saint amour n'est plus qu'un délire honteux.
Adam fixe sur elle un regard immodeste,
Et ses yeux ont perdu leur pureté céleste :
Ses caresses sans frein affligent la pudeur ;
Et, dans l'emportement de sa brutale ardeur,

Adam, déjà si loin de l'heureuse innocence,
Du plaisir, en ces mots, enhardit la licence :
  « Que ne te dois-je pas, chère épouse! jamais
» Un fruit si ravissant n'a flatté mon palais.
» Pourquoi de notre goût l'ignorante caresse
» A-t-elle de ces fruits connu si tard l'ivresse?
» Mais des plaisirs plus doux sollicitent mes sens :
» Chère épouse, jamais tes attraits innocents,
» Avant ce fruit divin, n'ont tant charmé mon âme;
» Tu lui dois tes appas, et je lui dois ma flamme :
» Jamais rien de si beau n'a paru devant moi;
» Je le sens aux transports que j'éprouve pour toi ».
  Alors d'un œil où brille une gaîté folâtre,
Provoquant la beauté que son cœur idolâtre,
Il lui lance un regard précurseur du plaisir;
L'amour a reconnu le signal du desir.
A sa douce demande elle n'est point rebelle;
Son sourire répond au regard qui l'appelle;
Adam saisit sa main, sous un toit d'arbrisseaux
Dont les rameaux fleuris se voûtent en berceaux,
Oubliant cette adroite et molle résistance
Qu'oppose aux doux ébats la pudeur qui balance,
Ève suit son époux; sur leurs pas mille fleurs,
Diverses de parfums, de formes, de couleurs,
L'iris, la violette, et la sombre hyacinthe,
De l'alcôve amoureuse ont tapissé l'enceinte;
La rose exhale autour son baume le plus pur :
Leur couche brillait d'or, et de pourpre et d'azur;

Et sous eux la pelouse, et plus molle et plus douce,
En lit voluptueux avait enflé sa mousse.
Enfin aux voluptés succède le sommeil,
Sommeil affreux, suivi du plus affreux réveil !
Le fruit qui de leur vie empoisonnait la source,
De leur sang embrasé précipitant la course,
Fascine leurs esprits de prestiges trompeurs.
Le jour luit à leurs yeux ; des fantômes vengeurs,
A leurs sens éperdus, à leur âme tremblante,
Le réveil offre encor l'image menaçante.
Ils se lèvent : saisis d'un long étonnement,
Tous les deux interdits se fixent tristement.
Où sont leur innocence et leur vertu première ?
L'un et l'autre maudit la fatale lumière
Qui luit pour son malheur à ses yeux éblouis :
Repos, grâces, beauté, se sont évanouis.
Qu'êtes-vous devenue, heureuse confiance
Que donne des vertus la douce conscience ?
Avec elle a péri cette simplicité
Qui d'un voile si pur parait leur nudité ;
La honte est arrivée, et la pudeur bannie.
Dépouillés de l'honneur, couverts d'ignominie,
Leur honte reste nue ; à leurs coupables yeux
Bientôt tous deux voudront cacher ses traits hideux.

 Ainsi, de la vertu dépouillé par le crime,
Privé de l'innocence, et de sa propre estime,
Long-temps muet d'effroi, le couple infortuné
Va, baissant vers la terre un regard consterné.

Adam lui-même, Adam, non moins effrayé qu'Ève,
D'un long abattement toutefois se relève;
Et d'un ton douloureux laisse échapper ces mots :
« Maudit soit le serpent, auteur de tous nos maux!
» J'ignore quel étrange et triste phénomène
» A ce reptile impur prêta la voix humaine :
» Mais ce qu'il a prédit, hélas! est trop certain;
» Il est trop vrai que l'Homme a changé de destin.
» O du bien et du mal connaissance funeste,
» C'est le bien qui nous fuit, et le mal qui nous reste!
» Oui, pour notre malheur, nos yeux se sont ouverts :
» Un nouveau jour nous luit, mais pour voir nos revers;
» Pour nous voir dépouillés de bonheur, d'innocence,
» Des célestes vertus, de la douce espérance.
» C'étaient-là nos trésors, notre digne ornement,
» Qu'a souillés de l'orgueil le fol égarement :
» Les desirs effrontés, l'ardeur luxurieuse,
» Ont gravé sur nos fronts leur empreinte hideuse;
» La honte enfin, la honte ajoute à ces fléaux,
» Et ferme, en rougissant, la marche de nos maux.
» Oh! comment pouvons-nous, couverts de cette fange,
» Nous montrer devant Dieu, paraître aux yeux d'un Ange?
» Ils sont perdus pour nous, ces entretiens charmants
» Qui portaient dans nos cœurs de saints ravissements;
» Comment pourrait encor ma débile paupière,
» De ces hôtes du Ciel soutenir la lumière?
» Leur gloire accablerait mes yeux épouvantés.
» N'est-il point de déserts, de bois infréquentés,

» Des antres ténébreux, et des cavernes sombres,
» Qui puissent me prêter d'impénétrables ombres?
» Dans l'éternelle horreur de leur profonde nuit,
» J'irai, je cacherai la honte qui me suit.
» Sur moi, cèdres touffus, redoublez vos ombrages;
» Forêts, recevez-moi sous vos abris sauvages;
» Que je puisse à jamais, dans leur muet effroi,
» Me cacher au Soleil, et, s'il se peut, à moi !
» Cherchons un arbre, au moins, dont le large feuillage
» De nos corps dégradés puisse voiler l'outrage;
» Et que du moins la honte aux regards indiscrets
» N'aille pas de nos maux dévoiler les secrets ».
 Alors vers la forêt tous deux prennent leur route :
Parmi les plants nombreux qui composent sa voûte,
Le figuier, avant tous, s'en vient frapper leurs yeux;
Non ce figuier chargé de fruits délicieux,
Qui distille un doux suc à nos lèvres arides,
Mais celui qui, connu des peuples Gangarides,
Étend ses longs rameaux, dont les bras inclinés,
Autour du tronc natal ensemble enracinés,
Remontant vers les Cieux en vertes colonnades,
S'enlacent en berceaux, se courbent en arcades,
Et, déployant dans l'air leur dôme ténébreux,
Composent à leur père un cortége nombreux :
Des chansons du berger leur voûte au loin résonne;
Là, paisible, en goûtant le frais qui l'environne,
A la faveur des jours que laissent leurs rameaux,
Tranquille, il voit bondir et paître ses troupeaux.

Ce feuillage pour eux se transforme en ceintures ;
Heureux, si de leur âme il cachait les souillures !
Hélas ! ils ont perdu ces voiles précieux
Dont l'honneur, la vertu les paraient à leurs yeux.
Telle des Indiens la peuplade alarmée,
Renouant autour d'eux leur ceinture emplumée,
A l'aspect de Colomb fuyait dans les déserts,
Dans le creux des rochers, sur la rive des mers ;
Tels, tous deux en tissus assemblent le feuillage.
Mais de leur déshonneur qui peut voiler l'image !
Fatigués, sur la terre ils se jettent tous deux ;
Là, des torrents de pleurs s'échappent de leurs yeux :
Ils gémissent ; l'orage éclate sur leur tête.
Mais rien, rien de leur cœur n'égale la tempête :
Des vives passions le souffle impétueux
Soulève dans leur sein ses flots tumultueux :
Le chagrin, le soupçon, la sombre défiance,
Des plaisirs déréglés la folle intempérance,
La haine, la fureur, s'emparent à jamais
De ces cœurs autrefois l'asile de la paix.
La raison leur dictait ses règles souveraines ;
Les desirs effrénés ont secoué les rênes,
Et, de leur reine auguste usurpant tous les droits
D'esclaves qu'ils étaient sont devenus ses rois.

Alors Adam, non plus celui dont les tendresses
A sa douce moitié prodiguaient les caresses,

LIVRE IX.

Mais Adam criminel, mais Adam condamné,
Lui reproche en ces mots son sort infortuné.

« O femme ! à mes conseils, à mes vœux infidèle,
» Pourquoi m'as-tu quitté ? Si ton desir rebelle
» Ne t'avait point soustraite aux yeux de ton époux,
» Nous jouirions encor du destin le plus doux.
» Qui brave le péril souvent s'y précipite ;
» L'insensé le provoque, et le sage l'évite.
» La foi, sans t'exposer, t'ordonnait d'obéir ;
» Et vouloir l'éprouver, c'est déjà la trahir ».

« Pourquoi me reprocher, répond Ève en colère,
» De l'erreur d'un moment le crime involontaire,
» Que ta femme peut-être eût commis près de toi,
» Que mon époux peut-être eût commis près de moi ?
» Le séducteur, de moi n'avait point à se plaindre ;
» Ne pouvant me haïr, ai-je eu lieu de le craindre ?
» Dieu me créa-t-il donc pour la captivité ?
» Devais-je donc toujours rester à ton côté ?
» Et n'osant me mouvoir qu'au gré de ton envie,
» Sur tes moindres desirs régler toujours ma vie ?
» Si j'ai prévariqué, la faute en est à toi ;
» N'étais-je pas ta femme, et soumise à ta loi ?
» Tu prévis le danger ; pourquoi donc ta prudence
» M'a-t-elle abandonnée à mon imprévoyance !
» Hélas ! sans ta faiblesse et ta facilité
» Mon devoir t'assurait de ma docilité ;

» Et tous les deux encor, sans ta molle indulgence,
» Ainsi que le bonheur, nous aurions l'innocence ».
　　Ces reproches amers irritent son époux.
Pour la première fois enflammé de courroux :
　　« Auteur de ma ruine, hélas ! et de la tienne,
» Vo'là donc ta tendresse, et le prix de la mienne !
» Précipité par toi dans l'excès du malheur,
» Dans tes embrassements j'oubliais ma douleur ;
» De ta coupable erreur innocente victime,
» J'ai voulu, tu le sais, te suivre dans l'abîme,
» Ne te souvient-il plus qu'il n'a tenu qu'à moi
» D'être heureux, immortel, sans me perdre avec toi ?
» Mais j'ai bravé la mort, la vengeance divine ;
» Et tu viens maintenant m'imputer ta ruine !
» J'ai dû me prévaloir de mon autorité !
» Mais l'amour connaît-il tant de sévérité ?
» Si j'ai peu fait pour toi, que pouvais-je plus faire ?
» Ne te donnai-je pas un conseil salutaire ?
» Ne t'ai-je pas prédit, annoncé, répété
» Le piége où t'exposait ton indocilité ?
» Eh quoi ! fallait-il donc user de violence ?
» Mais, sans la liberté que vaut l'obéissance ?
» Le Ciel t'avait fait libre, à qui t'en prendras tu,
» Qu'à la témérité de ta fausse vertu ?
» D'affronter le péril tu te fis une gloire ;
» Tu crus que le combat serait une victoire :
» Tu te trompais, hélas ! et moi, je m'égarais :
» Pour autant de vertus je prenais tes attraits ;

» J'ai cru que, signalant ta noble résistance,
» Tu me rapporterais le prix de ta constance :
» Si c'est un crime, hélas ! c'est l'amour qui l'a fait.
» Et tu viens m'accuser de ton propre forfait !
» Sexe ingrat ! malheureux celui dont le délire
» De sa faible raison t'abandonne l'empire !
» Ton aveugle desir ne connaît plus de frein ;
» Et si le sort résiste à ton caprice vain,
» On te voit le premier blâmer notre faiblesse,
« Et d'un époux facile accuser la tendresse ».

Ainsi, par leurs débats, leurs cœurs étaient aigris ;
Et déjà de leur crime ils reçoivent le prix.

FIN DU LIVRE NEUVIÈME.

REMARQUES
SUR LE LIVRE NEUVIEME.

Ce chant commence par une plainte touchante que Milton fait d'avance sur les malheurs qui menacent nos premiers pères; bientôt, au lieu de chanter les nœuds qui unissaient la Terre et le Ciel, les Anges en commerce avec l'Homme, et partageant à sa table les fruits de son jardin, il va, dit-il, chanter la dégradation de l'Homme et de la Nature, la Terre profanée par le crime, et la vengeance d'un Dieu justement irrité : tout lamentable qu'il est, ce sujet est à ses yeux au dessus de ceux qu'ont traités Homère, Virgile, e surtout les poètes épiques modernes. Ici Milton oublie le ton de l'épopée pour celui de la satire; il tourne en ridicule les longues descriptions de combats, de tournois et de fêtes qu'ont prodiguées les poètes italiens. Si l'on en croit quelques-uns de ses commentateurs, c'est le Boiardo qu'il avait principalement en vue dans ces invectives poétiques. Si l'Arioste y était compris, cette accusation injuste ne pourrait faire tort qu'à Milton. En effet, son ouvrage est une des compositions les plus originales de la poésie moderne; et c'est la peinture de la valeur chevaleresque qui en fait un des plus beaux ornements. Je demande la permission de citer ici le portrait que j'en ai tracé dans un discours adressé à M. le comte de Tressan, traducteur élégant de ce poète :

« Vous savez, Monsieur, qu'on demandait à l'A-
» rioste où il avait pris toutes ses folies. Vous, Mon-
» sieur, qui l'avez reproduit dans notre langue, vous
» lui avez plus d'une fois demandé où il avait pris ce
» génie si souple et si facile, qui parcourt sans dispa-
» rates les tons les plus opposés : qui, par un genre de
» plaisanterie nouveau, ne relève les objets que pour
» mieux les abaisser; de l'expression sublime descend
» subitement, mais sans secousse, à l'expression fami-
» lière, pour causer au lecteur tout-à-coup désabusé
» la plus agréable surprise ; se joue du sublime, du
» pathétique de son sujet, de son lecteur ; commence
» mille illusions qu'il détruit aussitôt, fait succéder le
» rire aux larmes, cache la gaîté sous le sérieux, et la
» raison sous la folie ; espèce de tromperie ingénieuse
» et nouvelle ajoutée aux mensonges riants de la poésie.

» Il semble que le peu d'importance qu'il paraît
» attacher à toutes ces imaginations, aurait dû désar-
» mer la critique ; cependant à ce poète si peu sérieux,
» même quand il paraît l'être le plus, elle a très-sé-
» rieusement reproché le désordre de son plan.

» Vous savez mieux que personne, Monsieur, com-

» bien ce désordre est piquant, combien il a fallu d'art
» pour rompre et relier tous ces fils, pour faire démêler
» au lecteur cette trame, comme il le dit lui-même,
» d'événements entrelacés les uns dans les autres, pour
» l'arrêter au moment le plus intéressant sans le re-
» buter, et, ce qui est le comble de l'adresse, entre-
» tenir toujours une curiosité toujours trompée ».

Si Milton avait voulu désigner le Tasse, il y aurait non-seulement de l'injustice, mais de l'ingratitude; car il a emprunté de ce poète de grandes beautés, et principalement la première idée du caractère de Satan, qui est déjà fièrement dessiné dans la *Jérusalem délivrée*. Mais c'est avec raison qu'il met son sujet au-dessus de tous ceux qui ont été traités avant lui : la colère d'Achille et celle de Junon ne peuvent se comparer à celle de l'Être éternel, ni même à celle de Satan. L'intérêt sur lequel sont fondés ces deux ouvrages est celui de deux nations; le poème de Milton intéresse tout le genre humain. J'ai peut-être eu tort de ne pas traduire assez fidèlement un vers où il nous apprend qu'il avait médité depuis long-temps le poème, mais qu'il n'avait exécuté son projet que dans les dernières années de sa vie.

Le chant dont nous allons rendre compte, sous le rapport de l'action et de l'intérêt, est sans contredit le plus beau du poème.

L'action commence au moment où Satan, banni

par Gabriel du Paradis terrestre, après s'en être échappé la nuit, y revient à la faveur de l'obscurité du soir : il avait dans l'intervalle fait deux fois le tour du monde, du nord au sud et du sud au nord. Milton suppose que le résultat de ce voyage est d'avoir reconnu le serpent comme le plus rusé des animaux. Décidé à prendre la forme de l'un d'entre eux, il choisit celle de ce reptile ; mais avant d'entrer dans son corps, il adresse à la Terre un magnifique discours, dans lequel sa jalousie contre l'Homme, souverain de ce nouveau monde, lui en fait exagérer la beauté. La description qu'il en fait est de la plus grande richesse, et produit d'autant plus d'effet, que la paix de ce séjour délicieux est en contraste avec le tumulte de ses passions féroces.

Ce discours est un de ceux où le caractère de Satan est le plus énergiquement tracé.

Chaque trait est brûlant de rage et de jalousie ; on ne trouvera dans aucun autre rien qui l'égale pour la vivacité des passions, l'énergie et le mouvement des vers qu'on va lire :

O combien me plairait votre aspect enchanteur (1),
Si le plaisir encore était fait pour mon cœur !

---

(1) L'aspect de la Terre.

Il n'en est plus pour moi : pour calmer mes supplices,
J'ai besoin de forfaits, j'ai besoin de complices :
Il me faut un malheur à mes malheurs égal ;
Le bien n'est plus pour moi que dans l'excès du mal.
Enfer, enfin j'ai fui ton océan de flamme,
Un enfer plus ardent se rallume en mon âme ;
Il me suit sur la Terre, il me suivrait aux Cieux,
Si je n'humiliais leur despote orgueilleux.
Le monde est son chef-d'œuvre, et l'Homme son image :
Au Dieu qui les a faits faisons un double outrage.
Mon sort est trop cruel s'il n'est point partagé ;
Satan se croit heureux si Satan est vengé.
Qu'alors tombe sur moi le sort de mes victimes ;
Que mes calamités l'emportent sur mes crimes,
Par les douleurs d'autrui je serai consolé.
Que l'Homme soit perdu, son séjour désolé :
Ce monde est fait pour lui, ce monde m'importune ;
De ce maître odieux qu'il suive la fortune.
Objets de mon envie, objets de mon courroux,
Homme, Dieu, Terre, Ciel, évanouissez-vous ?
Dans les mêmes projets ma haine vous rassemble.
Je vous attaque tous ; périssez tous ensemble ;
Qu'au gré de ma fureur, tout soit anéanti !
Rendons-leur le tourment que mon cœur a senti ;
Et qu'heureux d'un désordre où mon bonheur se fonde,
Satan seul soit debout sur les débris du monde !

Alors je pars content : je cours dire aux Enfers :
« Le voici le vainqueur du Dieu de l'univers!
» Tombez tous à ses pieds, rendez-lui tous hommage!
» De six jours en un seul j'ai renversé l'ouvrage (1) ».

Milton, dans la peinture qu'il fait du serpent avant que Satan se soit introduit dans son corps, se plaît à exprimer son état actuel d'innocence, qui forme un contraste ingénieux avec la perfidie dont il doit être bientôt l'instrument et l'organe.

Il semble aussi que le poète ait fait à dessein une description non moins intéressante que celle qui la précède, de l'innocence des travaux champêtres, et des occupations paisibles des deux époux. On la lit avec d'autant plus de plaisir, qu'on éprouve déjà le pressentiment des malheurs et des crimes qui doivent leur succéder.

Une des choses les plus dignes de remarque, c'est l'adresse avec laquelle le poète, pour rendre vraisemblable la faiblesse et la chute d'Ève, amène et motive son éloignement de son époux, sous les yeux duquel elle n'aurait osé faillir. Plus Adam montre de défiance de sa fragilité, plus il irrite sa vanité, et la dispose à s'écarter de lui ; et en cela il a prouvé une profonde

---

(1) L'ouvrage du Très-Haut.

connaissance du cœur. Peut-être pourrait-on reprocher quelque longueur à ce débat : du reste, écrit avec beaucoup d'élégance et de simplicité, il contient plusieurs vers pleins de finesse et de grâce, tels que ceux-ci dans la bouche d'Adam :

Non, je ne te crains point; mais je crains ton absence...

Et ceux-ci :

Pars; Ève, à mes conseils à regret complaisante,
Présente malgré soi, serait encore absente.

Le moment où Ève se sépare de son époux est peint avec intérêt. Son époux l'invite à un prompt retour, et la suit long-temps des yeux : Ève lui promet d'abréger son absence; mais déjà le lecteur éprouve le triste pressentiment du malheur qui l'attend.

La peinture du serpent est telle qu'elle doit être au moment d'attaquer Ève séparée d'Adam. Cet air majestueux, la moitié de son corps fièrement relevée, cette attitude droite, en le rapprochant de l'Homme, rendent plus vraisemblable l'attaque qu'il va lui livrer, et en font, pour ainsi dire, un rival digne de lui. Rien n'est mieux décrit que la marche adroite qu'il fait vers celle qu'il vient tenter; c'est avec un esprit infini qu'il compare ses détours multipliés à ceux d'un nocher qui louvoie en arrivant au port.

.... Des vents inconstants il consulte l'haleine,
Règle sur eux les plis de sa voile incertaine.

Il réussit à attirer sur lui les yeux d'Ève ; alors il s'encourage, s'approche d'elle, et lui adresse le discours le plus adroit, je dirais presque le plus éloquent ; il l'attaque à la fois par la curiosité et la vanité, les deux passions les plus naturelles à son sexe.

Le discours du serpent attire de la part d'Ève des questions naturelles et adroitement provoquées par le tentateur ; elle lui demande depuis quand il possède le don de la parole. Cette question amène naturellement l'éloge du fruit auquel il feint de devoir ce privilége. Le récit qu'il fait du changement merveilleux qu'il a opéré dans lui a déjà fait sur elle une impression qu'elle manifeste aussitôt. « Où croît ce fruit ? lui dit-elle ; où trouve-t-on ce prodige ? » Et cette question fait déjà trembler pour son sort. Le serpent en profite, et n'omet dans sa réponse aucune des circonstances qui peuvent augmenter la curiosité d'Ève. « Cet arbre, » dit-il, n'est pas loin ; il est au-delà de ton bosquet » favori, auprès d'une fraîche fontaine ; un chemin » court et facile y mène ». Et enfin il offre de l'y conduire lui-même. Milton prolonge avec art l'intérêt de cette situation, en réveillant dans Ève les remords et les souvenirs de la défense de Dieu. Le serpent redouble alors d'adresse pour porter le dernier coup à la vertu de celle qu'il veut séduire ; il compose son maintien, dessine son attitude ; mais on est un peu étonné de le voir comparer à Démosthènes et à Cicéron. Cette comparaison paraîtrait ridicule, si elle n'était écrite en très-beaux vers. Quoi qu'il en soit, son discours commence par une figure oratoire, par une apostrophe pleine de vivacité à l'arbre qui porte le fruit défendu. Tout le reste du discours est plein de l'adresse la plus insidieuse ; mais le poète y a prodigué avec excès l'argument, si à la mode de son temps.

Ève dans son discours se répète à elle-même tous les raisonnements subtils du tentateur ; elle y joint ses propres réflexions ; et, déjà séduite par le serpent, elle se séduit elle-même.

Ici Milton exprime heureusement en peu de vers tout ce qui détermine Ève à cueillir le fruit défendu ; sa beauté, son parfum, et la faim que réveille l'heure ordinaire de son repas : tout cela est vrai et naturel.

A peine elle a goûté ce fruit, la Nature entière ressent, dit Milton, sa blessure profonde. Les premiers moments qui suivent ce crime sont marqués par le délire de la joie ; mais bientôt on aperçoit les symptômes de son trouble, et on entend le premier cri de sa conscience. Déjà elle cherche à se rassurer, en se disant ou que Dieu ne peut tout voir, ou se relâche de sa surveillance, et elle se félicite de l'oubli de ce même Dieu dont elle bénissait autrefois la présence ; elle est inquiète de l'accueil de son époux ; enfin les premiers germes de la corruption se montrent dans l'incertitude où elle est, si elle doit lui faire part de son prétendu bonheur, ou réserver pour elle seule tous ses droits à l'immortalité. Deux raisons la font pencher d'abord pour ce dernier parti ; le désir de la supériorité, et l'espoir qu'elle a d'en devenir plus chère à celui qu'elle aime : toutes deux sont également naturelles et heureusement imaginées par le poète. Cependant un reste de vertu l'emporte sur cette première séduction ; et elle se décide à partager avec Adam sa nouvelle félicité. On ne peut trop louer l'endroit où Milton représente Ève revenant à son époux. Il a préparé pour son retour des guirlandes de roses : son impatience le fait voler au-devant d'elle : il prend pour la rencontrer le chemin qu'elle avait pris en le quittant, et où long-temps il l'avait suivie des yeux ; mais quelle est sa douleur lorsqu'il voit entre ses mains, au lieu de ses instruments agrestes, la branche fatale où pendait la pomme d'or !

Quelle vérité et quelle grâce dans ces vers où Milton peint le retour d'Ève vers son époux !

...... Brûlant d'impatience,
Ève hâte ses pas ; et, s'excusant d'avance,
De loin son doux sourire et son tendre regard,
Demandent, les premiers, pardon de son retard.

Dans le discours d'Ève à son époux, Milton a parfaitement exprimé la situation de son âme : ses empressements, ses caresses, ses excuses, les regrets qu'elle témoigne de l'avoir quitté, le besoin qu'elle a de lui, le serment qu'elle fait de ne plus s'en séparer, sont moins l'expression de la tendresse, que celle du remords qui commence. On voit que déjà elle demande des consolations, et qu'à travers sa prétendue félicité elle pressent le malheur qui l'attend. Cependant l'obstination du crime, et le desir qu'elle a de n'être en rien séparée de son époux, font qu'elle le presse de goûter comme elle le fruit défendu.

La douleur d'Adam en voyant son épouse coupable, et sa postérité perdue, ses couronnes de roses qui devaient être le prix de sa vertu tombant de ses mains défaillantes, forment le tableau le plus intéressant. Rien n'égale la sensibilité touchante du discours qu'il lui adresse : doux reproches, affections tendres, dévouement sublime, tout y est exprimé de la manière la plus pathétique ; son amour pour Ève le porte à se séduire lui-même et à partager sa faute :

Je puis mourir pour toi ; sans toi je ne puis vivre.

Il est inutile de faire observer combien est sublime le tableau de la consternation que jette dans la Nature entière leur double crime, et ce qu'il y a de touchant dans ces larmes que verse le Ciel même en voyant ces innocentes créatures dépouillées par leur crime du bonheur et de la vertu ; la Nature flétrie et le chef-d'œuvre de Dieu déshonoré.

Milton a peint avec une égale vérité les premiers symptômes de la dégradation de l'homme, et les plaisirs grossiers des sens succédant à leur innocent amour ; seulement on est étonné que dans ce tableau Milton ait employé les mêmes couleurs que celles dont il a peint leur première jouissance, et que la Terre, les fleurs et les ombrages semblent se prêter avec le même plaisir à des voluptés moins pures ; la Nature, qui a senti leur crime, semblera t devoir au contraire les recevoir à regret.

Milton a peint beaucoup trop longuement, et peut-être trop froidement, le repentir des deux époux et le sentiment de leur nudité. Le sujet même devait l'avertir d'y mettre plus de précision, et la décence dont il parle lui imposait d'abréger ces détails. C'est mal à propos qu'il va chercher dans l'Inde la description pompeuse du figuier dont les deux époux se composent une ceinture ; il est encore plus ridicule de les comparer ainsi vêtus aux sauvages qu'effraya l'arrivée de Colomb ; il aurait pu épargner au lecteur cette érudition physique, historique et géographique. Il y a trop loin d'Éden aux terres Gangarides, et des premiers humains aux peuples nouvellement découverts ; mais Milton aimait à étaler des connaissances auxquelles sa cécité, comme il le dit lui même, ne lui permettait plus de rien ajouter : la cécité vit de souvenirs, et les souvenirs sont naturellement babillards. Homère, avec le même malheur, eut le même défaut.

Mais ce qui est véritablement admirable, c'est l'expression pathétique de la honte et du désespoir d'Adam, ses apostrophes aux rochers, aux antres, aux plus noirs ombrages, à qui il demande un asile contre la honte qui le suit. Les reproches qu'il adresse à sa femme sont vifs sans être violents; la réponse d'Ève dans sa situation est naturelle à son état nouveau : ces discours marquent de plus en plus la dégradation de leur être; les querelles sont arrivées, et la paix a fui : tout cela est plein de vérité et de naturel.

En tout, ce chant est celui qui, avec des défauts, me paraît renfermer les plus grandes beautés. L'action y est plus rapide, le style a plus de mouvement; il est plein de contrastes admirables; les progrès de la tentation d'Ève y sont décrits avec une extrême habileté; et puisque la chute d'Ève et d'Adam est le véritable intérêt du poème, ce chant est sans contredit le plus intéressant de tous.

ARGUMENT.

Aussitôt que les Anges ont connu la désobéissance de l'Homme, ils abandonnent le Paradis, et remontent au Ciel pour justifier leur vigilance. Le fils de Dieu, envoyé pour juger les coupables, descend, prononce le jugement, et, touché de compassion, il les habille tous deux, et remonte. Le Péché et la Mort, assis jusque-là aux portes de l'Enfer, sentant par une sympathie merveilleuse le succès de Satan dans ce nouveau monde, et le crime de ceux qui l'habitent, prennent la résolution de ne pas rester davantage aux Enfers; mais de se transporter vers la demeure de l'Homme pour trouver Satan. Ils font une communication de l'Enfer à ce monde, et construisent un pont à travers le Chaos, en suivant la route que Satan avait d'abord tenue; ensuite se préparant à descendre sur la Terre, ils le rencontrent qui revenait tout fier de ses succès. Leur congratulation mutuelle. Satan arrive à Pandémonium; il raconte avec vanité, dans une pleine assemblée, la victoire qu'il a remportée sur l'Homme. Au lieu des applaudissements qu'il comptait recevoir, il entend un sifflement général. Les Anges de ténèbres sont changés tout-à-coup en serpents: ils rampent tous, suivant le jugement prononcé dans le Paradis. Un bois de la même nature que l'arbre défendu s'élève auprès d'eux. Ils montent avidement pour prendre du fruit, et mâchent de la poussière et des cendres amères. Le Péché et la Mort infectent la Nature. Dieu prédit que son fils les détruira un jour tous deux; il commande à ses Anges de faire diverses altérations dans les Cieux et parmi les éléments. Adam, s'apercevant de plus en plus du changement de son état, pleure amèrement et repousse Ève, qui met tout en usage pour le consoler. Elle redouble ses efforts, et l'apaise enfin : elle songe à détourner la malédiction qui devait tomber sur leur postérité, et propose à Adam des moyens violents qu'il n'approuve point. Il conçoit de meilleures espérances; il lui rappelle la promesse qui leur a été faite que sa race tirera vengeance du serpent; et il l'exhorte à se joindre à lui pour apaiser, par la pénitence et par les prières, la Divinité offensée.

PARADIS PERDU,
POÉME.

LIVRE DIXIÈME.

Satan était vainqueur : sa trame criminelle,
Eve par lui trompée, Adam séduit par elle,
L'Éternel a tout su ; car comment échapper
A ce regard perçant que rien ne peut tromper ?
Bon, mais juste, il permit qu'à l'Homme qu'il protége,
Pour éprouver sa foi, Satan tendît un piége.
Armé par la sagesse, et maître de son cœur,
L'Homme de ce combat pouvait sortir vainqueur,
Éviter le danger et repousser l'atteinte.
Ou de la force ouverte ou d'une amitié teinte.
Dieu même avait parlé ; Dieu de ce fruit mortel
Leur avait interdit l'usage criminel :
Complices tous les deux, tous les deux sont victimes
D'un crime qui doit seul enfanter tous les crimes :
Rien ne peut les sauver. Alors du triste Éden,
Les milices du Ciel désertent le jardin ;
Amis zélés de l'Homme et muets de tristesse,
Ils quittent pour les Cieux l'objet de leur tendresse ;
Ils ne conçoivent pas quel art insidieux
A pu cacher Satan et son piége à leurs yeux.

Ils arrivent : déjà, dans la cour immortelle,
Les avait précédés la fatale nouvelle.
Les Anges des humains déploraient le malheur :
Mais leurs traits ne sont point flétris par la douleur,
Et, dans les saints plaisirs où leur âme se noie,
A travers la pitié laissent briller la joie :
Tous, brûlant de savoir comment l'Homme a péri,
Accourent s'informer de ce couple chéri.
Mais un soin plus pressant au Maître du tonnerre
Conduit les purs Esprits députés sur la terre :
Ils partent, et, brûlant de lui prouver leur foi,
Courent se prosterner au trône de leur roi.
De la profonde nuit que la flamme environne,
En ces mots foudroyants tout-à-coup sa voix tonne :
« Chérubins, Séraphins, que vos cœurs généreux
» Soient affligés pour l'Homme, et non pas malheureux.
» L'Homme est tombé ; mais vous, bannissez la tristesse:
» Son sort peut-il des Cieux exciter l'allégresse?
» Le jour même où Satan s'échappa des Enfers,
» Des fragiles humains j'ai prédit les revers :
» Qu'ils ne se plaignent point ; l'Homme fut créé libre;
» Lui seul de la raison a rompu l'équilibre.
» Ils ont cru, quand sur eux j'ai suspendu mes coups,
» Pouvoir impunément rire de mon courroux ;
» Mais, si la Terre a vu ma clémence outragée,
» Ma justice, du moins, en reviendra vengée.
» Pars ; c'est à toi, mon fils, de soutenir tes droits :
» L'Air, la Terre et l'Enfer reconnaissent tes lois.

» Pourtant que la pitié dirige la justice :
» Pars, que l'Homme à ce choix connaisse un Dieu propice.
» Entre le monde et moi, divin médiateur,
» Mon fils est sa rançon, il est son rédempteur.
» C'est à toi d'infliger et d'adoucir la peine ;
» Que l'amour dans ton cœur adoucisse la haine! »

 A ces mots, vers sa droite où le Verbe est assis,
Le père tout entier s'imprime dans son fils ;
Et le fils, tout brillant des splendeurs qu'il partage,
Du pouvoir paternel est l'éclatante image.
« O mon père ! dit-il avec un front serein,
» Commandez, j'obéis : qu'ainsi mon souverain
» Daigne m'associer à sa gloire éternelle ;
» Je pars, je vais juger leur race criminelle :
» Mais, j'en ai fait serment; quand l'âge dans son cours
» Aux temps prédestinés aura conduit les jours,
» Moi seul, de leurs forfaits je dois porter la peine :
» Réparateur divin de la nature humaine,
» J'en ai fait la promesse et ne m'en repens pas,
» Holocauste sacré, j'arrêterai ton bras.
» Permets à la pitié d'attendrir la justice ;
» Que la miséricorde à l'équité s'unisse ;
» Que la Vengeance marche à côté du Pardon,
» Et fasse un jour bénir et redouter ton nom.
» L'Homme à jamais en moi doit trouver son refuge ;
» Mais loin du tribunal où je serai son juge,
» Seul j'interrogerai ce couple malheureux.
» Quant à l'instigateur de ce crime odieux,

» Sa honte le trahit et sa fuite l'accuse ;
» Qu'il tremble ; le serpent lui-même est sans excuse »
Il dit ; et du séjour de la Divinité,
Où, rayonnant de gloire et d'immortalité,
Il siége sur son trône à côté de son père,
En monarque indulgent plus qu'en juge sévère,
Il part. Trônes, Vertus, princes et potentats,
Jusqu'aux confins du Ciel prêts à suivre ses pas,
Rangent autour de lui leurs brillantes cohortes.
Déjà de l'Empyrée ils ont touché les portes,
D'où se montre d'Éden l'aspect délicieux.
Là, sans suite et sans cour, de la hauteur des Cieux
Il s'élance, des airs fend l'océan liquide ;
La lumière est moins prompte et le temps moins rapide
Le Soleil moins ardent penchait vers son déclin ;
Les folâtres Zéphyrs, errants dans le jardin,
Glissaient d'une aile agile, et de ces verts bocages
Un doux frémissement agitait les feuillages.
Les deux époux erraient sous la voûte des bois,
Et de Dieu tout-à-coup ils entendent la voix ;
Cette voix, par l'écho doucement répétée,
A l'oreille d'Adam par les vents est portée.
Dieu l'appelle, et soudain ces malheureux époux,
De leur maître outragé redoutant le courroux,
Sous les arbres touffus d'un bosquet solitaire,
Vont dérober leur honte et cacher leur misère :
L'œil de Dieu les a vus sous les épais rameaux ;
Leur juge vient près d'eux, et leur parle en ces mots :

« Adam, pourquoi de Dieu fuis-tu donc la présence!
» Toi, que j'ai vu jadis, rempli de confiance,
» Accourir à ma voix, et, d'un air si joyeux,
» Bénir mon arrivée en ces aimables lieux!
» Moins aimables depuis que ta main les néglige;
» Privés de toi, leur deuil, leur nudité m'afflige.
» De tes fruits, de tes fleurs je t'ai vu si soigneux
» Pourquoi de mes bienfaits cet oubli dédaigneux?
» Me méconnais-tu donc? et, devant votre maître,
» Pourquoi tous deux ainsi tardez-vous de paraître?
» Viens ». Adam obéit ; d'un cœur moins confiant,
Ève le suit, non plus avec cet air riant
Dont on la vit du crime affronter la carrière
Honteuse, elle se cache et demeure en arrière.
Tous deux, baissant leurs yeux tristement dessillés,
Sur la Terre, en tremblant, se sont agenouillés :
Le cri sourd du remords et son secret reproche
De ce Dieu désormais leur interdit l'approche.
Adieu ces entretiens où leurs cœurs tour-à-tour
Commerçaient de bonté, d'allégresse et d'amour.
Infortunés! au lieu de ces divines flammes,
Le feu des passions brûle aujourd'hui vos âmes!

 Adam enfin répond, le cœur saisi d'effroi :
« Le son de ta parole est venu jusqu'à moi,
» Seigneur; mais étant nu, j'évitais ta présence ».

 « Qui peut, lui répond-il, causer ta défiance?
» Et comment cette voix qui consolait ton cœur,
» Peut-elle dans ce jour t'inspirer la terreur?

» Jadis ta nudité ne blessait point ta vue :
» Comment et depuis quand t'est-elle donc connue ?
» Parle : aurais-tu cueilli d'une imprudente main
» Ce fruit que t'interdit mon ordre souverain ? »

A ces accents pour lui plus frappants que la foudre :
« Malheureux ! dit Adam, que faire, et que résoudre ?
» Mon juge est devant moi : dans ce fatal moment,
» Il faut, ou subir seul mon juste châtiment,
» Ou moi-même accuser une épouse que j'aime,
» Le charme de mon cœur, la moitié de moi-même.
» Pour prix de sa constance et de sa tendre foi,
» Je voudrais réunir tout ton courroux sur moi ;
» Mais tu vois la rigueur du destin qui m'accable,
» Ta voix va prononcer l'arrêt irrévocable.
» Puis-je donc de ses torts te refuser l'aveu ?
» Comment supporter seul la colère d'un Dieu,
» Et la honte du crime, et le poids du supplice ?
» Et quand je le tairais, tu connais mon complice.
» Celle qui de mes jours dut faire le bonheur,
» Ce modèle de foi, de constance et d'honneur,
» Dont tous les mouvements semblent autant de graces,
» Qui menait le plaisir et l'espoir sur ses traces,
» La femme enfin, ce cœur si parfait, si divin,
» Dont le mal, disais-tu, s'approcherait en vain,
» M'a présenté la pomme, et moi je l'ai reçue ».

Alors se déployant tout entier à sa vue :
« Ta femme répond-il, est-elle un Dieu pour toi,
» Ingrat ! et devais-tu la préférer à moi ?

» Devait-elle régler tes vœux, ta destinée !
» Des mêmes dons que toi l'avais-je donc ornée?
» Pour exercer l'empire Adam n'avait-il plus
» Et les droits de son sexe, et ses mâles vertus?
» Depuis quand l'Homme est-il l'esclave de la femme?
» Eut-elle ta raison, lui donnai-je ton âme!
» Tout ce qui plaît aux yeux, intéresse le cœur,
» Je lui prodiguai tout, grâce, beauté, pudeur,
» Mais non l'autorité : t'obéir et te plaire,
» Briller au second rang sous ta loi tutélaire,
» Voilà son sort ; et toi, pourquoi l'oublias-tu?
» Régner est ton devoir ; gouverner, ta vertu ».

Ève entend à son tour la fatale sentence :
« O femme ! qui t'a fait violer ma défense?
» Et pourquoi touchas-tu ces funestes rameaux ? »

Ève, les yeux baissés, répond en peu de mots :
« Le perfide serpent, par qui je fus tentée,
» M'a vanté cette pomme, et moi je l'ai goûtée ».

A ces mots le Seigneur, enflammé de courroux,
Veut venger à la fois et punir ces époux :
« O toi ! qui dans le piége attiras ces victimes,
» Organe de la ruse, et l'instrument des crimes,
» Détestable serpent, pour prix de tant de maux,
» Sois à jamais maudit parmi les animaux !
» Rampant et méprisé, traîne-toi sur la terre :
» Qu'entre la femme et toi s'établisse la guerre !
» J'arme à jamais entre eux la race et ses enfants.
» Un jour, un jour viendra que ses pieds triomphants

» Écraseront ton dard, et briseront ta tête :
» Tu fus son ennemi, tu seras sa conquête ».

(L'oracle s'accomplit; et le Verbe de Dieu,
Né d'une Ève plus pure, en des gouffres de feu
A fait tomber du Ciel cet Archange terrible
Qui du serpent fatal devint l'âme invisible.
Depuis, humiliant encor mieux son orgueil,
La Terre a vu le Christ échappé du cercueil
Se relever, vainqueur de sa rage étouffée,
En pompe dans les airs emporter son trophée,
Et, bienfaiteur du Monde et vainqueur des Enfers,
Conduire leurs captifs délivrés de leurs fers.)
Aujourd'hui de son père exerçant la vengeance

« Ève, dit-il, tes fils naîtront dans la souffrance,
» Et d'horribles douleurs déchireront ton sein.
» C'est peu, de ton époux je fais ton souverain ;
» Tu seras sa sujette. Et toi, dont la faiblesse
» Pour elle a transgressé les lois de ma sagesse,
» Homme, tu paîras cher ton infidélité :
» La Nature à tes yeux va perdre sa beauté.
» Ingrat ! tu compteras les jours par tes misères.
» Les champs te prodiguaient leurs tributs volontaires ;
» Il faudra tourmenter un avare terrain ;
» La sueur du travail arrosera ton pain.
» Pour toi l'âpre buisson et la ronce épineuse
» Partout vont hérisser la Terre infructueuse.
» La Terre t'a produit, son sein te reprendra :
» L'Homme né de la poudre en poudre tombera ».

Ainsi ce Dieu, sévère à la fois et propice,
Servait mais tempérait l'éternelle justice,
Et, de l'horrible mort annonçant les fureurs,
Eloignait sa menace et ses fléaux vengeurs.
Pourtant ce Dieu qui doit, s'humiliant lui-même,
Servir, dans leurs besoins, des disciples qu'il aime,
Pour ces infortunés, coupables envers lui,
Daigne à cet humble emploi s'essayer aujourd'hui.
Bientôt, de son haleine affligeant la Nature,
L'aquilon va souffler la piquante froidure :
Ce Dieu bon, des hivers prévoyant la saison,
Pour eux à la brebis emprunte sa toison,
Et leur rend des frimas l'inclémence moins rude.
D'un amour paternel tendre sollicitude !
Mais c'est peu qu'à leurs corps il donne un vêtement
Leurs âmes ont perdu leur plus riche ornement,
Il veut cacher leur honte, et malgré leur offense,
Les pare aux yeux du Ciel de sa propre innocence.
Son message est rempli ; du couple criminel
Il s'éloigne, il revole au séjour paternel,
Va de ses jugements rendre compte à son père.
Achève, en l'embrassant, d'attendrir sa colère,
Redouble auprès de lui ses prières, ses vœux,
Et plaide encor pour l'Homme ingrat et malheureux.

Mais avant que le crime eût profané la Terre,
Et provoqué l'arrêt du Maître du tonnerre,
Depuis que, menaçant le nouvel univers,
Satan avait franchi les portes des Enfers,

Leur passage était libre, et leurs gueules béantes
Lançaient dans le Chaos leurs flammes dévorantes;
L'insolente Révolte et son horrible fils,
En face l'un de l'autre, au seuil étaient assis.
Tout-à-coup au Trépas la Révolte sa mère
Adresse ce discours : « Eh quoi! lorsque mon père,
» Pour ses enfants chéris, dans des climats nouveaux,
» Cherche un séjour plus doux et des mondes plus beaux,
» Quelle indigne langueur en ces lieux nous arrête?
» Satan déjà sans doute en a fait la conquête :
» Autrement du Très-Haut le bras victorieux
» L'eût déjà replongé dans ce gouffre de feux.
» Car quels lieux plus cruels, plus féconds en tortures,
» Pouvait-il nous choisir pour venger ses injures?
» Oui, je crois déjà voir mon empire agrandi;
» Je le sens, je dois prendre un essor plus hardi;
» Il semble, pour voler vers ces plages nouvelles,
» Qu'un pouvoir inconnu vient me donner des ailes,
» Et, par l'attrait puissant d'un charme impérieux,
» Comme au séjour natal me rappelle en ces lieux;
» Qu'à travers le Chaos une superbe voûte,
» De deux mondes divers miraculeuse route,
» Passe de l'un à l'autre, et, de ces noirs tombeaux,
» Conduise un jour nos pas dans des climats plus beaux!
» Je ne crains ni dangers, ni fatigue, ni peine;
» Et, si j'en crois mon cœur, l'entreprise est certaine ».
  Le maigre et noir squelette, avec un rire affreux,
Lui répond : « Ton discours a prévenu mes vœux.

» Partons, me voilà prêt ; sur les pas d'un tel guide,
» Tout chemin m'est facile, et rien ne m'intimide.
» Je crois déjà, je crois, plein d'un même transport,
» Flairer de loin ma proie ; une vapeur de mort,
» Du séjour de la vie arrive à cette plage ;
» Déjà je bois le sang, et goûte le carnage ».
   Il dit, et vers la Terre avidement tourné,
En aspire de loin le vent empoisonné.
Tels, en foule accourus la veille des batailles,
Des vautours ont senti l'odeur des funérailles,
Et des morts qui bientôt vont joncher les deux camps,
Promettent à leur faim les cadavres sanglants :
Avide, et tressaillant d'une barbare joie,
Tel le monstre farouche a pressenti sa proie,
Et d'une odeur de mort du fond de sa prison,
Hume, le front levé, l'impure exhalaison.
Soudain d'un vol bruyant partent les deux fantômes.
Tous deux du vieux Chaos traversent les royaumes :
Rien ne peut arrêter leur vol impétueux.
Bravant des corps rivaux le choc tumultueux,
Tous deux s'en vont chassant, dans l'abîme qui gronde,
Les tourbillons de l'air, les tempêtes de l'onde ;
Et roulent devant eux cette orageuse mer
Qui s'étend de la Terre aux portes de l'Enfer.
Ainsi, sur l'Océan que tourmente leur rage,
Deux vents, rivaux fougueux, soufflent un double orage ;
Tels en rochers de glace ils entassent ces flots,
Des froides mers du nord éblouissant chaos,

Qui, des navigateurs barrière insurmontable,
Leur ferment du Cathay la route impraticable.

    Soudain le Trépas fond sur l'abîme grondant ;
De sa froide massue, émule du trident,
Frappe, enchaîne, condense en montagnes de glace
Des corps accumulés la gigantesque masse.
L'asphalte les cimente, et son œil redouté
Achève d'un regard leur immobilité.
Le pont audacieux, dont la largeur égale
L'ouverture sans fin de la porte infernale,
Cache au fond de l'Enfer son vaste fondement ;
Son cintre est suspendu sur l'abîme écumant ;
Et vers l'autre côté, rempart du nouveau monde,
Se termine et s'assied sur sa base profonde.
Monde trop malheureux ! quel je prévois ton sort !
Ce pont épouvantable est celui de la mort.
De là, prête à porter les vainqueurs et leur proie,
S'élargit, se prolonge une effroyable voie
Dont le penchant fatal, des bords de l'univers,
Descend rapidement jusqu'au fond des Enfers.
Tel, si les grands objets aux petits se comparent,
Sur ces bords renommés que les ondes séparent,
Xerxès, courbant dans l'air l'arc immense d'un pont,
De l'Asie en Europe embrassa l'Hellespont,
Et vint, d'un bras vengeur, fouettant les flots esclaves,
Porter des fers aux Grecs, à l'onde des entraves.

    L'ouvrage est achevé : déjà, du noir Chaos
Défiant la tempête et dominant les flots,

La voûte, dans les airs hardiment suspendue,
Prolonge de son arc l'effrayante étendue.
Ils partent; et tous deux de l'Archange inhumain
Interrogent la trace, et suivent le chemin,
Jusqu'aux lieux où, touchant ces régions nouvelles,
Vainqueur, il replia ses triomphantes ailes,
Et, loin du sombre abîme, entendit en repos
Murmurer la tempête et rugir le Chaos.
Là, d'un lien puissant, hélas! et trop durable,
Leur art unit ce pont à la Terre coupable.
Ils examinent tout, parcourent tour-à-tour
Les célestes lambris, le terrestre séjour.
A leur gauche est le sombre et terrible Tartare,
Que de ce double empire un long chemin sépare:
Trois routes conduisaient aux trois mondes divers.
Dans ce moment, Éden et ses bocages verts
Sont le but de leur route; ils marchent; et leur vue,
Sous la forme d'un Ange, ô surprise imprévue!
Entre le Scorpion et le brûlant Archer,
Découvre au loin Satan que leurs pas vont chercher.
Au signe du Bélier qu'inondait sa lumière,
L'astre du monde alors commençait sa carrière.
Satan poursuit sa route; avec un doux transport,
Ses horribles enfants l'ont reconnu d'abord.

Lorsqu'Ève eut succombé, l'auteur de sa ruine
S'enfuit, chercha l'abri de la forêt voisine;
Puis, se rapprochant d'eux sous un aspect nouveau,
Il avait vu l'époux, au fond de leur berceau,

Tenté par son épouse, imiter sa faiblesse ;
Il avait vu leur honte, après leur courte ivresse,
Sous un feuillage vain cacher leur déshonneur.
Mais, dès qu'il aperçut leur juge, leur Seigneur,
Descendre sur la Terre, une frayeur subite
Avait loin de ses yeux précipité sa fuite :
Tant l'aspect foudroyant du Dieu qu'il a bravé
Reste encore en son cœur profondément gravé.
Enfin, l'arrêt porté, dans la nuit le perfide
S'était glissé près d'eux, et, d'une oreille avide,
Tandis qu'il écoutait leurs discours douloureux,
Lui-même de son sort il fut instruit par eux,
Et sut que l'Éternel avait, dans sa prudence,
Pour des temps éloignés réservé sa vengeance.
Aussitôt il triomphe : à l'Enfer qui l'attend,
Il brûle d'annoncer son succès éclatant.
Voilà qu'au bord du pont que bâtit son audace
Se présente à ses yeux son exécrable race.
De l'horrible famille, ô quel fut le plaisir !
Surtout de quel transport Satan se sent saisir,
Lorsqu'à ses yeux surpris tout-à-coup se présente
Du pont qu'elle éleva la structure imposante !
Il ne se lasse point de voir et d'admirer.
Celle enfin que les Cieux le virent adorer,
La Révolte s'approche et lui tient ce langage :

« Admire dans ce pont ton magnifique ouvrage,
» Oui, le tien ; oui, l'Enfer te doit ce monument ;
» Tu sais quels doux rapports, quel tendre sentiment

» Par des nœuds éternels nous attachent ensemble;
» Même vœu, même espoir, même sort nous rassemble.
» Aussi, quand loin de toi des présages secrets
» Avertirent mon cœur de tes heureux succès
» (Et ton aspect ici confirme mon augure),
» Soudain le cri du sang, la voix de la Nature,
» Un charme impérieux, m'appelèrent vers toi :
» Des mondes vainement te séparaient de moi,
» A vivre loin de toi rien ne put me résoudre;
» Le sort forma nos nœuds, rien ne peut les dissoudre:
» L'Érèbe, le Chaos ne m'arrêtèrent pas.
» Tous les deux nous brûlions de marcher sur tes pas;
» Enfermés si long-temps dans ces prisons affreuses,
» Si nous avons franchi leurs routes ténébreuses,
» Nous le devons à toi; c'est par toi que nos mains
» Ont de ses noirs états reculé les confins;
» Par toi, ce pont hardi, ce monument sublime,
» Étonna le Chaos, et régna sur l'abîme.
» De Dieu, dans son ouvrage, heureux triomphateur,
» Toi seul, de nos revers humilias l'auteur;
» Maître de cette Terre, enfin, par tes conquêtes,
» Tu consoles nos maux et venges nos défaites;
» Tu règnes ici bas, et tu servais aux Cieux.
» Laisse dans son palais ce roi victorieux;
» Ainsi l'a des combats décidé la fortune :
» Il nous épargne au moins sa présence importune.
» De son pouvoir ici tranquille successeur,
» Lui-même t'en laissa le libre possesseur;

» Avec tes grands desseins sa volupté conspire ;
» Il veut qu'entre vous deux vous partagiez l'empire ;
» Loin de décourager tes glorieux essais,
» Son triomphe lui-même assure tes succès ;
» Ou, s'il tentait encor les hasards de la guerre,
» Qu'il sache ce que peut l'Enfer joint à la Terre ».

 Le fier Satan répond : « Fille charmante ! et toi,
» Que par un double nœud le sang unit à moi !
» A ces nobles liens vos exploits feront croire.
» Ennemi du Très-Haut (et Satan en fait gloire),
» Combien ne dois-je pas à vos généreux soins !
» Vos amis de l'Enfer ne vous doivent pas moins.
» Ces deux mondes rivaux, grâce à votre industrie,
» Ne sont qu'un même état, qu'une même patrie.
» Le Ciel a vu de près vos exploits triomphants,
» Et mon orgueil charmé jouit dans mes enfants.
» Allez donc ; et tandis qu'aux rives infernales,
» Où mènent de ce pont les arches triomphales,
» J'irai conter leur gloire et mes heureux travaux,
» Vous, marchez à travers tous ces mondes nouveaux ;
» Cherchez du frais Éden les riantes demeures ;
» Là, coulez désormais de plus aimables heures ;
» Là, fixez vos destins ; goûtez-y pour jamais
» Les charmes du pouvoir, le calme de la paix.
» De là, régnez sur l'air, et commandez à l'onde,
» Surtout à ce vaincu qu'on nomme roi du monde ;
» Accablez-le de fers, d'opprobres et de maux,
» Et pour jamais, enfin, détruisez vos rivaux :

» Je vous remets mes droits, faites en mon absence
» Reconnaître Satan, respecter sa puissance.
» Que mon autorité se partage entre tous ;
» Vous régnerez par moi, je régnerai par vous.
» De nos pouvoirs unis si la force conspire,
» De quel éclat nouveau va briller cet empire !
» Allez, soyez heureux, soyez dignes de moi ;
» Honorez votre père, et servez votre roi ».
 Il dit, dans un chemin bordé d'astres sans nombre
Ils volent ; devant eux s'étend un voile sombre ;
Le Soleil en pâlit, l'air en est infecté.
Cependant, sur l'abîme en triomphe porté,
Satan poursuit sa route au ténébreux rivage.
En vain le noir Chaos, contre un pont qui l'outrage,
Gronde, écume, et le bat de ses flots courroucés
Qui, toujours menaçants, sont toujours repoussés.
Satan enfin arrive à la porte fatale :
Il entre ; les gardiens de la rive infernale
Avaient quitté ces lieux ; le peuple des Enfers,
Laissant leurs murs sans garde, et leurs confins déserts,
Au centre de l'empire errait sous ces portiques,
De leur monarque absent demeures magnifiques :
Une garde y veillait ; tous les chefs de l'état
Inquiets du retard de leur grand potentat,
Dans ce palais pompeux délibéraient ensemble.
Là, de leur souverain l'ordre exprès les rassemble ;
Lui même, à son départ pour des mondes lointains,
Leur avait de l'état confié les destins.

Tous les cœurs attendaient avec impatience
Qu'un retour si tardif leur rendît sa présence.
Il vient ; d'un Ange obscur il emprunte les traits,
Glisse à travers la foule, entre dans le palais,
Observe, inconnu d'eux, tous les grands de l'empire.
Monte enfin et s'assied sur un trône où respire
Toute la majesté qui sied au nom royal :
L'or et la pourpre ornaient le siége impérial.
Là, sans se dévoiler, sans rompre le silence,
Il promène ses yeux sur cette foule immense.
Soudain, tel qu'échappé de son nuage obscur,
Un astre reparaît plus brillant et plus pur,
Il éclate, il se montre en des flots de lumière,
Restes éblouissants de sa splendeur première.
A peine il a paru de gloire environné,
Tout ce peuple aussitôt vers son roi s'est tourné :
De leurs cris redoublés la voûte au loin résonne.
Au même instant, les chefs, soutiens de sa couronne,
Descendent de leur trône, et, lui prouvant leur foi,
D'un murmure d'amour environnent leur roi.
Tout-à-coup il étend sa main majestueuse ;
A ce signe se tait sa cour respectueuse.
 « Trônes, principautés, rois, dominations ;
» Ces titres, leur dit-il, ne sont point de vains noms :
» Non, je vous donne ici des titres véritables,
» De votre antique rang attributs respectables ;
» Car mes heureux succès ont passé mon espoir :
» Oui, j'ai rempli vos vœux, j'ai rempli mon devoir.

» Vous donc, d'un Dieu jaloux, courageuses victimes,
» Vainement sa colère a creusé ces abîmes :
» De la profonde horreur de cet affreux séjour,
» C'est moi, c'est votre roi qui doit vous rendre au jour ;
» Un monde vous attend, au sortir des supplices,
» Dont votre Ciel natal envîrait les délices.
» Par combien de périls, d'ennuis et de travaux,
» J'ai trouvé, j'ai conquis ces royaumes nouveaux !
» Tantôt forcé d'errer dans le néant du vide,
» Tantôt dans le Chaos voyageur intrépide,
» J'errais et subjuguais les bouillons orageux
» Qu'embrasse enfin un pont, monument courageux
» Bâti par le Trépas secondé de sa mère,
» Où vient des eaux grondants, expirer la colère ;
» La voûte vous présente un facile chemin :
» Mais moi seul, enfoncé dans des gouffres sans fin,
» Hardi nocher, vainqueur d'une onde innavigable,
» Il m'a fallu voguer d'une aile infatigable
» A travers ces torrents, ces fougueux tourbillons ;
» Tracer à longs détours de pénibles sillons
» Dans le sein du Chaos, de la nuit éternelle
» (Car la Nuit envieuse et le Chaos rebelle
» Craignaient à mes regards de trahir leurs secrets,
» Et m'opposaient du sort les augustes décrets);
» Mais enfin, j'ai vaincu ; j'ai découvert un monde,
» Mélange heureux de l'air, de la terre et de l'onde.
» De ce monde enchanteur paisible souverain,
» L'Homme, en des bois fleuris et sous un ciel serein,

» De ses trésors naissants savourait les prémices,
» Et c'est à nos malheurs qu'il devait ces délices !
» Son bonheur m'irritait ; par un fruit défendu
» J'ai tenté sa faiblesse, et ce fruit l'a perdu.
» Qui l'aurait pu penser ? sa ridicule offense
» A d'un roi ridicule irrité la vengeance.
» Ces favoris à peine établis dans ces lieux,
» Lui-même nous les livre, et leur monde avec eux.
» J'ai conquis sans combat leur immense héritage,
» Et la Terre aux Enfers est échue en partage.
» Dirai-je de ce Dieu l'étrange jugement?
» Un être sans raison, mon aveugle instrument,
» A porté sur lui seul le poids de sa justice.
» A des temps incertains renvoyant mon supplice,
» Entre l'Homme et ma race il met l'inimitié ;
» De mon dard quelque jour je dois blesser son pié ;
» De son pied quelque jour il doit fouler ma tête.
» Ai-je donc trop du monde acheté la conquête ?
» Ce beau lieu vous attend : partez ; je vous promets
» Des torrents de bonheur et des siècles de paix ».

 A ces mots il se tait ; il attend qu'on éclate
En acclamations dont son orgueil se flatte ;
Mais quand il se promet des applaudissements.
L'air soudain retentit d'horribles sifflements.
A ce bruit imprévu Satan surpris se trouble ;
Mais combien sa surprise et sa honte redouble,
Lorsqu'il sent tout-à-coup, par un cruel affront,
Se rétrécir sa tête et s'allonger son front !

Ses bras collés aux flancs, ses pieds roulés ensemble
Traînent en longs replis le corps qui les rassemble.
De son trône sans gloire il s'élance, il s'abat :
Sous sa forme rampante en vain il se débat ;
La main du Tout-Puissant sur lui pèse et le dompte ;
Ce qui fit son succès, aujourd'hui fait sa honte.
Il veut parler, trois dards, qu'il agite à la fois,
Remplacent en sifflant l'organe de sa voix :
Dans le même destin, rois, sujets se confondent,
Aux sifflements aigus les sifflements répondent ;
L'un par l'autre saisis, l'un par l'autre embrassés
Tous, par d'horribles nœuds se sont entrelacés.
De leurs sinistres sons tout le palais résonne,
La Nature en frémit, l'Enfer même s'étonne ;
Par un forfait commun l'orgueil les réunit,
D'un châtiment commun l'Éternel les punit.
Moins de monstres sont nés du sang de la Gorgone.
Seul, dominant encor tout ce qui l'environne,
Satan offre aux regards un superbe dragon,
Moins terrible autrefois parut le fier Python,
Ce monstre que la fable en une fange immonde
Fit naître des rayons de l'astre ardent du monde.
Tel paraissait Satan, tel brillant de splendeur.
Il montre à ses sujets un reste de grandeur.
Distingué par sa forme, il l'est par son courage,
Leur rage, aveugle encore, obéit à sa rage.
Il sort ; tout l'accompagne : ils arrivent aux lieux
Où tous ceux qu'épargna la vengeance des Cieux,

Venaient à chaque poste, ou joignant leurs bannières,
Déployaient dans les champs leurs phalanges guerrières,
Attendant que ce chef, objet de tant de vœux,
Superbe et triomphant, reparaisse à leurs yeux.
Mais quel spectacle affreux trompe leur espérance !
Partout de noirs serpents s'offre une horde immense.
L'effroi glace leurs cœurs : même sort les attend ;
Ce que chacun abhorre il l'éprouve à l'instant :
Leurs bras sont enchaînés pas d'invincibles charmes ;
Même effroi fait tomber les guerriers et les armes.
Tous, poussant à la fois des sifflements affreux,
Suivent, en se traînant leurs frères malheureux :
Un même châtiment punit le même crime ;
D'une horreur mutuelle un instinct unanime
Fait siffler tous les dards, et leur orgueil surpris
Reçoit au lieu d'honneurs les signes du mépris.

 Pour aggraver leurs maux (le Ciel ainsi l'ordonne),
Enfanté tout-à-coup, un verger les étonne ;
Les fruits dont chaque tige étale le trésor,
Ainsi que dans Éden, brillent de pourpre et d'or :
Leur beauté d'Ève encor tenterait l'innocence.
Leur long étonnement les contemple en silence ;
De cet arbre interdit les plants multipliés
Semblent un nouveau piége à leurs yeux effrayés :
Mais la faim et la soif tout-à-coup les enflamme ;
Le besoin dévorant s'empare de leur âme.
Tout s'élance à la fois ; leurs bataillons pressés
Autour de chaque tronc se sont entrelacés,

S'y suspendent en foule, et, parmi la verdure,
Présentent d'Alecton l'horrible chevelure ;
Ils arrachent ces fruits aussitôt dévorés.
D'un moins brillant émail paraissaient colorés
Ces beaux fruits qu'admirait, sur ses rives infâmes,
Ce lac dont le bitume alimentait les flammes :
Ceux-là trompaient les yeux, et ceux-ci le palais.
Ils convoitent en vain leurs perfides attraits ;
Au lieu du doux nectar d'une sève abondante,
Ils laissent dans la bouche une âcreté mordante,
Une affreuse amertume ; et le monstre étonné
Rejette avec horreur le fruit empoisonné.
Mais leur âpre saveur vainement les dégoûte ;
Leur faim demande encor le mets qu'elle redoute ;
Et, maudissant du fruit la trompeuse couleur,
Leur bouche se déchire et se tord de douleur.
Ainsi ces malheureux qui se riaient de l'Homme
Une fois abusé par la fatale pomme,
Du fruit toujours maudit se nourrissent toujours.
Leur forme enfin renaît ; mais chaque an dans son cours
Ramène leur supplice, et de leur gloire impie
Par la honte et la faim l'insolence s'expie.

Cependant la Révolte et le hideux Trépas
Vers le riant Éden précipitent leurs pas ;
La Révolte en bannit la crédule innocence ;
Elle y vient elle-même établir sa puissance,
Attendant que son fils, sur son pâle coursier,
Bientôt à ses fureurs vienne s'associer.

« Eh bien! dit la Révolte en tressaillant de joie,
» Payâmes-nous trop chers une si belle proie?
» Misérables geoliers aux portes des Enfers,
» Enfin nous voilà rois de ce riche univers ».

« L'Enfer, dit le Trépas, et son horrible porte,
» Le Paradis, le Ciel, la Terre, que m'importe?
» Partout où se pourra rassasier ma faim,
» C'est-là qu'est mon séjour; dans cet étroit jardin
» Comment puis-je assouvir cette faim dévorante
» Que chaque instant irrite, et que rien ne contente?
» Il faut un champ plus vaste à ma voracité ».

A ce fils monstrueux par l'inceste enfanté:
« Eh bien! que tardes-tu, dis sa perfide mère;
» Si ce riche séjour ne peut te satisfaire,
» Prélude dans ces lieux à tes riches banquets:
» Troupeaux, oiseaux, poissons, pour tes festins sont prêts,
» Oui, tout ce que du Temps l'avide faux moissonne,
» Tout ce que Dieu créa, ta mère te le donne:
» Mais attends seulement que mes attraits vainqueurs
» Aient séduit les esprits et corrompu les cœurs;
« Alors j'ouvre à ta faim une immense carrière,
» Et, dès ce jour, ta proie est la Nature entière ».

L'un et l'autre à ces mots, par deux chemins divers,
Courent de leurs poisons infecter l'univers,
Portent partout le deuil, le crime et le ravage:
Terre, hommes, animaux, sont promis à leur rage.
Le Très-Haut les a vus de son trône éternel:
« Vous voyez les fureurs de ce couple cruel,

» Dit-il aux purs Esprits dont la cour l'environne ;
» Partout à pleine main l'un et l'autre moissonne ;
» Beauté, vertu, tout meurt ; je ne reconnais plus
» Ces lieux où mon amour et mes yeux se sont plus.
» Que j'aurais conservés, si l'imprudence humaine
» D'un couple destructeur n'eût appelé la haine.
» Les Enfers et leur chef blasphèment contre moi ;
» J'ai remis, disent-ils, ce monde sous leur loi ;
» Et d'un jaloux orgueil écoutant la vengeance,
» A leur lâche fureur j'ai livré l'innocence.
» Aveugles instruments, ils ne se doutent pas
» Que moi-même en ces lieux j'ai dirigé leurs pas ;
» Qu'ils sont venus, contraints par mes ordres suprêmes,
» Purifier ces lieux qu'ils ont souillés eux-mêmes,
» Se gorger de carnage, et s'enivrer de sang,
» Jusqu'à ce que d'effroi, de douleur rugissant,
» Dans tes mains, ô mon fils ! ô mon unique joie !
» De l'avare sépulcre ils remettent la proie ;
» Que dans leurs noirs cachots tu plonges ces pervers,
» Et scelles pour jamais les portes des Enfers.
» Alors tu reverras sourire la Nature,
» Renaître un Ciel plus sain, une Terre plus pure ;
» Mais jusque-là la Terre et le Ciel profanés
» Satisferont au Dieu qui les a condamnés ».

Il dit ; et tout-à-coup les harpes, les cantiques
Font des palais divins retentir les portiques :
Plus nombreux, plus bruyants que les vagues des mers,
De longs *alleluia* résonnent dans les airs ,

« Qui pourrait s'opposer à ton pouvoir auguste?
» Salut! Être éternel, toujours grand, toujours juste!»
Puis ils chantent son fils, l'Homme régénéré,
Le Ciel purgé du crime, et le monde épuré.

    Aussitôt, par leurs noms le Tout-Puissant appelle
Ses ministres ailés; il confie à leur zele
Le bouleversement des saisons et des jours.
Le Soleil le premier doit, en changeant son cours,
Tantôt de feux brûlants dévorer la Nature,
Tantôt laisser dans l'air régner l'âpre froidure;
Du pôle boréal partent les noirs frimas;
Du sud l'ardent solstice embrase les climats.
L'un de l'humide nuit va guider la courrière,
De ses frères errants diriger la carrière,
Leurs vitesses, leurs feux rapidement croisés,
Leur rencontre sinistre et leurs fronts opposés;
Aux astres réguliers d'autres marquent leur course,
De leurs feux malfaisants ils préparent la source :
Les astres orageux, dans un sombre appareil,
Escortant le lever, le coucher du Soleil,
Des torrents pluvieux précipitent la chute.
Déjà, près d'exercer leur effroyable lutte,
Dominateurs des eaux, fougueux tyrans des airs,
Les vents sont établis dans leurs climats divers,
Et prêtent à l'envi, pour ravager la Terre,
Leur souffle à l'ouragan, leurs ailes au tonnerre.
Fécond comme l'automne, et beau comme l'été,
Le printemps régnait seul : l'Éternel irrité,

Du Soleil qui meut tout par sa chaleur féconde,
Ordonne d'écarter les deux pôles du monde.
Les Anges à sa voix, avec de longs efforts,
De l'ardent équateur éloignent ce grand corps.
A la voix du Très-Haut, l'astre de la lumière,
Peut-être aussi changea son oblique carrière,
Et, poursuivant sa marche en ses douze maisons,
Dans son cours inégal varia les saisons.
Peut-être aussi, quand l'Homme à son Dieu fut parjure,
Un tremblement d'horreur ébranla la Nature,
Et, rompant l'équilibre et des nuits et des jours,
Cet astre épouvanté changea soudain son cours :
Dans les champs de la Terre, au séjour des orages,
Le Désordre partout étendit ses ravages ;
Bientôt, de la Révolte abominable enfant,
La Discorde naquit, et d'un vol triomphant
Aux êtres animés courut souffler sa rage.
Tout s'arma, tout brûla de la soif du carnage :
Les oiseaux, dans les airs, fondaient sur les oiseaux ;
Le poisson poursuivait le poisson sous les eaux ;
Les troupeaux, dédaignant leur pâture innocente,
L'un sur l'autre, en grondant, portaient leur dent sanglante ;
Tous pour leur souverain perdirent le respect :
L'un, saisi de terreur, s'enfuit à son aspect ;
Un autre, en frémissant, lui jette à son passage
Des regards de fureur ou des accents de rage ;
Le désordre est partout. Adam épouvanté
Voudrait des bois profonds chercher l'obscurité ;

Partout l'orage éclate, et son âme troublée,
D'un plus terrible orage, hélas! est ébranlée.
Il succombe, il gémit, il pousse des sanglots.
Et son cœur oppressé se soulage en ces mots :
« Après tant de bonheur, eh quoi ! tant d'infortunes !
» Fuyez, de mes plaisirs images importunes !
» Le voilà donc, ce monde autrefois si charmant !
» Et moi, dont la présence en était l'ornement.
» Voilà mon sort ! Du Ciel l'amour se change en haine ;
» Comme il versait la joie, il nous verse la peine.
» Je fuis devant ce Dieu dont la céleste voix,
» Dans ces lieux enchanteurs, me charma tant de fois :
» Sa haine, de mon crime est le juste salaire.
» Ah ! que ne peut la mort terminer ma misère !
» Mais ce trépas si doux et si bien mérité
» Finirait-il les maux de ma postérité,
» Non, non ; mes descendants, leurs fils, toute ma race,
» Doivent de mes malheurs perpétuer la trace.
» O voix que j'entendis avec un doux transport !
» *Croissez! Multipliez!* Et pour qui ? pour la mort.
» De mes maux renaissants victime héréditaire,
» Chaque âge maudira l'auteur de sa misère.
» Il faut attendre, au lieu de bénédictions,
» Un concert de douleurs et d'imprécations.
» O plaisirs passagers, suivis de longs supplices !
» O Dieu ! t'avais-je donc demandé ces délices ?
» Ne m'as-tu donc comblé de richesse et d'honneur,
» Que pour me renverser du faîte du bonheur !

» Fallait-il dans mes traits, ton plus parfait ouvrage,
» Pour l'effacer toi-même imprimer ton image?
» A mon limon poudreux n'as-tu me laisser?
» Ce qu'on a pu vouloir, on y peut renoncer :
» Reprends ces biens cruels, ces dons que je déteste.
» Pourquoi m'affligeas-tu de ce bonheur funeste?
» Quand de le conserver tu m'imposas la loi,
» Devais-tu sans secours m'abandonner à moi?
» Le perdre n'est-il point assez pour ta justice?
» Faut-il y joindre encore un éternel supplice?
» Ah! que dis-je? et comment osé-je t'accuser?
» De tes bontés encor n'est-ce pas abuser?
» A ces conditions je reçus la naissance,
» J'acceptai le bienfait.... j'en dois la récompense.
» A son père en courroux un fils dénaturé,
» Dirait-il : Du néant pourquoi m'as-tu tiré?
» Je ne t'en priais pas. Et cependant son être
» Est le fruit du hasard, et ton choix m'a fait naître.
» Ah! mon ingratitude en fait enfin l'aveu,
» Oui, mon crime est de moi, le bienfait est de Dieu :
» De ses dons méconnus je dois porter la peine.
» O Terre, engloutis-moi! sauve-moi de sa haine!
» Que je puisse à jamais, dans ton sein maternel,
» M'endormir doucement d'un sommeil éternel!
» Que je ne tremble plus sous sa main foudroyante!
» Loin de moi les éclats de sa voix effrayante!
» Ote-moi du passé le cruel souvenir,
» Et la douleur présente et les maux à venir;

» Ces maux qui, sur le monde étendant ma misère,
» Dans ses derniers neveux iront punir leur père!
» Ah! quand arriveront ces fortunés instants?
» Faut-il souffrir sans cesse et mourir si long-temps!
» O mort! exauce-moi! Mais un doute me reste:
» Mourrai-je tout entier? et de ce feu céleste,
» Qui de mon corps fragile anima le limon,
» Es-il sûr que la mort éteindra le rayon?
» O doute épouvantable! à quel trouble il me livre!
» Quoi! même en expirant, je risquerais de vivre,
» Et je perdrais le jour sans jouir de la mort!
» Que dis-je? de mon âme écoutons le remord:
» Cette âme intelligente est seule criminelle;
» A ce corps innocent pourquoi survivrait-elle?
» Je mourrai tout entier. Quoi donc! l'être fini,
» D'un supplice sans fin pourrait être puni!
» La mort, pour venger Dieu, serait donc immortelle!
» Ce pouvoir passerait sa puissance éternelle:
» Il le voudrait en vain; par sa fragilité
» Mon être échapperait à sa divinité.
» Ce vœu démentirait sa sublime sagesse,
» Au lieu de son pouvoir montrerait sa faiblesse.
» Au-delà de ma cendre étendra-t-il ses coups?
» De vengeance affamé, constant dans son courroux,
» Voudrait-il, prolongeant son effroyable joie,
» Ainsi que sa colère éterniser sa proie?
» Contre un être mortel son pouvoir est borné,
» Par les décrets du sort lui-même est enchaîné.

» Mais si, de son courroux renaissante victime,
» L'Éternité sans fond m'ouvrait son noir abîm !...
» L'Éternité! ce mot fait dresser mes cheveux,
» Et gronde autour de moi comme un tonnerre affreux
» Mon âme et cette argile, également punies,
» Pour souffrir à jamais seraient donc réunies!
» C'est peu, de mon destin triste fatalité!
» Je lègue donc la mort à ma postérité!
» Que n'en puis-je épuiser la coupe tout entière,
» Et sa première proie être aussi la dernière!
» Mon nom serait béni par mes derniers neveux :
» Pourquoi les innocents seraient-ils malheureux?
» Innocents! le sont-ils? non : de toute ma race
» Le levain de mon crime a corrompu la masse :
» Leur âme, leur esprit, leur cœur, leurs volontés,
» Sont autant de ruisseaux dans leur source infectés.
» O Ciel! à tes rigueurs il faut donc se résoudre!
» Mon aveugle raison est contrainte à t'absoudre;
» Et même, en t'accusant, elle parle pour toi.
» Mais ce monde futur est malheureux pour moi!
» Puisque seul, de ce Dieu j'ai bravé la défense,
» Si ce Dieu sur moi seul déchargeait sa vengeance!...
» Que dis-tu, misérable? ah frémis d'un tel vœu!
» Peux-tu soutenir seul tout le courroux d'un Dieu,
» Ce courroux plus affreux que la foudre qui gronde,
» Ce courroux plus pesant que la masse du monde?
» Ah! quand de ce fardeau ta femme, par pitié,
» Coupable comme toi, porterait la moitié,

» Pourriez-vous soutenir ce poids insupportable?
» Ainsi donc, ô douleur! ô destin lamentable!
» Mes prières, mes vœux, mon espoir, mon effroi,
» Le passé, l'avenir, tout s'arme contre moi!
» Chef-d'œuvre du malheur, qu'en tremblant je contemple,
» Qui sera sans égal, et qui fut sans exemple,
» Satan, Satan lui seul, ô remords! ô tourment!
» Aussi-bien qu'en forfait, m'égale en châtiment.
» Conscience terrible? inexorable juge!
» Contre Dieu, contre moi, je suis donc sans refuge !
» Dans un gouffre sans fin je m'enfonce avec toi,
» Et l'abîme, en tombant, s'approfondit sur moi ».
 Dans le calme profond de la nuit ténébreuse,
Tel Adam exhalait sa plainte douloureuse;
Nuit effroyable, hélas! qu'elle ressemble peu
A ces charmantes nuits des favoris de Dieu,
Qu'égayait d'un vent frais l'haleine douce et pure!
La sombre horreur ajoute aux tourments qu'il endure·
Déchiré de remords, sur la terre étendu,
Il implore le coup, si long-temps suspendu,
Qui doit finir ses maux en détruisant son être :
Il maudit mille fois le jour qui l'a vu naître.
« Dieu puissant! ton courroux, ou plutôt ta bonté,
» M'avait promis la mort; aurais-je en vain compté
» Sur ce triste bienfait? d'où vient que ta justice,
» Si je l'ai méritée, diffère mon supplice?
» Vainement de la mort j'invoque le secours :
» Toujours sollicitée, elle me fuit toujours :

» Elle est sourde à ma voix, et se rit de mes peines.
» O vallons! ô coteaux! ô forêts! ô fontaines!
» Où sont ces doux accents qu'ont redits tant de fois
» Les échos de ces monts, la voûte de ces bois?
» Vous ne répondez plus à mes chants d'allégresse;
» Témoins de mes plaisirs, ah! voyez ma tristesse! »

Tandis qu'Adam succombe au poids de son malheur,
Eve, qui loin de lui renfermait sa douleur,
Accourt pour adoucir le tourment qui l'accable.
Adam la voit venir : « Fuis, serpent détestable!
» Lui dit-il d'un accent et d'un œil irrité;
» Oui, ce nom est le tien, tu l'as trop mérité :
» Le serpent fit mes maux, et tu fus sa complice;
» Ta lâche cruauté l'égale en artifice.
» Que n'ai-je mieux connu tes perfides attraits?
» Ainsi que son poison que n'avais-tu ses traits?
» Hélas! sans ta beauté, cette beauté divine
» Qui faisait mon bonheur, et cause ma ruine,
» Mon cœur eût évité ton piége insidieux :
» L'Enfer est dans ton cœur et le Ciel dans tes yeux.
» Beauté qui m'as séduit, et que mon cœur abhorre,
» Hélas! j'étais heureux; je le serais encore,
» Si d'errer loin de moi l'indocile desir
» Ne t'avait fait ailleurs chercher un vain plaisir;
» Si l'obstination d'un orgueil téméraire,
» Ne t'eût fait dédaigner un avis salutaire;
» N'eût fermé ton oreille à la tendre frayeur
» Qui me parlait pour toi dans le fond de mon cœur

» N'avais-je pas assez averti ta faiblesse?
» Ta rebelle imprudence a vaincu ma sagesse.
» Qui sait même, qui sait si tu ne voulais pas
» Faire aux yeux de Satan triompher tes appas,
» Peut-être le tenter, le séduire lui-même?
» Mais de l'adroit serpent le fatal stratagème
» Te jeta dans le piége ; et moi, trop faible époux,
» Te laissai sans défense exposée à ses coups!
» J'ai cru que ta vertu, plus ferme, plus prudente,
» D'un péril annoncé sortirait triomphante.
» Crédule, j'ignorais (pourquoi me l'appris-tu?)
» Combien est vain l'éclat de ta fausse vertu!
» Pourquoi ton sexe ingrat, malheureux que nous sommes
» Ignoré dans les Cieux, règne-t-il chez les hommes?
» Le Ciel ne pouvait-il, de ses fécondes mains,
» Comme les Esprits purs, propager les humains?
» Ah! pourquoi la Nature, ô Dieu! vit-elle éclore
» Ce sexe qui la pare et qui la déshonore?
» O sexe dangereux, qui nous plais et nous perds,
» Que de maux vont par toi désoler l'univers!
» L'intérêt marchandant des épouses vénales,
» Les refus des parents, les chaînes inégales,
» Le caprice au hasard assortissant les cœurs,
» Les superbes dédains, les fantasques humeurs,
» D'une altière beauté les hauteurs despotiques,
» L'aigreur empoisonnant les douceurs domestiques ;
» Voilà quel sort attend d'infortunés époux ;
» Et par toi ces malheurs ont commencé dans nous! »

LIVRE X.

Il dit, et se détourne, Ève alors fond en larmes,
Ses beaux cheveux épars ajoutent à ses charmes;
Elle tombe à ses pieds, embrasse ses genoux;
Et de l'air le plus humble et du ton le plus doux:
« Cher Adam, prends pitié de ma douleur extrême!
» J'en atteste le Ciel, qui sait combien je t'aime,
» Et pour toi quel respect est gravé dans mon cœur.
» Ma faute fut bien moins un crime qu'une erreur:
» L'imprudence la fit, que le remords l'efface.
» Vois mes larmes couler sur tes pieds que j'embrasse;
» Assez de maux sur moi tombent de toutes parts;
» Ne me refuse pas tes consolants regards;
» Toi seul est mon conseil, mon guide, ma ressource:
» D'un reste de bonheur ne ferme point la source.
» Dans ce monde désert tout me glace d'effroi;
» Ah! ne repousse point un cœur qui vient à toi!
» Où fuir, si mon époux me défend de le suivre?
» Peut-être nous n'avons que peu d'instants à vivre;
» Ah! qu'aujourd'hui nos vœux et nos cœurs ne soient qu'un!
» Nous avons à lutter contre un danger commun:
» Cet ennemi du Ciel, il est aussi le nôtre;
» Pour le combattre mieux, liguons-nous l'un et l'autre;
» Pour la seconde fois ne nous séparons pas;
» J'ai failli loin de toi, je vaincrai sur tes pas.
» Hélas! d'un double poids l'infortune l'accable:
» Je suis la plus à plaindre, étant la plus coupable:
» Comme moi, tu péchas contre le Ciel; et moi,
» Criminelle envers lui, je le suis envers toi.

» Aux lieux où l'Éternel prononça la sentence,
» J'irai, j'irai fléchir, s'il se peut, sa vengeance,
» Lui dire que moi seule aît provoqué ses coups,
» Que sur moi seule aussi doit tomber son courroux :
» Heureuse, s'il exauce un vœu si légitime,
» D'emporter en mourant le pardon de mon crime ! »
 Elle dit, et sa voix expire dans les pleurs.
Son maintien suppliant, ses remords, ses malheurs,
Ses accents douloureux, l'aveu de sa faiblesse,
Ont dans le cœur d'Adam réveillé la tendresse :
Le doux ressouvenir fait parler la pitié.
L'objet de ses desirs, sa plus chère moitié,
Dont son amour naguère idolâtrait les charmes,
Prosternée à ses pieds qu'elle baigne de larmes,
Embrassant ses genoux, implorant son appui,
Résolue à mourir s'il faut vivre sans lui,
Ont insensiblement désarmé sa colère.
Il la fixe en silence, et d'un ton moins sévère :
 « Imprudente ! dit-il, quelle nouvelle erreur
» Vient encor t'abuser d'un délire trompeur !
» Tu veux seule, dis-tu, supporter la tempête ;
» Contente-toi des maux qui pèsent sur ta tête.
» Comment peux-tu de Dieu soutenir le courroux,
» Quand tu ne peux souffrir celui de ton époux ?
» Tu ne vois que l'essai de nos longues misères :
» Si j'espérais d'un Dieu fléchir les lois sévères,
» Je te devancerais au lieu du jugement,
» J'appellerais sur moi tout son ressentiment ;

» J'irais, m'humiliant sous sa main vengeresse,
» De ton sexe fragile excuser la faiblesse,
» De ce sexe imprudent que j'ai dû protéger,
» Et que j'ai laissé seul s'exposer au danger.
« Lève-toi; bannissons ces discordes cruelles;
» N'allons pas aux remords ajouter les querelles;
» Que la paix, que l'amour consolent nos deux cœurs;
» Aidons-nous l'un et l'autre à porter nos douleurs.
» Notre mort, je le vois, n'est pas encor prochaine:
» Son terme est reculé, son heure est incertaine;
» Pour augmenter nos maux elle vient pas à pas:
» Par combien de douleurs s'achète le trépas!
» Hélas! au même sort ma race est condamnée!
» O déplorable père! ô race infortunée! »
 Ève à ces cris plaintifs répond modestement:
« Le cruel souvenir de mon égarement,
» Et les dures leçons de mon expérience,
» Cher époux, me devraient condamner au silence;
» Mais puisque dans tes bras daignant me recevoir,
» Ton pardon généreux relève mon espoir,
» Dois-je rien oublier, époux sublime et tendre,
» Pour conserver ce cœur que tu viens de me rendre?
» Permets donc que ma voix te confie un dessein
» Qui peut calmer le trouble élevé dans ton sein.
» Si j'en crois tes discours, ta douleur la plus vive,
» C'est cette désolante et longue perspective
» Des fléaux réservés à nos derniers neveux,
» Du crime paternel héritiers malheureux,

» Et dont l'affreuse Mort doit faire un jour sa proie.
» Ah! comment en effet conserver quelque joie
» En songeant qu'après nous, notre postérité
» Doit subir un arrêt par nous seuls mérité,
» Et terminer, hélas! de douleurs poursuivie,
» Par l'horreur de la mort, les horreurs de la vie?
» De toi dépend le sort de ces infortunés :
» Ces fils déjà proscrits ne sont pas encor nés ;
» Le néant seul, hélas! ignore la souffrance :
» Pour prévenir leurs maux, empêchons leur naissance
» Et, regrettant la proie échappée à ses coups,
» Que l'avide Trépas ne dévore que nous.
» S'il te paraît trop dur, dans un hymen austère,
» De n'oser être époux, de n'oser être père ;
» S'il nous faut, renonçant à nos doux entretiens,
» Moi, repousser tes vœux, toi, résister aux miens ;
» Qui peut nous arrêter? appelons à notre aide
» Cette Mort, des douleurs prompt et dernier remède ;
» Et si, sourde à nos cris, nous l'appelons en vain,
» Au défaut de ses traits, nous avons notre main.
» De l'horrible Trépas, dont l'attente nous lasse,
» Faut-il donc supporter l'éternelle menace?
» Marchons sans hésiter au terme de nos jours ;
» Les chemins sont ouverts, choisissons les plus courts ;
» De notre sort affreux abrégeons la misère ;
» Périssant avec toi, la mort me sera chère »..

Elle dit : le Trépas, qu'invoque sa douleur,
A déjà sur son front imprimé sa pâleur.

LIVRE X.

Adam, d'un cœur plus ferme et d'un esprit plus sage,
En ces mots consolants relève son courage :
« Ce mépris de la vie et de ses vains plaisirs,
» Chère Eve, annonce un cœur maître de ses desirs.
» Tu méprises l'amour et ses molles délices ;
» Mais crois-tu par la mort finir de longs supplices,
» Et par-là du Très-Haut éluder les décrets ?
» Dieu, d'avance, crois-moi, se rit de tes projets ;
» La Vie et le Trépas connaissent sa puissance.
» Chère Ève, crains plutôt d'irriter sa vengeance,
» Que ce Dieu courroucé n'aggrave notre sort,
» Et pour mieux se venger n'éternise la mort !
» Pensons plus sagement : tu te souviens peut-être
» D'un mot qu'a prononcé ce juge, notre maître :
» Je veux, nous a-t-il dit, que le serpent rusé
» Par le pied de la femme un jour soit écrasé.
» Vain dédommagement de ce malheur extrême !
» Qui sait si ce serpent n'est pas Satan lui-même,
» Qui sous ses traits menteurs nous a séduits tous deux ?
» Peut-être sa défaite apaisera les Cieux.
» Mais une mort précoce, une couche inféconde,
» D'avance détruirait l'espérance du monde ;
» Et, perdant son triomphe en hâtant son trépas,
» La femme, de Satan ne nous vengerait pas.
» Si mon cœur t'accordait ce que tu me demandes,
» Satan serait vainqueur, et nos peines plus grandes ;
» Et Dieu nous traiterait comme un couple orgueilleux,
» Impatient du joug, et rebelle à ses vœux.

» Ève, tu te souviens avec quelle indulgence
» Son courroux paternel tempéra sa vengeance ;
» Aucun reproche amer, aucune inimitié :
» Sa colère avait pris l'accent de la pitié.
» Nous croyions voir sur nous fondre une mort prochaine
» Tu vivras, mais tu dois enfanter avec peine ;
» Voilà ton seul supplice ; et, chers à tes malheurs,
» Des enfants adorés te paîront tes douleurs.
» Pour moi, qu'à tes destins cet arrêt associe,
» Il me faudra dompter une Terre endurcie ;
» La sueur du travail arrosera mon pain,
» Cet arrêt est sévère, et non pas inhumain ;
» L'oisiveté serait une peine plus dure ;
» Mes mains me nourriront. La chaleur, la froidure,
» Nous menaçaient tous deux, tous deux nous étions nus
» Et de sa propre main ce Dieu nous a vêtus.
» Pour l'attendrir enfin, nous avons la prière.
» Crains-tu les noirs frimas, la grêle meurtrière,
» Des torrents pluvieux les flots dévastateurs ?
» Eh bien ! il enverra les arts consolateurs.
» Déjà de noirs brouillards, du sommet des montagnes,
» S'avancent dans les airs et couvrent les campagnes :
» Déjà des aquilons le souffle impétueux ;
» A dépouillé des bois le front majestueux :
» Cherchons un sûr abri ; qu'une heureuse industrie
» Saisisse du Soleil la chaleur amortie,
» Soit que ses feux, unis dans un étroit foyer,
» Enflamment d'un bois sec le débris nourricier,

» Soit que des corps choqués où dort la flamme oisive,
» S'échappe, en pétillant, l'étincelle captive :
» Ainsi nous avons vu, dans les plaines des airs,
» Des nuages heurtés rejaillir les éclairs,
» Et les pins embrasés, de leur cime brûlante,
» Envoyer jusqu'à nous la flamme consolante
» Qui remplace le jour et sa douce chaleur.
» Dieu, chère Ève, crois-moi, plaindra notre malheur;
» Il hâtera les arts, dont les secours utiles
» Rendront nos maux plus doux et nos champs plus fertiles.
» Jusqu'à l'heure où la Terre, en ses paisibles flancs,
» Pour les rendre au repos, reprendra ses enfants.
» Nous, cependant, allons aux lieux où la clémence,
» De l'Homme criminel adoucit la sentence;
» Prions le Dieu vengeur, tombons à ses genoux;
» Par les cris du remords désarmons son courroux;
» Pleurons, Ève, pleurons; que nos voix gémissantes,
» Du repentir sincère expressions touchantes,
» S'élève vers son trône : ah! même en nous jugeant,
» S'il a traité ses fils comme un père indulgent,
» N'en doutons point, nos vœux, notre ardente prière,
» Chère Ève, nous rendront sa tendresse première ».

Tandis que de ses maux il s'entretient ainsi,
Adam verse des pleurs, Ève en répand aussi.
Cependant tous les deux volent où la clémence,
De l'Homme criminel prononça la sentence;
La face contre Terre, ils tombent à genoux,
Par les cris du remords désarment son courroux;

Et leurs ardents soupirs, et leurs voix gémissantes,
Du repentir sincère expressions touchantes,
S'élèvent vers le Dieu qui, même en les jugeant,
Traita des fils ingrats comme un père indulgent.

FIN DU LIVRE DIXIÈME.

REMARQUES

SUR LE LIVRE DIXIÈME.

Addison remarque avec raison qu'une des choses qui distinguent ce chant, c'est que Milton y fait paraître presque tous les principaux personnages du poème. Ce chant commence par le départ des Anges pour le Ciel: Éden est devenu indigne d'eux étant profané par le crime. Mais l'amitié presque fraternelle qu'ils avaient contractée avec l'Homme, leur regret de cette séparation, les larmes qu'ils donnent à l'état déplorable des premiers humains malheureux et criminels, sont un tableau plein d'intérêt; il a le double avantage, et d'attendrir sur le sort présent de l'Homme, et de rappeler d'une manière intéressante des jours plus heureux.

La curiosité que les Anges témoignent sur le destin d'Adam et d'Ève a l'inconvénient de contredire un passage du huitième chant. Raphaël, lorsqu'il invite Adam à lui conter l'histoire de sa naissance, lui dit qu'il l'ignore, parce qu'il était alors absent des Cieux: comment donc les Anges, qui n'ont pas quitté les demeures célestes, ont-ils besoin d'apprendre de ceux qui reviennent de la Terre ce qui s'y est passé?

Le jugement des deux coupables par le fils de Dieu, au nom de son père, est plein de grandes beautés, quoiqu'on puisse lui reprocher quelques longueurs. Leur juge, qui est en même temps leur intercesseur, arrive avec toute la douceur qui convient au caractère de bonté que lui a donné le poète; il n'arrive point escorté des phalanges célestes, aux lueurs des éclairs, au bruit du tonnerre, mais dans le calme d'un beau soir, à travers les fleurs, au murmure du zéphyr. Le ton ironique dont il parle à Adam paraît de mauvais goût en ce qu'il manque de dignité. Milton n'est pas heureux en ironie; c'est de toutes les figures celle qu'il sait le moins employer. Mais une circonstance saisie avec beaucoup d'art et de naturel, c'est la timidité d'Ève, toute honteuse de son crime, n'osant paraître devant Dieu, et se tenant derrière son époux. Les réponses des deux coupables sont d'une précision et d'une simplicité admirables : il ne faut pas s'en étonner, car elles sont prises mot à mot des Saintes Écritures. On est un peu surpris de voir le serpent jugé par contumace dans les formes judiciaires d'Angleterre. Ce n'est pas la seule fois que Milton a eu cette faiblesse pour son pays : dans je ne sais quel autre chant, les Anges ont leur *watchmen* qui marquent les heures de la nuit.

Le fils de Dieu signale encore sa bonté d'une manière touchante, en voilant la nudité intérieure et extérieure des deux coupables : alors il remonte dans le Ciel ; et, toujours fidèle à la miséricorde comme à la justice, il sollicite de son père son indulgence en faveur de ceux qu'il vient de juger. Il était difficile, dans une pareille composition, de conserver la dignité d'un Dieu, et cependant Milton y a presque réussi.

Ensuite reparaissent sur la scène, avec les couleurs qui leur conviennent, les figures allégoriques du Péché et de la Mort, que j'ai appelés la Révolte et le Trépas, parce que les mots qui désignent ces deux personnages en anglais sont d'un genre différent dans notre langue. Le discours de la Mort au Péché est de la plus terrible et de la plus sombre énergie. Ses pressentiments lui disent que Satan est vainqueur ; elle brûle d'aller jouir de ses conquêtes et de l'empire qu'il leur a promis. Déjà, le nez tourné vers la Terre, elle flaire sa proie, et aspire l'odeur de la mort. L'un et l'autre se décident à partir, et projettent un pont de communication entre la Terre et l'Enfer. Tout ce qui précède, étant plein de choses grandes et merveilleuses, empêche que ce pont, bâti sur le Chaos, ne paraisse gigantesque ; il est proportionné à la forme qu'on suppose à des êtres surnaturels, dont l'imagination ne peut avoir la mesure précise. La formation de ce pont est de la plus magnifique poésie ; les deux monstres, au milieu du Chaos et du Vide, soufflent chacun de leur côté, et chassent vers un centre commun les différents corps épars dans l'étendue ; ils y sont très-poétiquement comparés à ces deux vents rivaux qui soufflent un double orage. Tous ces matériaux s'assemblent, se condensent ; la Mort les frappe de sa froide massue comme d'un trident,

.... Et son œil redouté
Achève d'un regard leur immobilité.

Les deux extrémités de ce pont sont assises, l'une dans le fond de l'Enfer, et l'autre sur les bords du nouveau monde, et forment la fatale communication des deux empires. Toutes ces images sont neuves et sublimes. Les deux monstres arrivent à l'extrémité du pont qui avoisine la Terre, et reconnaissent Satan, tout dégradé qu'il est.

L'auteur, pour motiver le retour de Satan aux Enfers, suppose ingénieusement qu'après la chute des premiers hommes, il s'était glissé auprès d'eux pour les écouter, et avait entendu de leur bouche la sentence prononcée contre lui. Il apprend avec transport que l'exécution en est différée : alors il s'adresse au Péché et à la Mort, et leur apprend ce qu'elle a fait pour eux ; les invite, par un discours plein d'énergie, à s'emparer de ce nouveau monde, dont ils vont goûter les délices après de longues souffrances.

Son retour dans les Enfers est plein de circonstances imaginées avec un esprit infini. Pour produire un plus grand effet, il entre inconnu dans le palais de l'assemblée infernale, où il trouve tous les chefs rassemblés; monte, sans être vu, sur son trône éblouissant de toute la magnificence royale; promène en silence ses yeux sur la foule qui l'environne; éclate enfin, se montre dans toute sa majesté; et, dans un discours plein d'éloquence et de poésie, leur raconte les détails et les succès de sa courageuse expédition, la chute de l'Homme, et son empire bientôt entre leurs mains. Alors il se tait; mais, au lieu des applaudissements qu'il attend, partent de tous côtés des sifflements affreux; tous ces Anges rebelles sont changés autour de lui en serpents. Tandis qu'il s'en étonne, il subit le même destin. Par une convenance ingénieusement imaginée, il conserve encore à Satan, dans sa métamorphose, toute sa supériorité; c'est un dragon superbe qui domine sur tout ce qui l'environne. Tout à-coup sortent du sol des Enfers des arbres pareils à celui qui portait le fruit défendu. Tous ces Anges changés en serpents s'entortillent autour des troncs, s'élancent sur les branches, et, trompés par la couleur perfide de ce beau fruit, ne mâchent qu'un fruit amer et cendreux. La faim et la soif qui les aiguillonnent les y ramène sans cesse, et chaque fois leur bouche se déchire et se tord de douleur. C'est peu; une sentence de l'Éternel rend cette punition annuelle, et tous les ans ils expient leur insolent triomphe par l'humiliation et la douleur.

Ce morceau, d'une invention étrange au premier coup-d'œil, est écrit avec une force de style qui en rachète ou en déguise la bizarrerie. Il n'y a peut-être pas dans tout l'ouvrage un endroit écrit avec autant de verve et de chaleur.

Milton revient alors à la peinture du Péché Mort. Libres possesseurs d'Éden, chacun d'eux conserve son caractère; la Mort ne trouve point dans ces lieux de quoi satisfaire sa faim insatiable, et le Péché lui promet le monde à dévorer. L'Éternel, qui les voit du haut de son trône, annonce au Ciel combien est vain un triomphe qu'il a permis dans sa sagesse, et qui doit être un jour expié par celui de son fils, et par la punition du serpent, dont la femme écrasera la tête : les Anges alors reprennent leur lyre, et célèbrent, sans le connaître, ce nouveau mystère de la clémence et de la justice. Toute cette marche est véritablement épique. Ceux qui condamnent les personnages allégoriques du Péché et de la Mort, ne peuvent nier qu'une fois adoptés, ils ne parlent et n'agissent que conformément à leur caractère; il n'y a de répréhensible dans cet endroit que le ton justificatif que Milton prête à l'Éternel, comme dans quelques autres de ses discours.

Vient ensuite le bouleversement de la Nature, occasioné par la chute de l'homme. Il y a dans ce morceau de grandes beautés poétiques, et une physique quelquefois ridicule; mais l'image des Anges qui déplacent l'écliptique est d'une grande beauté, et en général ce morceau est écrit avec beaucoup de verve.

A ces descriptions succède un morceau du plus grand pathétique. Adam, épouvanté des convulsions de la Nature, et de la dégradation de tous les êtres qui l'entourent, est plus accablé encore par la perspective des malheurs que son crime va répandre sur toute sa postérité. Si l'on en excepte quelques vers dans lesquels règne un ton d'argumentation déplacé, ce discours est extrêmement touchant : c'est une alternative très-pathétique de reproches à Dieu et de soumission à ses volontés.

A ces tourments intérieurs, Milton a ajouté toutes les menaces de la Nature conjurée contre lui : c'est dans la nuit qu'il exhale ses plaintes; nuit si différente des nuits délicieuses qui ont précédé son crime. Son second discours est une invocation à la Mort, pleine des accents de la douleur et du désespoir. En un mot, tout ce tableau est digne à la fois de la tragédie et de l'épopée.

Ce qui suit est d'une beauté incomparable. La scène qui se passe entre Adam et Ève est d'un intérêt égal à tout ce que la scène offre de plus touchant. Ève, que les reproches de sa conscience retiennent loin de son époux, ne peut plus résister au desir de le consoler : Adam la repousse avec dureté ; et tous les maux qu'il ressent, et tous ceux qu'il prévoit, le font éclater en reproches violents contre celle qui en est l'auteur. La réponse d'Ève suppliante, en embrassant ses genoux, désarme sa colère ; et, en effet, on ne peut prêter au repentir et à l'amour conjugal des expressions plus affectueuses et plus attendrissantes.

L'opinion commune en Angleterre, est que la réconciliation de Milton avec sa femme, qui était depuis quelque temps séparée de lui, lui a fourni la plupart des sentiments qu'il a développés dans cette touchante scène : cela n'est pas étonnant ; c'est dans ce qu'ils ont observé, surtout dans ce qu'ils ont senti, que les poètes doivent puiser les moyens d'intéresser et de plaire.

Ève, réconciliée avec son époux, lui propose deux moyens également violents de sauver leur postérité et d'abréger leur propre malheur ; c'est la faiblesse de la femme qui les propose, la sagesse de l'homme les repousse, et on reconnaît encore ici combien Milton se plaisait à donner la supériorité à ce sexe sur l'autre. Ce second discours d'Adam finit par des consolations longuement et froidement exprimées ; mais ce qui est véritablement beau, c'est le parti qu'ils prennent d'aller au lieu où leur sentence a été prononcée ; de tomber aux pieds de l'Éternel ; de lui offrir les larmes du repentir et la prière du malheur. J'ai conservé, dans la traduction des derniers vers, les répétitions que Milton a employées, et qui donnent à ce morceau plus d'abandon et plus de grâce. C'est précisément parce que cette forme est inconnue dans notre langue, que je me suis prescrit de l'y transporter : comme je l'ai remarqué ailleurs, les bonnes traductions sont une importation de richesses étrangères d'une langue dans une autre.

ARGUMENT.

Le fils de Dieu intercède pour nos premiers pères, qui confessent leur faute; il présente leurs prières à son père. Le Seigneur les exauce; mais il déclare qu'ils ne sauraient rester plus long-temps dans le Paradis. Il envoie Michel avec une légion de Chérubins, pour les chasser du jardin de délices : il lui ordonne cependant de révéler auparavant à Adam ce qui arrivera dans la suite des temps. Descente de Michel. Adam fait observer à Ève quelques signes funestes. Il discerne l'arrivée de Michel, et s'avance au-devant de lui. L'Ange lui annonce l'arrêt de son exil. Lamentations d'Ève. Adam tâche d'obtenir grâce; enfin il se soumet. L'Ange le conduit sur une hauteur du Paradis, lui découvre, dans une vision, ce qui doit arriver jusqu'au déluge.

PARADIS PERDU,
POÉME.

LIVRE ONZIÈME.

Ainsi que la rosée en nos champs répandue,
Du sein de l'Éternel la grâce descendue,
Au couple infortuné touché de ses erreurs,
Avait rendu l'espoir, le remords et les pleurs.
Soumis, agenouillés, ils priaient ; leur prière,
Franchissant d'un plein vol les champs de la lumière,
Malgré les vents jaloux, sur des ailes de feu,
Part, vole, monte, arrive aux portes du Saint-Lieu ;
Là, du temple divin le pontife suprême,
Heureux médiateur, fils de Dieu, Dieu lui-même,
Sur l'autel d'or où fume un encens éternel,
La bénit et la porte aux pieds de l'Éternel.
« O mon père ! sur moi tourne des yeux propices !
» De la grâce du Ciel je t'offre les prémices ;
» Reçois du repentir la prière et les vœux,
» Fruits divins de la grâce, et plus chers à tes yeux,
» Que ces terrestres fruits qu'en son séjour champêtre,
» L'homme encore innocent présentait à son maître.
» Vers son trône indulgent leurs vœux ont pris l'essor ;
» Parmi les doux parfums dont fume l'autel d'or,

» J'ai moi-même reçu, j'ai béni leurs demandes :
» Du repentir sincère accepte les offrandes ;
» Que son humble soupir par toi soit entendu !
» De leur douleur muette interprète assidu,
» Je parlerai pour eux : Oui, ton fils pour leur crime
» Sera l'intercesseur, le prêtre et la victime ;
» Dès ce jour je leur voue et ma vie et ma mort ;
» Justes ou criminels, je prends sur moi leur sort ;
» J'épurerai le bien, réparerai l'offense ;
» Le supplice d'un Dieu leur rendra l'innocence ;
» Sans être exempts de maux, du reste de leurs jours
» Punis, mais résignés, qu'ils achèvent le cours :
» Qu'ils meurent ; car ton fils demande à ta clémence
» D'adoucir et non pas d'annuler leur sentence.
» Mais un jour au bonheur ils renaîtront par moi,
» Réunis à ton fils, comme ton fils à toi ».

« Ce qu'implorent tes vœux, mon fils, je te l'accorde,
» Oui, déjà ma justice et ma miséricorde
» Ont décidé leur sort ; mais du riant Éden
» Ces prévaricateurs quitteront le jardin :
» La sainteté du lieu repousse leurs souillures ;
» Oui, des mets plus grossiers, des régions moins pures,
» Conviennent désormais à leur être mortel.
» Par eux seuls, du péché le souffle criminel
» A flétri la Nature, et sa vapeur immonde
» Souilla de ses poisons l'innocence du monde :
» L'Homme sera puni par les maux qu'il a faits.
» De moi l'Homme naissant reçut deux grands bienfaits,

» Le bonheur, et le don d'une vie éternelle :
» Dépouillé du bonheur, sa durée immortelle
» Serait un long tourment ; et le Ciel comme un port,
» Lui voulut accorder le bienfait de la mort.
» Mais si d'un long combat sa foi sort triomphante,
» Un Ciel pur, au sortir d'une terre innocente,
» Sera sa récompense, et mes élus un jour,
» D'un peuple de mon choix composeront ma cour.
» Le Ciel a déjà vu la Révolte punie ;
» De la Terre à son tour elle sera bannie ;
» Et de mes châtiments l'exemple répété
» Affermira le zèle et la fidélité ».

Il dit : son fils s'incline au signal qu'il lui donne ;
Des Cieux au même instant la trompette résonne,
Trompette formidable, et qu'Horeb entendit
Quand sur le mont sacré l'Éternel descendit,
Et qui, des morts un jour réveillant la poussière,
Doit du monde embrasé sonner l'heure dernière !
Par son souffle puissant le céleste héraut
A peine a proclamé les ordres du Très-Haut,
Au son que fait ouïr la trompette éclatante
Le Ciel au loin répond ; des bosquets d'amarante,
Du fleuve de la vie où le peuple des Cieux
Boit du plus pur nectar l'ambre délicieux,
Des fils de la lumière accourt la foule immense,
Tous sur leurs siéges d'or se placent en silence,
Et, du trône d'où part le destin des mortels,
Dieu prononce en ces mots ses ordres solennels :

« Mes fils, vous le voyez ; brûlant de tout connaître,
» L'Homme insensé voulait s'approcher de son maître ;
» Qu'il soit vain de connaître et le bien et le mal !
» O combien ce savoir lui doit être fatal !
» Et qu'il eût mieux valu qu'en sa douce ignorance
» Son tranquille bonheur eût gardé l'innocence !
» Maintenant les remords s'éveillent dans son cœur,
» Et ses pleurs suppliants conjurent ma rigueur ;
» Mais si je pardonnais, de l'arbre de la vie
» Le fruit pourrait tenter leur imprudente envie,
» Et le bienfait cruel de l'immortalité
» Prolongerait leurs jours et leur calamité.
» De mes fiers Chérubins prends avec toi l'élite ;
» Pour protéger Éden qu'elle marche à ta suite.
» Point de grâce ; va, pars, et bannis à l'instant
» De ce séjour sacré le profane habitant :
» Mais n'arme point tes yeux d'un regard trop sévère ;
» En punissant leur crime, épargne leur misère :
» Le cri de leur remords est monté jusqu'à moi.
» Si leur docile cœur se soumet à ma loi,
» Console leur malheur ; qu'à leur âme craintive
» Brille d'un sort plus doux l'heureuse perspective ;
» Et montre-leur de loin ce pacificateur,
» Entre le Ciel et l'Homme heureux médiateur.
» Pars, aux portes d'Éden, du côté de l'aurore,
» Oppose à l'ennemi qui le menace encore
» De brûlants Séraphins un bataillon armé ;
» Dans l'arsenal des Cieux prends ton glaive enflammé :

» Et que le fer vengeur, dans ta main foudroyante,
» Darde en flèches de feu sa clarté flamboyante.
» Ferme tous les accès ; crains que l'Ange infernal
» Par le perfide appât d'un fruit non moins fatal,
» Ne trompe ces époux, et, par ce nouveau piége,
» Ne tente encor leur soif et leur faim sacrilége ».

    Il parle : au même instant le brillant Chérubin
Range, prêt à partir, son cortége divin.
Chacun a quatre fronts ; sur leurs corps et leurs ailes
Brillent des yeux sans nombre, assidus sentinelles.

    Le jour venait de naître, et semait en riant
Les calices des fleurs des perles d'Orient.
Éveillé par l'éclat de l'aube matinale,
Adam aux doux tributs des parfums qu'elle exhale,
Avait mêlé ses vœux ; une heureuse vigueur
Renaissait par degrés dans le fond de son cœur,
Et, mettant la tristesse et la joie en balance,
Joignait à sa terreur un rayon d'espérance.
Alors à son épouse il adresse ces mots,
Qui, comme un baume pur, adoucissent ses maux :
« Ève, quels biens sur nous Dieu se plaît à répandre !
» Et nous, pour tant de biens, qu'avons-nous à lui rendre?
» Que dis-je ? pour lui plaire et fléchir sa rigueur,
» Nous avons l'oraison, noble attribut du cœur.
» Un seul gémissement élancé de la Terre
» Va dans sa main terrible éteindre le tonnerre :
» Je l'éprouvai moi-même ; et lorsqu'à deux genoux
» Mon malheur suppliant conjurait son courroux,

» Je l'ai vu de son front écarter les nuages,
» Et d'un air de bonté sourire à mes hommages.
» Il m'a rendu l'espoir; l'espoir me rend la paix.
» J'entends encor ces mots, gage de ses bienfaits :
» LE SERPENT DOIT PÉRIR ÉCRASÉ PAR LA FEMME.
» Ce mot, que la terreur effaça de mon âme,
» Retentit de nouveau dans mon cœur soulagé :
» Oui, l'Homme fut séduit, l'Homme sera vengé ;
» Je redoutais la mort, et j'espère la vie.
» Et toi, du genre humain, mère à jamais bénie,
» Ève, de ce beau nom que j'aime à t'honorer !
» Et l'Homme et l'univers, tu vas tout réparer ! »
    Ève, les yeux baissés, répond d'un ton modeste :
« Cher Adam, quoi ! l'auteur de ta chute funeste,
» Qui, né pour ton bonheur, fit ta calamité,
» Tu lui parles encor avec tant de bonté !
» Ève peut être encor la source de la vie !
» Ah ! mon juste salaire était l'ignominie,
» Et non ces noms si doux et ces titres d'honneur :
» Mais allons : ce jardin qui fit notre bonheur,
» Et l'objet aujourd'hui d'une ingrate culture,
» Attend que nos travaux y domptent la Nature.
» Quel triste jour va suivre une nuit sans sommeil !
» Sans pitié pour nos maux, exacte à son réveil,
» L'Aurore au char du jour vient ouvrir les barrières !
» Avant qu'un doux repos ait fermé nos paupières !
» Viens donc, et reprenons nos travaux suspendus ;
» Cher époux, désormais je ne te quitte plus.

» Oui, ton œil près de toi me verra dès l'aurore ;
» Au coucher du Soleil tu me verras encore.
» Coulons en paix ici nos jours laborieux ;
» Dieu nous permet de vivre en ces aimables lieux :
» Achetons leur bienfait, quelque soin qu'il nous coûte ;
» Puisqu'il nous les laissa, Dieu nous aime sans doute.
» Des biens plus précieux manquent à leurs attraits :
» Mais n'allons pas aux maux ajouter les regrets ».

Ainsi, les yeux baissés, Ève, tendre et soumise,
Entretenait Adam : mais quelle est sa surprise,
Quand le monde changé n'offre plus à son œil
Que des sujets de crainte et des marques de deuil !
L'aube naissante à peine a commencé d'éclore,
La nuit revient noircir les roses de l'aurore :
Un aigle tout-à-coup du haut d'un ciel brûlant
S'abat sur deux oiseaux au plumage brillant :
Le lion, qui déjà cherche en grondant sa proie,
Descend du haut des monts, et, rugissant de joie,
Poursuit deux jeunes faons qui, s'échappant soudain,
Se sauvent tout tremblants vers la porte d'Éden.
Adam les suit des yeux et, troublé du présage,
A sa timide épouse adresse ce langage :
« Chère Ève ! tu le vois, du céleste courroux,
» Quand l'Éternel se tait, tout parle autour de nous ;
» Par des signes affreux le monde le proclame,
» Et le cri de la mort retentit dans mon âme.
» Ah ! sans doute Dieu craint qu'en une fausse paix
» L'homme n'espère vivre au gré de ses souhaits ;

» En vain de notre mort il a retardé l'heure,
» Un jour notre berceau sera notre demeure :
» De la Terre sortis, à la Terre rendus,
» Voilà notre destin ; mais ses coups suspendus
» Quand doivent-ils tomber ? vers le terme funeste
» Quel chemin nous prescrit sa volonté céleste ?
» Quelle sera la vie, et quand viendra la mort ?
» Sous un nuage épais il cache notre sort :
» L'avenir est douteux, mais la mort est certaine ;
» Oui, j'en prends à témoin ce double phénomène,
» Et ces hôtes tremblants de la terre et de l'air,
» Sur qui leurs ennemis fondaient comme l'éclair,
» Qui du même côté, dans leur frayeur subite,
» Tous deux, au même instant, précipitaient leur fuite :
» J'en atteste la nuit qui vient voiler le jour,
« Avant qu'il ait rempli la moitié de son tour.
» Regarde à l'occident ; la nuit resplendissante
» Égale d'un beau jour la pompe éblouissante,
» Et semble jusqu'à nous, sur un char radieux,
» Apporter lentement quelque envoyé des Cieux ».

    Il ne se trompait pas : de la céleste voûte
Le bataillon divin, dans sa brillante route,
Trace un sillon de flamme, et dans les airs porté,
Sur la montagne sainte enfin s'est arrêté :
O combien ce spectacle eût eu pour toi de charmes,
Adam, si ton remords, ta honte et tes alarmes
N'eussent troublé ta vue ! un tableau moins pompeux
De Jacob autrefois vint éblouir les yeux,

Quand, descendant du Ciel, la milice des Anges
Dans toute sa splendeur déploya ses phalanges.
L'Archange radieux au bataillon divin
Ordonne tout-à-coup d'investir le jardin.
Lui, perçant l'épaisseur de la forêt touffue,
Pour découvrir Adam, il jette au loin la vue.
Adam le voit venir; saisi d'un saint effroi :
« A quelque grand message, Ève, prépare-toi,
» Dit-il; de notre sort voici l'arrêt peut-être,
» Ou des ordres nouveaux de notre divin maître.
» De ce nuage d'or qui, de feux entouré,
» Déposa sur ce mont le bataillon sacré.
» Un seul guerrier vers nous avec pompe s'avance :
» Son port majestueux, sa noble contenance
» Marque un chef distingué des milices des Cieux;
» Vois : rien de menaçant n'est écrit dans ses yeux;
» Mais il n'a point cet air, ces grâces attrayantes
» Dont Raphaël charmait nos âmes confiantes.
» Je vais le recevoir avec le saint respect
» Que commande son rang, qu'imprime son aspect.
» Toi, demeure à l'écart ». Il achevait à peine,
Le messager divin, sous une forme humaine,
Descend de la montagne, et, s'offrant à ses yeux,
Vient prononcer l'arrêt du monarque des Cieux.
De son céleste éclat tempérant la lumière,
Il se montre, couvert d'une armure guerrière;
Son air est d'un héros : il s'approche; les vents
De son manteau de pourpre enflent les plis mouvants.

Moins riche se montrait cette pourpre si pure
Que du poisson du Tyr abreuvait la teinture,
Et ces riches habits qu'étalaient autrefois
Le faste des héros et le luxe des rois,
Quand, brillante d'éclat, de richesse et de gloire,
La paix s'embellissait des dons de la victoire.
Il s'avance avec grâce, et sa mâle beauté
Joint la fleur du jeune âge à la maturité.
Douze signes ornaient son baudrier céleste,
Où pend le fer terrible à Satan si funeste;
De son glaive tranchant jaillit un feu divin;
Enfin sa large lance étincelle en sa main.

Adam tombe à genoux : le Séraphin s'arrête;
Sans rendre le salut, sans incliner la tête,
Il garde de son rang toute la dignité :
« Tes vœux sont accueillis par la Divinité,
» Lui dit-il; Dieu pouvait, par une mort certaine,
» De ses droits violés vous infliger la peine;
» Mais le Ciel indulgent veut bien la différer;
» Tu commis ton offense, il faut la réparer.
» Va par mille vertus racheter un seul crime :
» A ce prix il t'arrache à l'infernal abîme;
» Mais dans ce beau jardin tu n'habiteras plus.
» Pars, je t'apporte ici ses ordres absolus;
» Pars, va loin de ces lieux fertiliser la Terre;
» Que ton travail lui livre une éternelle guerre :
» Dans son sein maternel Dieu plaça ton berceau;
» Qu'elle soit ta nourrice, et te garde un tombeau ».

Adam, à ce discours, d'épouvante frissonne;
Tout son sang s'est glacé, sa force l'abandonne.
Ève, non loin de là, cachée en un bosquet,
A de leur triste exil entendu le décret.
Soudain elle s'élance, et les cris qu'elle jette
A l'oreille d'Adam ont trahi sa retraite :
« O coup plus rigoureux que la perte du jour!
» C'en est donc fait! il faut les quitter sans retour,
» Ces beaux champs, ces beaux lieux où j'ai reçu la vie!
» Lieux charmants, que le Ciel n'a pu voir sans envie.
» Hélas! jusqu'à la mort, dans ces réduits secrets,
» J'ai cru pouvoir nourrir mes douloureux regrets!
» Je n'emporterai donc, ô terre fortunée,
» Que le remords cruel de t'avoir profanée!
» O vous, objets chéris de mes soins assidus,
» Adieu, charmantes fleurs, vous ne me verrez plus
» Aux rayons du Soleil présenter vos calices,
» Du printemps près de vous épier les prémices,
» A vos jeunes tribus assigner leurs cantons,
» Cultiver votre enfance et vous donner vos noms!
» Quel autre soutiendra vos tiges languissantes?
» Qui viendra vous verser des eaux rafraîchissantes?
» Hélas! chaque matin je courais vous revoir,
» Je vous soignais le jour, vous visitais le soir;
» Des eaux du Paradis j'entretenais vos charmes,
» Et mes yeux maintenant vous arrosent de larmes!
» Adieu donc pour toujours! vous n'aurez plus ailleurs
» Ni les mêmes parfums ni les mêmes couleurs!

» Et toi, que je parais des plus riches guirlandes,
» Lit, où l'hymen reçut de si douces offrandes,
» Il faut donc te quitter ! Dans quels tristes climats,
» Dans quels affreux déserts vont s'égarer mes pas !
» Où retrouver les fruits de cette terre heureuse?
» Quels mets remplaceront leur douceur savoureuse?
» Adieu, riant Éden ! plaisirs trop courts, adieu ! »
 A ces accents plaintifs, le ministre de Dieu
Répond d'un ton sévère : « Ève, cesse tes plaintes;
» D'un courroux mérité tu ressens les atteintes;
» Tu dictas ton arrêt en violant ta foi ;
» Regrette moins des biens qui ne sont pas à toi ;
» Pars : Adam te suivra; votre offense est commune;
» Soyez joints par l'amour, comme par l'infortune.
» Partagés avec lui, tes maux seront plus doux ;
» Ta patrie est partout où sera ton époux ».
 Il dit : Adam se calme ; il revient à lui-même,
Et s'adresse en ces mots au ministre suprême :
« O toi, qui que tu sois, noble habitant des Cieux !
» Tant d'éclat nous apprend ton titre glorieux ;
» Ah ! qu'en exécutant ta charge rigoureuse,
» Tu sais bien tempérer cette loi douloureuse !
» Sans un accent si doux, l'arrêt de notre sort
» Peut-être au même instant nous eût donné la mort.
» Eh ! quel plus grand malheur pouvais-tu nous apprendre
» Que le fatal décret que nous venons d'entendre ?
» O lamentable exil ! hélas ! nos yeux charmés
» A ces champs paternels étaient accoutumés.

» C'étaient nos derniers biens, nos délices dernières.
» Où fuir? où promener nos jours et nos misères?
» Hors d'ici, je ne vois que des déserts affreux :
» Ils nous sont étrangers, nous le sommes pour eux.
» Si je pouvais fléchir ce maître que j'adore,
» J'irais, je le prîrais, l'implorerais encore :
» Mais que pourraient mes vœux! hélas! il n'est plus temps
» C'est opposer mon souffle au souffle des autans;
» Et, frappant vainement son oreille indignée,
» Ma prière vers moi reviendrait dédaignée.
» Eh bien! je me soumets, j'obéis à mon Dieu;
» Mais ma plus grande peine, en quittant ce beau lieu,
» Ah! c'est d'être exilé de sa sainte présence.
» Du moins si je pouvais, pour charmer son absence,
» Revenir quelquefois dans ce séjour sacré!
» Partout où je l'ai vu, je l'aurais adoré;
» Des œuvres de ses mains, des bienfaits de sa grâce,
» Partout mon œil avide eût recherché la trace.
» A mes jeunes enfants, à mes côtés assis,
» Je l'eusse encor rendu présent par mes récits.
» Sur ce mont (rien n'en peut effacer la mémoire),
» O mes fils, leur dirais-je, il parut dans sa gloire;
» Parmi ces pins touffus nous ouïmes sa voix;
» Souvent il m'apparut dans l'ombre de ces bois;
» Au bord de cette source il reçut mon hommage.
» Des cailloux du ruisseau, des gazons du rivage,
» Je dresserais pour lui de rustiques autels :
» Mes mains y porteraient des tributs solennels;

» Et les plus belles fleurs, la myrrhe la plus pure,
» Offriraient leur encens au Dieu de la Nature.
» Mais dans mon lieu d'exil, froids et sombres climats,
» Où trouver sa présence, où rencontrer ses pas?
» Disgracié par lui, son courroux me renvoie.
» Que dis-je? à mes chagrins se mêle quelque joie :
» Il pardonne, il diffère un trépas mérité ;
» Il me permet de vivre en ma postérité.
» Si son courroux punit, sa clémence fait grace :
» De loin mon œil encor peut adorer sa trace,
» Et, dans ce monde obscur, du trône de mon roi,
» Quelques rayons encor peuvent tomber sur moi ».

« Bannis, répond Michel, une peur qui l'offense,
» Crois-tu qu'à ces jardins il borne sa présence?
» Non : son immensité remplit tout l'univers ;
» Il commande sur l'onde, il règne dans les airs ;
» Sur le globe terrestre étend sa main puissante ;
» Par lui respire l'Homme, et végète la plante ;
» Par lui de ce séjour l'empire t'est donné.
» Mais à ce cercle étroit crois tu qu'il soit borné ?
» Peut-être ton Éden, capitale du monde,
» Eût été le berceau de ta race féconde ;
» Et tes yeux auraient vu mille peuples divers
» Venir t'y reconnaître au nom de l'univers,
» Adorer leur monarque et révérer leur père.
» Tu perds avec Éden cet avenir prospère ;
» Ton crime t'a ravi ces destins triomphants.
» Dans un monde moins pur, toi, tes fils, leurs enfants,

» Ensemble foulerez une terre moins belle ;
» Mais ton Dieu t'y suivra, te prendra sous son aile,
» Et favorisera ta faible humanité
» Des rayons consolants de sa divinité.
» Pour te convaincre mieux, pour dissiper ta crainte,
» Avant que sur mes pas tu quittes cette enceinte,
» Je veux te dévoiler, moi, l'envoyé des Cieux,
» Quel destin attend l'Homme et ses derniers neveux ;
» De bonheur, d'infortune, incroyable mélange !
» Tu verras tour-à-tour le vice dans la fange,
» La vertu dans le Ciel, le bien auprès du mal ;
» Et l'empire céleste et l'empire infernal,
» Tour-à-tour s'arrachant, se cédant la victoire.
» Si tous ces grands tableaux restent dans ta mémoire,
» Ces spectacles frappants de triomphe et de deuil
» Par un utile effroi contiendront ton orgueil,
» T'apprendront à souffrir, dans ta mâle sagesse,
» Les biens sans insolence et les maux sans faiblesse,
» Et, d'un sort inconstant suivant en paix le cours,
» Tu marcheras tranquille au terme de tes jours.
» Vois ce mont élevé, c'est-là qu'il faut me suivre ;
» Et, tandis qu'en ce lieu ton épouse se livre
» Au sommeil que mes mains ont versé sur ses yeux,
» Viens connaître le sort que t'apprêtent les Cieux ».
  « Je ne balance point ; je te suis, sois mon guide,
» Lui répondit Adam ; ma constance intrépide
» Déjà court au-devant des maux que je prévois ;
» Quel qu'en soit le fardeau, j'en accepte le poids ;

» Et, dans ces durs sentiers marchant avec courage,
» J'arriverai sans crainte au terme du voyage ».

Tous deux au même instant s'avancent vers les lieux
Où le vaste avenir va s'ouvrir à leurs yeux.
Au sommet du jardin est une vaste plaine,
D'où l'œil, du monde entier possède le domaine :
C'est l'éternel séjour de la sérénité.
Moins fier de sa hauteur, moins brillant de clarté,
Était ce mont fameux où l'artisan du crime
Porta le fils de Dieu, quand du haut de sa cime
Il montrait à ses pieds les royaumes divers,
Et promettait le monde au Dieu de l'univers.

Ainsi les yeux d'Adam commandaient à l'espace.
Cependant aux tableaux que son regard embrasse,
Bientôt vont succéder des spectacles plus grands;
Mais il faut pour les voir des regards pénétrants.
L'Archange raffermit sa débile paupière;
Et pour la délivrer d'une vapeur grossière,
Il y verse le suc des puissants végétaux,
Et du fleuve de vie y mêle encor les eaux.
Adam voit la lumière, une rapide flamme
Court ainsi que ses yeux illuminer son âme?
Mais de tant de clarté son œil est ébloui;
Sa force l'abandonne, il tombe évanoui :
L'Ange lui tend la main, excite son courage,
L'anime, le relève, et lui tient ce langage :
« Regarde, Adam, et vois tous ces infortunés,
» Pour la faute d'un seul à jamais condamnés,

» Du crime paternel innocentes victimes :
» O que ce crime un jour doit enfanter de crimes ! »
   Adam regarde, et voit dans un champ spacieux,
Ici des moissonneurs l'essaim laborieux,
Là des troupeaux parqués en de gras pâturages,
Et des bornes déjà marquant les héritages ;
Au milieu s'élevait un autel de gazons ;
Des épis jaunissants, prémices des moissons.
Amassés au hasard par un avare maître,
Sont jetés à regret sur un autel champêtre :
Par ses longues sueurs son champ fut fécondé,
Et de sueur encor son front est inondé.
Un berger après lui, dans un maintien modeste,
Présentait en tribut à la faveur céleste,
L'élite du troupeau : sur des rameaux brûlants
Sa main a déposé les intestins sanglants ;
L'encens fume autour d'eux, les flammes dévorantes
Exhalent dans les airs des vapeurs odorantes :
Tout-à-coup l'éclair part, et, tombant sur l'autel,
Dit que son sacrifice est agréable au Ciel ;
Mais l'autre est moins heureux : dans sa jalouse rage,
Indigné que le Ciel préfère un autre hommage,
Il s'arme d'une pierre ; elle vole, et soudain
Du malheureux berger s'en va frapper le sein :
Le juste tombe, expire, immolé par l'envie,
Et son sang innocent s'échappe avec sa vie.
   Adam, à cet aspect, a frémi de terreur :
« O mon guide, dit-il, quelle indigne fureur,

» Sans respect des autels et du Dieu qu'elle encense,
» Sous ces coups meurtriers fait tomber l'innocence?
» Est-ce ainsi qu'aux vertus Dieu prête son appui : »
Son guide lui répond, non moins troublé que lui :
» Ces rivaux sont tes fils ; mais que leur sort diffère !
» Le juste est immolé par son coupable frère ;
» Sa jalouse fureur ne peut voir sans courroux
» Que Dieu sur son rival jette un regard plus doux.
» Mais de sa barbarie il portera la peine :
» Ce frère que tu vois, victime de sa haine,
» Couché dans la poussière et roulé dans son sang,
» Un jour saura que Dieu sait venger l'innocent ».
Alors Adam s'écrie : « O rage impitoyable!
» L'effet en est affreux, et la cause effroyable.
» Témoin infortuné d'un si funeste sort,
» Avant de la subir, j'ai donc connu la mort!
» Voilà par quel chemin! malheureux que nous sommes,
» A leur premier séjour reviendront tous les Hommes!
» O mort horrible à voir! combien plus à souffrir!
» Ah, qu'il est dur de vivre, et cruel de mourir! »
  L'Ange alors lui répond : « Rappelle ton courage;
» De la première mort tu vois ici l'image;
» Ce spectacle sanglant fait frémir de terreur;
» Mais toujours le trépas n'inspire point l'horreur :
» A son triste séjour tout Homme doit se rendre,
» Mais par divers chemins Dieu les y fait descendre;
» Ce qu'ont de plus affreux ces demeures de deuil,
» C'est leur funèbre entrée et leur lugubre seuil.

» Tous ont le même but, leur route est différente ;
» L'un meurt, avant le temps, d'une mort violente ·
» Dans les feux, dans les eaux plusieurs trouvent leur fin ;
» Plusieurs vont expirer victimes de la faim :
» Combien plus expîront leur folle intempérance !
» De là, des maux humains sort la famille immense ;
» Ève en donna l'exemple, et ces maux triomphants
» En foule vont punir ses malheureux enfants.
» Viens, perce des douleurs l'asile lamentable ;
» Vois des infirmités l'essaim épouvantable,
  Sous mille aspects hideux, en des murs dévorants,
» De l'haleine des morts infecter les mourants :
» C'est là, c'est dans ces lieux, leurs sinistres domaines
» Que vont s'accumuler les souffrances humaines,
» La rage aux yeux hagards, le délire effréné,
» Le vertige troublant l'esprit désordonné,
» La colique tordant les entrailles souffrantes,
» Les ulcères rongeurs, les pierres déchirantes,
» Et la triste insomnie, au teint pâle, à l'œil creux,
» Et la mélancolie au regard langoureux ;
» La toux, l'asthme essoufflé, dont la fréquente haleine
» Par élans redoublés entre et sort avec peine ;
» Et l'enflure hydropique, et l'étique maigreur,
» Et des accès fiévreux la bouillante fureur ;
» L'évanouissement, la langueur défaillante,
» Et la goutte épanchant son âcreté brûlante,
» Et du catarrhe affreux les funestes dépôts,
» Et la peste, qui seule égale tous ces maux.

» Vois tous ces malheureux en proie à leur ravage,
» Se tordre de douleur, et se rouler de rage.
» Que de pleurs ! que de cris ! que de gémissements !
» Chaque sexe a ses maux, chaque âge a ses tourments.
» Les angoisses, l'effroi, le désespoir farouche,
» Errent de lit en lit, volent de bouche ;
» L'horrible Mort les suit ; le fantôme inhumain
» Suspend sur eux le dard qu'il balance en sa main,
» Et, cent fois invoqué comme un abri propice,
» En différant ses coups, prolonge leur supplice.
» Hélas ! en contemplant cet amas de douleurs,
» Quel barbare mortel ne répandrait des pleurs ? »
 Quoiqu'il soit né de Dieu, qu'il n'ait rien de la femme,
Adam à tant de maux sent succomber son âme :
Il gémit, il soupire, il regarde les Cieux,
Et des torrents de pleurs s'échappent de ses yeux :
Enfin, donnant passage à sa voix douloureuse,
Il s'écrie : « O destin ! ô race malheureuse !
» Cessez, affreux tourments ! Mort, viens nous secourir !
» Vivre si malheureux, c'est trop long-temps mourir.
» Pourquoi, si de la coupe il faut boire la lie,
» Nous donner, ou plutôt nous imposer la vie ?
» N'a-t-il donc réuni nos frêles éléments,
» Que pour les séparer par l'excès des tourments ?
» S'il prévoyait les maux semés dans sa carrière,
» Ah ! l'Homme épouvanté s'enfuirait en arrière !
» O Dieu ! qui les créas, quels que soient ses forfaits,
» Devais-tu sur son front déshonorer tes traits ?

» Lui qui, vers son auteur lève un regard sublime,
» Ne l'as-tu donc paré que comme une victime ? »

« Tu te trompes, Adam ; non, répondit Michel.
» Tu n'as plus rien de lui ; non, l'Homme criminel,
» De son antique rang dégradé par sa chute,
» En s'éloignant de Dieu s'approcha de la brute.
» Le jour qu'il écouta son appétit grossier,
» Dieu de l'Homme avili disparut tout entier.
» Non, non, ce n'est plus lui, ce n'est plus son image ;
» Ce sont tes propres traits que la douleur outrage ».

« Eh bien ! répond Adam, je me soumets au Ciel :
» J'irai, je rentrerai dans le sein maternel.
» Mais pourquoi cette mort dont l'horreur me repousse ?
» N'est-il donc point vers elle une route plus douce ?
» Ne pouvait-on l'offrir sous des traits moins hideux ?

« Eh bien ! dépouille-la de cet aspect affreux,
» Répond l'hôte divin ; crains tout excès funeste,
» Conduis la tempérance à ta table modeste ;
» Permets-lui de régler, dans ton sobre festin,
» Ta boisson et tes mets sur ta soif et ta faim.
» Tes jours seront plus longs, ta mort sera plus douce
» Et quand l'heure viendra, sans douleur, sans secousse,
» Réclamé par la Terre, et marqué par le Ciel,
» Content, tu rentreras dans le sein maternel,
» Pareil à ce fruit mûr qui tombe dans l'automne,
» Ou qui, sans résistance, à la main s'abandonne.
» Ce temps c'est la vieillesse : alors seront flétris
» La fleur des jeunes ans et leur frais coloris ;

» Ton corps s'affaiblira ; de ses sillons arides
» Sur toi l'âge au front chauve imprimera les rides ;
» Le plaisir glissera sur tes sens émoussés ;
» Tout ton sang appauvri dans ses canaux glacés,
» Ne s'humectera plus du baume de la vie ;
» L'âme, l'âme elle-même, affaissée et flétrie,
» Perdra la douce joie et les jeunes désirs,
» L'avenir son espoir, le présent ses plaisirs ».

« C'en est fait, dit Adam, et puisque la Nature
» Nous impose en naissant une charge si dure,
» Mon âme désormais de mes pénibles jours
» Ne veut éterniser ni prolonger le cours :
» Alléger, supporter le fardeau de la vie,
» La perdre sans regret ; voilà ma seule envie ».

« Il ne faut, dit Michel, l'aimer ni la haïr :
» Le désespoir accable, et l'espoir peut trahir :
» Malheureux qui la craint, imprudent qui s'y livre !
» Tandis que tu vivras, souviens-toi de bien vivre.
» C'est assez : laisse au Ciel, arbitre de tes jours,
» Le soin de prolonger ou d'abréger leur cours.
» Un spectacle plus doux maintenant te rappelle ».

Il dit ; et, remplissant cette scène cruelle,
Un tableau plus riant vient charmer ses douleurs :
Il voit des pavillons de diverses couleurs ;
Autour d'eux, des brebis, des génisses superbes,
Broutaient nonchalamment l'émail fleuri des herbes.
Ailleurs, remplissant l'air de sons harmonieux,
Résonnaient le hautbois, le luth mélodieux.

Un mortel paraissait, qui, plus habile encore,
Laissait errer sa main sur le clavier sonore;
Un autre, de la harpe interrogeant la voix,
Parcourt ses fils légers de ses rapides doigts;
Il presse, il ralentit ses mesures savantes,
Remonte, redescend, et de ses mains brillantes,
Variant, nuançant, entrelaçant les tons,
Forme, sans les confondre, un dédale de sons.

 Ailleurs, le feu gémit dans la forge brûlante,
Le marteau retentit sur l'enclume pesante,
Et d'un noir forgeron l'infatigable main
Dompte le fer rebelle, et façonne l'airain;
Soit que, dans les vallons, sur le haut des montagnes,
Dévorant les forêts, ornement des campagnes,
Le feu les ait fondus, et de ses noirs canaux,
Par la bouche d'un antre ait vomi ces métaux;
Soit que, précipitant ses ondes souterraines,
Un torrent ait lancé leur masse dans les plaines;
Du liquide métal, dans des creux préparés,
Coulent à gros bouillons les ruisseaux épurés:
L'ouvrier a formé de leur lave durcie
Le tranchant de la hache et la dent de la scie;
Le reste, façonné par un art tout nouveau,
Est forgé dans les feux, sculpté par le ciseau.

 Alors, de la montagne, une race plus belle
Descend dans les vallons, ces hommes pleins de zèle,
Partout des arts sacrés vont répandre le feu;
Et l'amour des humains, et le culte de Dieu.

Adam les suit de l'œil, quand de leurs riches tentes
Sortent mille beautés de jeunesse éclatantes;
Leurs légers vêtements brillent de pourpre et d'or,
Et leurs jeunes attraits les parent mieux encor.
Elles dansaient en chœur, chantaient, touchaient la lyre
Ravis à leur aspect, ces sages qu'on admire,
Le desir dans le cœur, le feu dans les regards,
Ont oublié les Cieux, la Nature et les Arts.
Soudain chacun choisit la beauté qui l'enflamme,
Chacun au doux plaisir abandonne son âme,
Jusqu'à l'heure où du soir brille l'astre amoureux.
De leur rapide hymen l'amour hâte les nœuds;
L'hymen déifié dans ces âges antiques,
Pour la première fois entendit des cantiques;
Des banquets sont dressés; la flûte, le hautbois,
Et le bruit de la danse, et le concert des voix,
Des époux fortunés célèbrent les conquêtes :
Chaque couple est heureux, chaque tente a ses fêtes.

En voyant leurs plaisirs, leurs folâtres ardeurs,
Ces danses, ces banquets, ces festons et ces fleurs,
(Des molles voluptés que ne peuvent les charmes!)
Adam sent tout-à-coup dissiper ses alarmes.
« O toi! par qui j'ai lu dans les secrets des Cieux,
» Par quels riants tableaux tu consoles mes yeux!
» Ah! mon cœur, dit Adam, se rouvre à l'espérance!
» Tu ne m'avais montré que terreur, que vengeance,
» Le trépas, la douleur plus horrible que lui;
» Mais enfin à mes yeux un jour plus doux a lui,

» Et du bonheur perdu je retrouve l'image ».

Le Séraphin l'arrête, et lui tient ce langage :
« O toi ! sans ton péché, de ce Dieu qui t'a fait
» Le chef-d'œuvre sublime et le brillant portrait,
» Crains à ces faux dehors de te laisser séduire ;
» Ces asiles si doux de l'amoureux délire,
» Des chants harmonieux, des molles voluptés,
» Par le vice et le crime, ils seront habités ;
» Là, doivent naître un jour des mortels sanguinaires,
» Qui souilleront leur main du meurtre de leurs frères
» Les beaux-arts, il est vrai, délices des humains,
» Seront l'ouvrage heureux de leurs savantes mains ;
» Mais de leur fol orgueil l'aveugle ingratitude,
» Des dons brillants du Ciel, rendra grâce à l'étude ;
» Et, craignant d'un bienfait l'humiliant aveu,
» Saura tout, excepté ce qu'elle doit à Dieu.

» La beauté cependant distinguera leur race ;
» Ces femmes que tu vois si brillantes de grace,
» Dont les amis de Dieu font leurs divinités,
» Dédaignant de l'hymen les chastes voluptés,
» Au bonheur domestique, à ses paisibles scènes,
» Préfèreront l'éclat des vanités mondaines ;
» Pour elles embrasés d'un impudique feu,
» Ces sages honorés du nom d'hommes de Dieu
» A leurs trompeurs attraits immoleront leur gloire ;
» Mais que de maux suivront cette indigne victoire ! »

Il dit ; Adam gémit, et pleure amèrement,
Replongé dans ses maux, le plaisir d'un moment.

« O honte, disait-il, par quelle erreur funeste
» L'ami de la vertu, de son sentier céleste,
» Détourne-t-il ses pas, lui qu'elle a su charmer?
» Peut-on l'avoir connue, et ne la plus aimer?
» Ah! la femme a goûté le fruit illégitime,
» Hélas; et tous les maux sont sortis de son crime! »
 « Cesse de l'accuser, répond l'hôte du Ciel:
» L'Homme indocile et faible est-il moins criminel?
» Non; aux lois de son maître il dut être fidèle;
» Il se fit malheureux en devenant rebelle.
» Regarde maintenant un spectacle nouveau ».
 Adam se tourne et voit, dans un mouvant tableau,
Le domaine des rois, leurs campagnes fertiles,
La hauteur de leurs tours, la pompe de leurs villes;
Des princes, des héros, par la fureur armés;
Leur taille est gigantesque, et leurs yeux enflammés.
Les uns lancent des traits, de leur coursier farouche
D'autres guident la fougue et gourmandent la bouche;
Cavaliers, fantassins, s'élancent au combat;
Là, lutte corps à corps soldat contre soldat;
Ici, des rangs pressés la file se déploie.
 Cependant des guerriers, pleins d'une horrible joie,
En triomphe amenaient de superbes taureaux,
De timides brebis, et leurs jeunes agneaux
Qui, ravis par la force aux campagnes fleuries,
Se plaignaient, en bêlant, de quitter leurs prairies.
Les bergers en fuyant jettent des cris affreux :
On vole à leur secours; les deux partis entre eux

Engagent la mêlée ; on attaque, on repousse ;
Ces prés, dont les troupeaux foulaient en paix la mousse,
Se couvrent de débris, de corps ensanglantés,
Et n'offrent qu'un désert aux yeux épouvantés.
Un siége affreux succède à l'horreur des batailles ;
Les uns, l'échelle en main, menacent les murailles ;
D'autres vont, s'avançant par des chemins obscurs ;
Et du bélier tonnant d'autres battent les murs.
L'assiégé se défend, fait pleuvoir sur leur tête
De pierres et de traits une horrible tempête,
Et, du haut des remparts, un torrent sulfureux
Inonde l'ennemi d'un déluge de feux ;
Des deux côtés la mort, des deux côtés la rage.
Cependant des hérauts graves, blanchis par l'âge,
Aux portes de la ville, un sceptre dans la main,
S'assemblent en conseil ; un belliqueux essaim
Se joint à ces vieillards ; on parle, on délibère,
Quand tout-à-coup rugit la fureur populaire.
Un sage alors paraît, dont la maturité
A passé son printemps, et touche à son été :
Il leur parle de lois, d'ordre, d'obéissance,
D'un Dieu vengeur du crime, appui de l'innocence.
Chacun, jeune et vieillard, l'écoute avec dédain ;
Contre lui la fureur armait déjà leur main,
Lorsque, pour l'enlever à leur aveugle rage,
La faveur du Très-Haut fait descendre un nuage.
Adam, à cet aspect, gémit, verse des pleurs :
« Quels sont donc ces mortels enivrés de fureurs ?

» Le trépas en tous lieux suit leurs drapeaux sinistres ;
» De la destruction sont-ils donc les ministres ?
» Quels monstres sont cachés sous un visage humain ?
» Eh quoi ! l'Homme, de l'Homme est le lâche assassin !
» Le frère égorge un frère ! ô crime ! ô barbarie !
» Mais quel est ce mortel sauvé de leur furie ? »

L'Ange alors lui répond : « Tu sais quels tristes nœuds
» Ont joint un peuple impie à des mortels pieux,
» Le mal avec le bien ; la discorde fatale
» Est le fruit monstrueux de leur chaîne inégale.
» De leur hymen sont nés de barbares mortels,
» L'un de l'autre en naissant ennemis criminels.
» C'est de là que naquit la Victoire sanglante,
» L'affreuse Ambition, et les maux qu'elle enfante ;
» La fureur, à son char enchaînant le malheur,
» La rage, s'honorant du beau nom de valeur.
» Les voilà, ces vainqueurs si chers à la mémoire,
» Dont le père à son fils racontera la gloire ;
» Ces grands triomphateurs, ces célèbres héros,
» Protecteurs des humains, ou plutôt leurs bourreaux ;
» Ces dieux, enfants des dieux, objets d'un fol hommage,
» Consacrés par le meurtre, et grands par le ravage,
» Jusqu'à ce que leurs noms cruellement fameux
» Dans la nuit du tombeau soient replongés comme eux.
» Ce sage, l'un des fils de ta septième race,
» Qu'assiégeait une vile et folle populace,
» Était ami de l'ordre, et seul juste entre tous ;
» Lui seul il opposait à leurs flots en courroux

» Les lois, l'ordre, et ce Dieu dont l'équité profonde,
» Un jour, du haut des Cieux, viendra juger le monde :
» Aussi Dieu, tu l'as vu, propice à l'homme pur,
» L'a couvert à tes yeux d'un nuage d'azur,
» Et des coursiers ailés l'ont porté dans son temple,
» Où, sans cesse présent, sans cesse il le contemple,
» Et vainqueur du tombeau, triomphant du destin,
» Dans une coupe d'or bois des plaisirs sans fin.
» Tu vois quel prix le Ciel réserve à l'innocence ;
» Du crime maintenant apprends la récompense ».

 Alors une autre scène est ouverte à ses yeux ;
La douce paix revient : de ses cris furieux,
La guerre au front d'airain, à la voix de tonnerre,
A cessé tout-à-coup d'épouvanter la terre.
Partout règnent les jeux, les danses et les ris ;
La débauche insensée enflamme leurs esprits ;
Le plaisir effréné, la passion brutale,
Offrent de toutes parts des scènes de scandale :
De l'hymen au hasard les gages sont donnés ;
L'ivresse irrite encor leurs sens désordonnés ;
Le desir, sur sa proie, arrête un œil avide ;
L'emportement choisit, et le moment décide ;
L'adultère en courant forme des nœuds nouveaux :
Bientôt tous ces amants deviennent des rivaux.

 Alors vient un vieillard qui, d'une voix austère,
Accuse la fureur, gourmande l'adultère :
De leur lâche licence il a vu les excès,
Et leur triomphe obscène, et leurs impurs banquets.

Il leur montre le Ciel prêt à les mettre en poudre,
Et sur leur front coupable il fait gronder la foudre.
Vains efforts! Il les livre à leurs affreux destins;
Gagne un antique mont ombragé de vieux pins;
Et d'une arche flottante ordonnant la structure,
Il prescrit sa largeur, sa hauteur, sa figure.
L'arche à sa voix s'élève, et dans ses flancs pressés
A reçu des saisons les tributs amassés;
Par couples réunis dans son enceinte heureuse,
Des animaux divers la famille nombreuse,
Tout-à-coup, au signal de ce mortel chéri,
Contre les flots vengeurs vient chercher un abri.
Le vieillard à son tour, ses enfants, leurs épouses,
Viennent prendre leur place. Au choc des eaux jalouses,
Dieu même a mis un frein. Tout-à-coup les autans
Vont poussant devant eux les nuages flottants;
De moment en moment leurs noirs amas s'augmentent;
De leurs sombres vapeurs les monts les alimentent;
Le Soleil s'est voilé, l'ombre croît, le jour fuit;
Tout le Ciel embrasé n'est qu'une immense nuit:
Il s'ouvre; et, s'échappant de ses voûtes profondes,
Tous les torrents des airs précipitent leurs ondes;
Les vallons sont comblés, et les monts sont couverts.
La nef en bondissant s'élève dans les airs;
La mer en vain l'assiége, et le vent la tourmente;
Ile vogue, elle insulte à la vague écumante;
Tout s'abîme alentour; les nuages errants
Versent fleuve sur fleuve, et torrents sur torrents:

Tout n'est plus qu'une mer, une mer sans rivage.
Où des rois habitaient, flotte un monstre sauvage.
En foule amoncelant dans le même cercueil
Les hommes, leurs trésors, leurs projets, leur orgueil,
L'onde, attendant le feu, purge un monde profane.
La cité, le hameau, le palais, la cabane,
L'Homme, les animaux, par les vagues surpris,
L'abîme engloutit tout ; et, dans ces grands débris,
Seul protégé du Ciel, seul triomphant de l'onde,
Un frêle esquif contient l'espérance du monde.

En voyant ce désastre et ce fléau vengeur,
O père des humains, quelle fut ta douleur!
Que dis-tu quand tu vis ta race anéantie,
La Nature en ruine, et la Terre engloutie?
A cet affreux aspect, ton cœur frémit d'effroi ;
Tous les malheurs des tiens semblent peser sur toi:
Et, portant dans ton cœur la plus noire tempête,
Ce déluge de maux tombe entier sur ta tête.
Son guide toutefois, par des mots consolants,
S'empresse d'adoucir ces tableaux désolants :
Il l'exhorte, il lui tend une main secourable,
S'il reste des secours pour son sort déplorable.
Adam tremble, gémit, et s'écrie en ces mots :
« Oh! pourquoi me montrer ce long tissu de maux!
» Dieu! que ne laissais-tu dans une nuit obscure,
» De moi, de mes enfants, la ruine future?
» N'avais-je pas assez de mon propre malheur?
» Sort affreux, qui, toujours présent à ma douleur,

» Rends mes jours si cruels, mon sommeil si pénible?
» Et voilà maintenant, ô perspective horrible!
» Que, souffrant par les miens les maux que je prévoi,
» Des siècles de tourments s'en vont peser sur moi!
» Vois quelle est ma douleur, Dieu juste que j'implore
» Je pleure des malheurs qui ne sont pas encore.
» Pourquoi prévoir, hélas! des maux qu'on ne peut fuir?
» Deviner ses douleurs, c'est déjà les sentir :
» Où l'espoir est perdu la prévoyance est vaine.
» Que dis-je? en ce tombeau de la nature humaine,
» A qui puis-je adresser mon impuissante voix?
» Peut-être sous les eaux tout périt à la fois?
» Ou, si quelqu'un des miens survit à ce naufrage,
» Il va de roc en roc, sur quelque mont sauvage,
» Poursuivi par l'effroi, dévoré par la faim,
» Par un affreux trépas terminer son destin.
» Hélas! j'avais pensé que, lorsqu'enfin la guerre
» Aurait éteint ses feux et calmé son tonnerre,
» L'Homme chérirait l'Homme, et d'une longue paix
» Pourrait en cheveux blancs recueillir les bienfaits.
» Que je suis détrompé de mon erreur profonde!
» Voilà que la paix même ensanglante le monde,
» Et déjà de la guerre égale les fléaux.
» O mon guide! apprends-moi la source de ces maux,
» Et si de tous les miens la race est condamnée ».

« De l'Homme, répond-il, apprends la destinée.
» Ces mortels, de plaisirs et de luxe enivrés,
» Naguère, dans les camps, de carnage altérés,

» Tu les vis affronter et le fer et les flammes ;
» Mais l'honneur véritable était loin de leurs âmes :
» Vainqueurs, comblés de gloire et de meurtres souillés,
» Emportant les débris des vaincus dépouillés,
» Bientôt tu vis tomber leur orgueilleuse ivresse
» Du char de la victoire au lit de la mollesse.
» Les loisirs ont produit les troubles, les forfaits,
» Et la discorde éclate au milieu de la paix.
» Abandonnés de Dieu, dans un lâche esclavage
» Les vaincus ont perdu leurs mœurs et leur courage :
» Leur orgueil indolent, sous des tyrans pervers,
» Parmi de faux plaisirs, dormira dans les fers ;
» Car l'excès du bonheur corrompra la sagesse,
» Et le luxe insolent naîtra de la richesse.
» Alors l'homme avili, de vices infecté,
» Oubliera Dieu, les lois, les devoirs, l'équité ;
» Quand tout-à-coup, au sein de cette nuit profonde,
» Un fils de la lumière, apparaissant au monde,
» Fera la guerre au vice, instruira l'univers,
» Et seul marchera pur au milieu des pervers.
» Ferme dans sa carrière, il foule aux pieds la haine,
» La honte, les tourments, les plaisirs et la peine ;
» Il fait rougir le crime, il éclaire l'erreur,
» Jette au cœur de l'impie une sainte terreur,
» Montre à tous la justice, et cette étroite voie
» Où marchent la vertu, l'innocence et la joie.
» On l'insulte, on l'écoute avec un ris moqueur ;
» Mais Dieu, dont le regard lit au fond de son cœur,

» Vengera ses mépris : par son ordre suprême,
» Une arche enfermera ses enfants et lui-même ;
» Et quand, pour repeupler un meilleur univers,
» Lui, les siens, et le choix des animaux divers,
» Se seront retirés dans l'arche protectrice,
» Alors d'un Dieu vengeur exerçant la justice,
» Ces vastes réservoirs, cataractes des Cieux,
» Verseront jour et nuit leurs torrents pluvieux.
» Éden même aura part à cet affreux ravage :
» Adieu le mont divin, et le sacré bocage !
» Son fleuve, s'élançant dans les champs inondés,
» Ravagera les lieux qu'il avait fécondés ;
» Au lieu des bois, des fleurs qui paraient cet asile,
» Les flots en s'éloignant ne laisseront qu'une île
» Triste, inculte et déserte ; et les monstres des eaux
» De ses bords sans honneurs fouleront les roseaux.
» Mais contemple, il est temps, de plus douces images ».
    Adam regarde, et voit s'apaiser les orages ;
Les vents changent ; les flots, déjà moins furieux,
S'abaissent lentement, redescendent des Cieux.
Les nuages ont fui devant le froid Borée ;
Dans un lit plus étroit la mer s'est resserrée ;
La vague s'aplanit, et l'humide séjour,
Comme un vaste miroir, renvoie au loin le jour ;
Le Soleil à longs traits boit les eaux qu'il attire,
L'onde silencieuse à pas lents se retire ;
La Terre dans son sein rappelle ses ruisseaux,
Et les torrents des Cieux ont suspendu leurs eaux.

Tout se tait, le vaisseau, long-temps jouet de l'onde,
Enfin vient d'arrêter sa course vagabonde,
Et, tel qu'un roc debout sur les hauteurs d'Athos,
Demeure suspendu sur la pointe des flots.
Cependant, par degrés, de l'orageux abîme,
Les bois lèvent leur front, les montagnes leur cime :
Pareils à ces écueils élevés sur les mers,
Leurs flancs sont sous les eaux, leur tête est dans les airs;
Et les derniers torrents, précipitant leur onde,
Tombent dans l'Océan, qui recule et qui gronde.

Hors de l'arche bientôt le corbeau prend l'essor;
Après lui, messager plus diligent encor,
Le pigeon part, va, vient, cherche dans la Nature,
Pour reposer son vol, un reste de verdure,
Repart, gagne en volant le toit hospitalier,
Et porte dans son bec un rameau d'olivier,
Du retour de la paix témoignage fidèle.
La Terre sort des eaux; la flottante nacelle
Lui rend l'heureux vieillard, et ceux qu'il a sauvés.
Les mains et les regards vers le Ciel élevés,
Il rend grâce au Très-Haut; alors un beau nuage
De la faveur des Cieux annonce un nouveau gage.
Humide encor de pluie, aux rayons du Soleil,
D'une triple couleur il peint son arc vermeil.
A l'éclat radieux que son cintre déploie,
L'heureux Adam respire, et tressaille de joie.
« J'en crois le Ciel, dit-il; non, nous ne mourrons pas
» L'Homme et ces animaux échappés du trépas,

» Repeupleront la Terre ; ils vivront, et ta grâce
» Jusqu'à la fin des temps perpétûra leur race.
» Par un Dieu juste et bon le monde est éprouvé :
» Les méchants ont péri, mais un sage est sauvé.
» Il désarma le Ciel ; oui, sa rage féconde
» Va consoler la Terre, et réparer le monde.
» Mais que peut annoncer cet arc éblouissant,
» Où brille la splendeur de l'être Tout-Puissant ?
» Il en a la douceur et la magnificence ;
» Son cercle, qui des Cieux parcourt la voûte immense,
» Ne nous apprend-il pas que par lui l'Éternel
» A renfermé les eaux dans les sources du Ciel ? »

« Tu ne te trompes pas, répond l'Esprit céleste :
» Dieu d'un courroux mourant dépouille enfin le reste :
» Dieu regarda la Terre ; il vit du haut des Cieux
» Régner insolemment le vice audacieux :
» Son cœur se repentit, il brisa son ouvrage ;
» Il punit les pervers, mais il protége un sage,
» Et, déposant pour lui son tonnerre irrité,
» Lui permet de revivre en sa postérité.
» Non, les torrents des Cieux et les eaux de la Terre
» Au monde renaissant ne feront plus la guerre ;
» Lui-même l'a promis. Alors que dans les Cieux
» Cet arc aux trois couleurs viendra luire à tes yeux,
» Que ce lien brillant à ton esprit rappelle
» De la Terre et du Ciel l'alliance nouvelle.

» La lumière et le jour, les ans et les saisons,
» Le temps de la semence et celui des moissons,

» Tous les astres des Cieux suivront en paix leur course
» Jusqu'à l'heure où le feu, s'échappant de sa source,
» Dévorera le monde. Alors, de son tombeau,
» Ton Dieu fera sortir un univers plus beau,
» Des Cieux plus épurés, une Terre nouvelle,
» Et d'un peuple d'élus la demeure éternelle ».

FIN DU LIVRE ONZIÈME.

REMARQUES

SUR LE LIVRE ONZIEME.

Presque tous les critiques ont regardé ces deux derniers chants comme inférieurs à ceux qui les précèdent, cependant ils renferment de grandes beautés. Ce ne sont plus ces magnifiques descriptions qui ont fait parcourir au lecteur l'Enfer, le Vide, le Chaos, le Ciel, séjour de la félicité, théâtre du combat des Anges, la Terre encore vierge et pure, et profanée par le crime de nos premiers pères : mais ici Milton nous offre encore un spectacle très-intéressant ; le premier exercice de la justice et de la miséricorde divine sur les premiers coupables. Ce tableau est à la fois touchant et sublime. Ce chant commence par une magnifique allégorie empruntée de l'Apocalypse ; c'est cette belle image de la prière montant vers le Ciel, déposée sur l'autel propitiatoire, embaumée par les mains du Christ, à la fois pontife et intercesseur pour l'Homme auprès de son père. Son discours répond parfaitement au caractère de clémence que Milton lui a donné.

Milton a peint avec un grand intérêt le réveil des

deux époux coupables, après la nuit cruelle qui a suivi leur crime. Les idées de consolation et d'espérance dont Ève malheureuse entretient son époux, font mieux ressortir, par le contraste, les malheurs prêts à fondre sur eux. Le poète a choisi avec un art infini les symptômes qui les annoncent. Au moment même où Ève exprime ses espérances, elle voit un aigle fondre du haut des airs sur de faibles oiseaux, un lion poursuivre de jeunes faons : signes effrayants de la dégradation de la Nature. Adam l'en avertit par ces vers si pathétiques :

Chère Ève, tu le vois, du céleste courroux,
Quand l'Éternel se tait, tout parle autour de nous ;
Par des signes affreux le monde le proclame,
Et le cri de la Mort retentit dans mon âme.

Bientôt le Soleil se voile du côté de l'orient, tandis qu'à l'occident un groupe de nuages lumineux vient déposer majestueusement sur la montagne sainte, Michel et la milice céleste, chargés d'exécuter les ordres de la justice divine. Ce contraste est du plus admirable effet. On ne peut trop admirer non plus la peinture que Milton a tracée du principal ministre de ses vengeances. Ce n'est plus la douceur et l'affabilité familière avec laquelle Raphaël avait abordé et entretenu, sous leurs berceaux, les deux époux encore innocents : Michel leur apparaît en habit guerrier, garde la dignité sévère de son rang et de ses emplois. La peinture de son costume militaire est de la plus belle poésie : j'ai redoublé d'efforts pour ne pas l'affaiblir ; ces détails étant de ceux pour lesquels notre poésie a le moins de ressources.

C'est ici que se trouve un des plus admirables morceaux du poëme, je veux dire le discours que prononce chacun des deux époux, après avoir entendu l'arrêt de leur exil. Le caractère différent des deux sexes y est merveilleusement conservé. Ève, dans un discours d'une tendresse admirable, dit adieu à son jardin, à ses fleurs, objets de ses plus doux soins, et surtout au lit nuptial qu'elle aimait à parer dans des temps plus heureux. Adam salue pour la dernière fois, non pas un lieu de délices, mais celui où les Anges et Dieu même avaient daigné le visiter ; il voudrait pouvoir y revenir encore quelquefois pour y chercher la trace de ses pas, le souvenir de ses bienfaits, pour reconnaître, pour montrer à ses enfants les lieux où il l'a honoré de sa présence et de ses consolants entretiens. On ne trouvera dans aucun autre poëme une peinture plus nouvelle, plus touchante et plus vraie.

A l'exemple de Virgile et de quelques-uns de ses imitateurs, Milton suppose que Michel découvre au premier Homme sa destinée future et celle de sa postérité. Je me permettrai une objection sur la manière dont cette vision est préparée. Michel, après avoir fait, pour éclaircir ses yeux, un collyre d'une plante nommée vulgairement la rue, ne manque pas d'ennoblir ce remède en y mêlant quelques gouttes de l'eau du fleuve de vie : l'efficacité du remède passe des yeux jusqu'à l'âme. Un moment de défaillance fait bientôt place à une vigueur nouvelle. C'est dans cet état que Milton place Adam sur le haut d'une montagne, d'où il doit voir tous les lieux et tous les temps. Il en donne une idée très-poétique en la comparant à ce mont.

...... Où l'artisan du crime
Portant le fils de Dieu, quand, du haut de sa cime
Il montrait à ses pieds les royaumes divers,
Et promettait le monde au Dieu de l'univers.

Peut-être pourrait-on chicaner Milton sur la justesse de cette fiction. Si c'est par la pensée qu'Adam doit embrasser ce grand spectacle, par une vision surnaturelle, pourquoi le placer sur cette élévation? Ce n'est pas d'une montagne qu'on découvre l'avenir. Si c'est à sa vue matérielle que doit se déployer ce grand tableau, quels yeux mortels peuvent suffire au spectacle de tous les temps et de tous les lieux? Tous les collyres du monde ne peuvent suffire à un pareil effort. Virgile et Voltaire ont employé une fiction plus vraisemblable. C'était une opinion reçue chez les anciens, que les âmes de ceux qui devaient un jour habiter la terre, erraient ensemble dans les Champs-Élysées. Anchise les montre à Énée du haut de la colline où il le conduit, et la colline de Virgile l'emporte de beaucoup en vraisemblance sur la montagne de Milton. La vision que Saint-Louis envoie à Henri IV, durant son sommeil, me paraît aussi d'un merveilleux mieux imaginé. Mais où Milton a une véritable supériorité, c'est dans la variété et dans l'intérêt des objets présentés aux yeux du premier Homme; ses prédécesseurs ne montrent dans le tableau de l'avenir que l'histoire d'un seul peuple et d'un petit nombre de générations: ici c'est celle de tous les peuples et de tous les âges, de leurs vices et de leurs vertus, de leur naissance, de leurs progrès, de leur dégénération, des malheurs de la guerre, de la corruption de la paix, de la naissance des arts agréables et utiles, et enfin du plus sublime et du plus consolant des mystères, de la rédemption du Genre humain.

Le premier spectacle qui vient frapper Adam e du plus grand intérêt; c'est celui de la première mort et cette mort est celle d'un de ses fils immolé par son frère. Je suis surpris qu'Addison ait oublié une circonstance aussi intéressante.

La seconde peinture est celle d'un hospice de malades, où viennent se réunir toutes les infirmités humaines : cette idée est belle et poétique, mais faiblement exécutée ; c'est une nomenclature assez aride des maux qui affligent l'humanité ; j'ai tâché d'en renforcer les couleurs. Tous ceux qui connaissent le dédain de notre langue pour de pareilles descriptions, sentiront combien il était difficile d'exprimer en vers, d'une manière supportable, la frénésie, les rhumes, l'asthme, la colique, les ulcères, la pierre, la goutte et les catarrhes, etc. C'est mal à propos que Milton a placé la peste sans la faire ressortir dans la foule de autres infirmités humaines ; qu'il a séparé l'hydropisie de l'étisie, qui, rapprochées, forment un contraste naturel. Peut-être me permettra-t-on de croire que les idées de Milton ont gagné quelque chose dans les vers suivants :

La rage aux yeux hagards, le délire effréné,
Le vertige troublant l'esprit désordonné,
La colique tordant les entrailles souffrantes,
Les ulcères rongeurs, les pierres déchirantes,
Et la triste insomnie, au teint pâle, à l'œil creux,
Et la mélancolie au regard langoureux ;
La toux, l'asthme essoufflé, dont la fréquente haleine
Par élans redoublés, entre et sort avec peine ;
Et l'enflure hydropique, et l'étique maigreur,
Et des accès fiévreux la bouillante fureur ;

L'évanouissement, la langueur défaillante,
Et la goutte épanchant son âcreté brûlante,
Et du catarrhe affreux les funestes dépôts,
Et la peste, qui seule égale tous ces maux.

Rien n'est plus pathétique que l'expression de la douleur d'Adam, à l'aspect des maux qui affligent l'humanité. La réponse de Michel est pleine de douceur et de la plus consolante morale.

Les scènes qui suivent sont de la plus admirable variété, et présentent des contrastes les plus heureux. A la peinture de ces fléaux désolants, il oppose celle de la beauté, de l'amour, des festins et des danses. Vient ensuite l'image des premières guerres, des batailles et des siéges ; des délices de la paix, de la corruption et des divisions qu'elle enfante ; des vengeances divines, du déluge ; de l'arche, seule échappée au naufrage du monde ; du retour de la sérénité, et de la Nature renaissante : Tous ces tableaux sont de la plus riche poésie. La situation d'Adam, à la vue du grand désastre de la Nature, de sa postérité presque entièrement anéantie, est exprimée dans les termes les plus pathétiques, et l'exécution est digne de son sujet.

J'oubliais de remarquer que, mal à propos peut-être, Milton, en peignant les progrès de la civilisation, a, contre l'opinion commune, fait naître les arts agréables avant les arts utiles.

On ne peut donner trop d'éloges à l'idée de l'arc-en-ciel paraissant après le déluge, comme un signe de réconciliation entre la Terre et le Ciel : cette image est à la fois riante et sublime, et termine d'une manière agréable et consolante la peinture de tant de malheurs.

ARGUMENT.

Michel expose dans une narration ce qui suit le déluge. Abraham lui donne occasion d'expliquer quelle sera la race de la femme, suivant la promesse qui leur avait été faite dans le jugement prononcé par le fils de Dieu; son incarnation, sa mort, sa résurrection, son ascension, l'état de l'Église jusqu'à son second avénement. Adam, consolé, remercie l'Archange, descend de la montagne avec Michel. Il éveille Ève qui avait dormi pendant tout ce temps, mais dont l'esprit avait été calmé par des songes favorables. Michel les prend tous deux par la main, et les conduit hors du Paradis. On voit l'épée de feu flamboyante derrière eux, et les Chérubins placés dans le jardin, pour en garder les avenues.

PARADIS PERDU,
POÈME.

LIVRE DOUZIÈME.

Ainsi qu'un voyageur, avec l'astre des jours,
S'arrête et se repose au milieu de son cours,
Tel de son entretien le messager céleste
Achève une partie, et diffère le reste ;
Enfin il le reprend, et poursuit en ces mots :
 « Des mains de l'Éternel tu vis un monde éclos ;
» Tu le vis submergé : de son antique race,
» De nouveaux habitants ont occupé la place ;
» Mais tu n'as pas tout vu. Les prodiges des Cieux,
» Offerts à tes regards, ont affaibli tes yeux.
» Je vais donc en récit l'achever cette histoire :
» Écoute, et pour jamais gardes-en la mémoire.
» Tant que de l'univers les citoyens nouveaux,
» Errant en petit nombre à travers les tombeaux,
» Virent l'affreux débris de ce monde en ruines,
» L'Homme, encore effrayé des vengeances divines,
» Respecta l'Éternel ; ses enfants plus nombreux,
» Et d'un terrain fécond cultivateurs heureux,
» Recueilleront en paix des moissons abondantes ;
» La vigne se courba sous ses grappes pendantes ;

» L'olivier, sous sa charge, abaissa ses rameaux :
» L'élite de leurs fruits, le choix de leurs troupeaux,
» De leurs libations les pieuses offrandes,
» Les autels par leurs mains enlacés de guirlandes,
» Présentaient leur hommage au maître des saisons,
» Et d'un Dieu paternel sollicitaient les dons.
» Tous, classés par tribus, cultivaient la sagesse ;
» Leurs plaisirs étaient purs, leurs banquets sans ivresse ;
» L'asile paternel fut le berceau des lois ;
» Les fils étaient sujets, les pères étaient rois.
» Mais bientôt tout changea ; sous son joug tyrannique,
» Un despote opprima la fortune publique,
» Brisa le frein des lois, bannit la liberté,
» Et le bonheur s'enfuit avec l'égalité.
» Ce roi fut un chasseur, et sa barbare joie
» Se fit un jeu du meurtre, et de l'Homme une proie ;
» Commanda par la force, et, le fer à la main,
» Fonda sur le massacre un pouvoir inhumain.
» Sa folle vanité brave l'Être-Suprême,
» Ou plutôt le tyran se croit un dieu lui-même :
» Il accuse l'orgueil et la rébellion,
» Et de l'orgueil rebelle il tirera son nom.
» Des campagnes d'Éden, sa marche triomphale,
» Atteindra, dans son cours, la rive occidentale.
» Là se présente un gouffre où d'un bitume ardent,
» En bouillons enflammés, roule un fleuve abondant.
» Là d'une tour superbe il puise la matière ;
» Il veut que, dans les airs portant sa tête altière,

» L'arène cimentée, ouvrage audacieux,
» De sa masse insolente aille outrager les Cieux
» Étonne au loin le monde, et, garant de sa gloire,
» Annonce sa puissance, et garde sa mémoire.
» Qu'importe quel moyen éternise son nom?
» Qu'il vive, c'est assez. De son ambition
» Tels étaient les projets : mais cet Être invisible
» Qui cachant aux regards sa majesté terrible,
» Vient, sans être aperçu, visiter les humains,
» A vu du haut des Cieux ses superbes desseins :
» Il vient ; il n'attend pas que la tour commencée
» Aille insulter les airs de sa masse insensée ;
» Il se rit en passant de ses faibles rivaux,
» Et trouble leurs discours, pour troubler leurs travaux.
» Tous, oubliant déjà leur langue maternelle,
» Se parlent l'un à l'autre une langue nouvelle,
» Les murmures confus de leurs rauques accents
» Font, pour être entendus, des efforts impuissants ;
» A des sons inconnus des sons nouveaux répondent ;
» Leurs signes, leurs projets, leurs travaux se confondent
» Tous s'expriment ensemble, aucuns ne sont compris.
» La discorde des voix divise les esprits ;
» Les cœurs sont furieux, l'oreille est étonnée,
» Et l'orgueilleuse tour demeure abandonnée.
» Tout le Ciel applaudit, et la confusion
» A la tour gigantesque a donné son vieux nom ».

 Alors Adam sentit les entrailles d'un père :
« O barbare oppresseur! ô tyran sanguinaire!

» Eh quoi! s'écria-t-il, un despote inhumain
» Ose courber mes fils sous un sceptre d'airain!
» D'où lui viennent ses droits? Dieu met sous notre empire
» Les oiseaux, les poissons, et tout ce qui respire;
» L'Homme de son égal ne reçoit pas la loi :
» Il commande à la Terre, et Dieu seul est son roi.
» Mais d'un transport fougueux l'orgueil insatiable
» Ne se contente pas d'opprimer son semblable ;
» Il insulte à son Dieu. Ses superbes travaux,
» Des célestes palais ambitieux rivaux,
» S'élancent dans la nue, et, dédaignant la terre,
» Vont jusque dans les Cieux affronter son tonnerre ».

« Oui, dit l'Ange, tu dois abhorrer l'oppresseur
» Qui de l'aimable paix vient troubler la douceur,
» Et ravit aux humains leur liberté première;
» Mais lorsque, de tes sens suivant l'erreur grossière,
» Tu te montras rebelle à la Divinité,
» Toi-même tu perdis l'auguste liberté,
» Fille de la raison, sa compagne fidèle,
» Qui s'allume à sa flamme, et s'éteint avec elle.
» Tant qu'il suit sa lumière et lui laisse ses droits,
» L'Homme est roi de lui-même, et seul se fait des lois;
» Mais quand ses passions règnent en souveraines,
» Dieu permet aux tyrans de lui donner des chaînes :
» De là les oppresseurs; ainsi l'Homme abattu
» Voit naître l'esclavage où périt la vertu ;
» Et par de longs malheurs son attentat s'expie.
» En veux-tu des témoins? vois ce mortel impie,

» Enfant dénaturé du vertueux vieillard
» Sauvé sur cette nef chef-d'œuvre de son art :
» Il insulte son père ; et lui, toute sa race,
» Sont à jamais punis pour prix de son audace ;
» Esclave d'un esclave, il languit dans les fers.
» Ainsi, dégénérant de l'antique univers,
» De coupables aïeux race plus criminelle,
» Les Hommes lasseront la justice éternelle ;
» Et leur Dieu, les livrant à leurs penchants honteux,
» Loin de ses fils ingrats détournera les yeux.
» Il se choisit un peuple, objet de sa tendresse,
» Heureux enfant d'un juste, ami de la sagesse.
» Au-delà de l'Euphrate, à ses dieux impuissants,
» Lui-même offrait, hélas ! un idolâtre encens.
» Pour dissiper la nuit où son erreur le plonge,
» Le Très-Haut a daigné l'avertir par un songe.
» Homme pur, mais trompé, lui dit-il, lève-toi,
» Laisse-là tes parents, tes faux dieux, et suis-moi
» Sur des bords étrangers, où Dieu te fera père
» D'une race à son cœur éternellement chère.
» Il se lève, il se fie à son guide divin :
» Je vois d'ici son Dieu le mener par la main ;
» Oui, je le vois ; il fuit ses parents, sa patrie,
» Et les objets honteux de son idolâtrie ;
» Chanaan le reçoit ; je vois ses pavillons
» Dans les champs de Sichem, près de tes beaux vallons,
» O fortuné Moreh ! là, son Dieu renouvelle
» Des biens qu'il lui promit l'assurance fidèle ;

» Lui montre ces beaux lieux, que ses fils triomphants
» Doivent peupler un jour d'innombrables enfants ;
» Hemath, qui vers le nord se présente à ta vue,
» Au midi le désert, bornent leur étendue ;
» A ces lieux fortunés je vais donner leurs noms.
» Des mers où du Soleil s'éteignent les rayons,
» Jusqu'aux plaines d'Hermon du côté de l'aurore,
» Ces états, à mes yeux, se prolongent encore.
» Vois, Hermon est ici ; de ce côté les mers ;
» Plus loin le mont Carmel s'élève dans les airs,
» Le fortuné Carmel, où commençant sa course,
» Ton fleuve, heureux Jourdain, sort de sa double source
» Baigne une riche plaine, et, dans son cours riant,
» Présente une barrière aux peuples d'orient.
» Ils atteindront Senir, dont les longues montagnes,
» Vont de leur chaîne immense embrasser les campagnes;
» Là (pèse bien ces mots du Dieu de vérité),
» Dieu bénira le monde en ta postérité.
» Le grand Libérateur un jour sortira d'elle ;
» Lui qui, vengeant le Ciel et la race mortelle,
» Foulera le serpent d'un pied victorieux :
» Mais Dieu te voile encor ces faits mystérieux.
» Abraham, c'est le chef de ces tribus sacrées,
» Établit son empire en ces belles contrées,
» Son nom et ses vertus sont à jamais bénis.
» Aïeul et père heureux, son fils, son petit-fils,
» Par leur foi, leur sagesse, honorant sa mémoire,
» Ainsi que ses vertus égaleront sa gloire.

» Son heureux petit-fils comptera douze enfants.
» De Chanaan un jour il quittera les champs,
» Habitera l'Égypte, où le Nil qui l'inonde,
» Répand l'heureux tribut de sa fange féconde.
» Vois ce fleuve pompeux qui court par ses canaux
» Au sein des vastes mers précipiter ses eaux.
» Tandis qu'ailleurs la faim exerce ses ravages,
» Il trouve un doux abri sur ces heureux rivages :
» Là, l'appelle son fils qu'un honorable choix
» Porta de sa prison dans les palais des rois.
» Établie avec lui sur cette terre heureuse,
» Sa race chaque jour y devient plus nombreuse.
» Du monarque nouveau les soupçons inquiets
» N'ont pas vu sans chagrin ses rapides progrès ;
» Il écoute l'envie, et, poussé par la crainte,
» Il viole dans eux l'hospitalité sainte,
» Les charge de travaux, proscrit les nouveau-nés,
» Par leur sexe en naissant à mourir condamnés.
» Alors dans sa bonté Dieu suscite deux frères :
» Par eux il veut enfin terminer leurs misères ;
» Et chargés des trésors de vingt peuples soumis,
» Ils marchent vers les lieux qui leur furent promis.
» Mais, avant leur départ, Dieu, d'un prince idolâtre,
» A tenté de fléchir l'orgueil opiniâtre,
» Par ses ambassadeurs le Ciel lui parle en vain,
» Son cœur reste endurci. Dieu commande, et soudain
» L'onde se change en sang ; de moucherons sans nombre
» Dans les airs obscurcis, vole un nuage sombre ;

» D'immondes animaux pullulent sous leurs toits ;
» Le vil crapaud coasse à la table des rois ;
» Et jusque sous la pourpre, une vermine impure
» Fait de l'orgueil puni la honte et la torture.
» De ces races sans nombre un jour finit le sort,
» Mais en perdant la vie elles donnent la mort :
» L'air se corrompt, des eaux la source s'empoisonne ;
» Dans la ville, au hameau, la peste au loin moissonne;
» Le mal croît dans sa course, il immole au hasard
» Le vulgaire, les grands, l'enfant et le vieillard ;
» Infecte les humeurs, couvre les chairs fétides
» D'ulcères dévorants et de tumeurs livides ;
» Des hommes, des troupeaux amoncelle les corps,
» Et d'un cadavre seul enfante mille morts.
» La faim la suit de près ; et le vent et la grêle
» Dans les champs dévastés ont volé devant elle ;
» Et d'insectes ailés un nuage vivant
» Achève de ronger ce qu'épargna le vent.
» De feuillage, de fruits, et de fleurs affamée,
» Partout tombe à la fois la dévorante armée.
» Tout-à-coup le jour fuit ; de ses brouillards impurs,
» L'air oppose au Soleil les nuages obscurs ;
» Et la noire épaisseur de l'atmosphère sombre
» Forme une nuit palpable, et donne un corps à l'ombre.
» Enfin, l'Ange de mort fond sur les nouveau-nés :
» Tous, dans la même nuit, meurent exterminés ;
» Toute l'Égypte pleure, et les toits solitaires
» Retentissent au loin des cris plaintifs des mères.

» A l'aspect de ces maux et de l'empire en deuil,
» Le monarque étonné fait fléchir son orgueil ;
» Il permet leur départ ; mais dans son âme vaine,
» L'orgueilleux repentir a ramené la haine :
» Telle, auprès d'un foyer qui l'a dissoute en eau,
» La glace qui fondait s'endurcit de nouveau.
» Il vole sur leurs pas au sein des mers profondes,
» Qui partagent leurs flots et suspendent leurs ondes :
» A travers deux remparts d'un liquide cristal,
» L'Hébreu marche à pied sec au fond de leur canal :
» Il marche ; une colonne obscure et lumineuse,
» Lumineuse la nuit et le jour ténébreuse,
» Leur prête tour-à-tour et retire ses feux.
» Là, comme sur son trône, assis au-dessus d'eux,
» Et pour eux du tyran redoutant la poursuite,
» Dieu tantôt les conduit, tantôt marche à leur suite.
» Durant toute la nuit on vole sur leurs pas ;
» La noire obscurité les dérobe au trépas ;
» Dès que le jour a lui, le Dieu de la victoire
» Se retourne et paraît dans l'éclat de sa gloire :
» Il regarde ; il a vu l'Égyptien tremblant ;
» Un désordre soudain vole de rang en rang.
» Sa voix brise leurs chars : il commande ; Moïse
« Elève sa baguette : ô terreur ! ô surprise !
» Les éléments troublés ont reconnu ses lois,
» Et la mer en courroux obéit à sa voix.
» Sur le roi, sur les siens l'onde en grondant retombe ;
» L'abîme se referme ; et dans la même tombe,

» Fantassins, cavaliers, coursiers, armes, drapeaux,
» Roulent ensevelis dans le gouffre des eaux,
» Tandis qu'à l'autre bord, contemplant leur ruine,
» L'Hébreu vainqueur rend grâce à la bonté divine.
» Chanaan les reçoit dans son heureux séjour,
» Non par le droit chemin, mais par un long détour.
» Leur chef craint qu'attaqués par des hordes barbares
» Ils n'aillent retrouver, sous des maîtres avares,
» Leur honteux esclavage et leurs serviles arts.
» Des travaux de la guerre ignorant les hasards,
» Leurs cœurs n'ont point acquis la noble confiance
» Que donne des combats la longue expérience ;
» Leurs faibles mains encor n'ont porté que des fers.
» Leur frayeur à pas lents traverse ces déserts ;
» Mais déjà, sur leur culte et sa sainte police,
» De leur naissant empire ils fondent l'édifice :
» De leurs douze tribus déjà l'auguste choix
» Se rassemble en conseil et leur donne des lois.
» Dieu lui-même est leur chef ; législateur suprême,
» Il vient de leurs devoirs les instruire lui-même ;
» De Sina sous ses pieds la cime a tressailli,
» Le tonnerre a grondé, les éclairs ont jailli ;
» La trompette à ces sons joint sa voix éclatante.
» Tous, aux pieds du Très-Haut, frémissent dans l'attente
» Il s'avance, et du haut de son trône de feu,
» Ses lois qu'il fit en père, il les proclame en Dieu.
» Les unes sont l'appui de leurs droits politiques,
» D'autres règlent leur culte et leurs fêtes publiques.

LIVRE XII.

» Mais la gloire de Dieu, ses terribles accents,
» D'une sainte épouvante ont frappé tous leurs sens;
» Ils tombent à genoux, demandent que Moïse
» Avec moins de terreur de ses lois les instruise.
» Tout se calme à l'instant; les foudres se sont tus.
» Ainsi Dieu fait connaître à leurs cœurs abattus
» Que l'Homme, par lui seul, en sa faiblesse extrême,
» Ne peut communiquer avec l'Être-Suprême.
» Moïse, en attendant le vrai médiateur,
» Devient l'appui de l'Homme auprès de son auteur;
» Il leur prédit son règne; et, dans leur saint délire,
» Les prophètes bientôt feront parler leur lyre.
» Enfin sont établis et leur culte et leurs lois;
» Alors leur Dieu devient le premier de leurs rois;
» L'or, le cèdre renferme au fond du sanctuaire
» L'arche sainte où repose, en un profond mystère,
» Le titre glorieux du contrat solennel
» Entre son peuple et lui scellé par l'Éternel.
» Là, sont deux Séraphins, sentinelles constantes;
» Là, brûlent devant Dieu sept lampes éclatantes.
» Sur cet auguste lieu tour-à-tour se répand
» Un nuage mystique, un voile étincelant;
» L'ombre pendant le jour, dans la nuit la lumière;
» A moins que tout-à-coup, déployant sa bannière,
» Ce peuple voyageur ne cherche d'autres lieux.
» Enfin il touche aux bords tant promis par les Cieux.
» Dirai-je ses combats, ses exploits, ses trophées?
» Que d'ennemis vaincus, de ligues étouffées!

» Le Ciel même obéit. Lune, suspends ton cours !
» La Lune entend leur voix. Arrête, Astre des jours !
» L'Astre des jours s'arrête, et, témoin de leur gloire,
» Semble s'enorgueillir d'éclairer leur victoire.
   » Ainsi seront bénis les enfants d'Israël ;
» Car, de ce nom chéri des Hébreux et du Ciel,
» Par ses douze tribus un jour sera nommée
» La race à qui le Ciel a promis l'Idumée ».
   « Oh ! comme tu sais bien, interprète des Cieux,
» Et rassurer mon cœur, et dessiller mes yeux !
» Lui répondit Adam ; surtout combien m'enchante
» De ce doux avenir l'histoire consolante,
» Et ce trésor de gloire et de prospérité
» Qu'Abraham doit transmettre à sa postérité !
» Mais un doute se mêle à l'espoir qui m'anime :
» Pourquoi toutes ces lois qui supposent le crime ?
» Ces lois sont du péché l'humiliant aveu :
» Comment chez des pervers peut habiter un Dieu ? »
   « Adam, tu fus coupable, et, de ta source impure,
» Le crime s'étendra sur ta race future,
» Répond l'Ange ; ces lois qui combattent le mal,
» Marquent de ta raison le désordre fatal ;
» Ce frein que Dieu lui-même oppose à la licence
» Prouve, sans l'expier, le crime qui l'offense.
» En vain l'Homme, en son lieu mettant les animaux,
» Par leur sang innocent croit réparer ses maux ;
» Ce sang ne suffit point : rebelle envers son maître,
» Plus son crime fut grand, plus la rançon doit l'être.

» Oui, pour l'être mortel, l'Éternel doit périr ;
» Pour l'infidélité la vertu doit souffrir,
» Le bon pour le méchant, le juste pour l'impie :
» Ainsi le Ciel s'apaise, et le crime s'expie ;
» Ainsi l'Homme coupable, absous de ses forfaits,
» Évite le trépas, et retrouve la paix.
» Quand l'âge enfin des ans aura rempli le nombre,
» Alors la vérité viendra remplacer l'ombre ;
» Le flambeau de la foi, les ténèbres des sens ;
» L'amour de la vertu, la peur des châtiments ;
» Et le tendre respect qu'un fils porte à son père ;
» Des esclaves tremblants l'hommage involontaire :
» Tel est l'ordre des temps. Ces tributs imparfaits
» Par qui l'Homme prétend racheter ses forfaits,
» Et d'un culte moins pur la symbolique image,
» Vers de plus saintes lois ne seront qu'un passage,
» Que l'aube d'un beau jour. Aussi ce chef fameux,
» Favorisé du Ciel et chéri des Hébreux,
» Tout vertueux qu'il est, le généreux Moïse,
» Ne les conduira pas dans la Terre promise.
» Celui qui doit un jour y guider leurs tribus,
» C'est l'heureux précurseur de ce divin Jésus,
» Qui, parmi les déserts, les erreurs de la vie,
» Doit ouvrir aux humains la céleste patrie.
   » Sur les bords du Jourdain, dans des champs fortunés,
» D'oliviers, de moissons, de vigne couronnés,
» L'Hébreu célèbre en paix ses fêtes solennelles,
» Jusqu'au jour où, vengeant leurs erreurs criminelles,

» Dieu livre les tribus à leurs fiers ennemis :
» Mais de leur repentir il entendra les cris.
» Des Juges, puis des Rois, tiendront en main les rênes.
» Celui qui, le second, à ses lois souveraines
» Doit soumettre Israël, brave et religieux,
» Sera craint sur la Terre, et chéri dans les Cieux.
» Dieu même l'a juré : de l'empire qu'il fonde
» La fin n'arrivera qu'avec la fin du monde.
» Déjà les chantres saints, frappés de sa splendeur,
» De son règne futur annoncent la grandeur ;
» Un enfant de David (c'est le nom de sa race,
» Et déjà dans les temps Dieu lui marque sa place),
» Celui que l'Éternel t'a prédit tant de fois,
» Desiré d'Abraham, attendu par les rois,
» Roi lui-même, sera le dernier des monarques ;
» Du pouvoir à jamais il portera les marques,
» Et réconcilîra, par son sang précieux,
» L'Homme avec l'Éternel, la Terre avec les Cieux.
» Avant lui d'autres rois se suivront d'âge en âge ;
» Le plus riche de tous, ainsi que le plus sage,
» A l'arche vagabonde, abri mystérieux,
» Qu'un nuage cachait aux regards curieux,
» Le premier fonde un culte et lui bâtit un temple,
» Où, dans tout son éclat, l'œil charmé la contemple.
» Parmi ses successeurs, les uns sont vertueux ;
» D'autres, de leur pays tyrans voluptueux,
» Profanent et le sceptre et l'encensoir lui-même,
» Jusqu'à l'heure où le Dieu que leur orgueil blasphème,

» Se lève en sa colère, et punit à la fois
» Les attentats du peuple et les crimes des rois.
» Leur ville, leur trésor, leurs princes et leurs prêtres,
» Deviendront le jouet de ceux dont les ancêtres
» Pleurèrent, tu le sais, leurs projets confondus,
» Et de leur folle tour les travaux suspendus.
» A la division, la fière Babylone
» Un jour devra son nom ; là, leurs rois sont sans trône,
» Leurs sujets sans patrie ; après dix fois sept ans,
» Enfin Dieu vient briser les fers de leurs tyrans,
» Renouvelle pour eux la parole sacrée
» Qu'à David autrefois lui-même avait jurée :
» Rendus par Babylone à leurs champs paternels,
» Ils offrent à leur Dieu leurs hymnes solennels ;
» Ils respirent enfin ; de la demeure sainte
» Ils relèvent l'autel, ils réparent l'enceinte.
» Là, dans leur courageuse et sage pauvreté,
» Ils se font un devoir de leur frugalité :
» Bientôt leur nombre croît ainsi que leur richesse ;
» L'abondance renaît, et la concorde cesse.
» Les prêtres, qui devaient, priant pour les humains,
» Élever vers le Ciel leurs innocentes mains,
» Ministres de la paix, ont commencé la guerre ;
» Des autels indignés, le sang rougit la pierre ;
» Le temple est profané, le trône est envahi,
» Et du sang de David l'antique honneur trahi.
» Il faut que l'oint de Dieu, pour qui l'Homme soupire,
» Ait perdu tous ses droits, qu'il naisse sans empire

» Il naît pauvre, inconnu ; mais un astre nouveau
» S'allume dans les Cieux, et luit sur son berceau.
» Des bouts de l'univers, lui portant leurs hommages,
» A ce brillant signal sont accourus les Mages ;
» L'or, la myrrhe et l'encens par leurs mains sont offerts :
» L'humble berger se mêle aux rois de l'univers ;
» Un Ange, dans la nuit, aux pasteurs qu'il éveille,
» D'un Dieu né dans la crèche annonce la merveille ;
» Ils partent : l'air frémit de sons mélodieux,
» L'hymne de la naissance est chanté par les Cieux.
» Le souffle du Très-Haut, l'Esprit saint est son père ;
» Sans cesser d'être vierge, une femme est sa mère ;
» Il vit, il meurt, et remonte au trône paternel :
» Là, sa gloire est sans fin ; son sceptre est éternel ;
» Et son règne ineffable, où tout espoir se fonde,
» A pour trône les Cieux, pour empire le monde ».
 C'est ainsi que parlait l'Ange consolateur.
Adam à ce discours sent tressaillir son cœur ;
Et dans la douce ivresse où son âme se noie,
Il exhale en ces mots les transports de sa joie :
« Que ne te dois-je pas, ô messager des Cieux !
» C'en est fait, ta promesse a comblé tous mes vœux :
» De la rédemption, du Christ et de sa mère,
» En vain j'avais long-temps médité le mystère.
» Salut, Vierge sacrée, honneur de notre sang !
» Le Christ sort de ma race, un Dieu sort de ton flanc.
» En fruits miraculeux que ta tige est féconde !
» Tu contiendras celui qui seul remplit le monde ;

» C'est de toi qu'est formé le fils de l'Éternel,
» Celui de qui Satan reçoit le coup mortel.
» Mais dans quel temps, quels lieux, et par quelle blessure«
« Ces combats, dit Michel, ne sont qu'une figure ;
» Contre un tel ennemi l'Homme ne peut lutter,
» Et ce n'est pas ainsi que tu peux le dompter.
» A des coups plus réels son orgueil fut en butte,
» Quand Dieu du haut des Cieux précipita sa chute ;
» Mais lui-même, en tombant, il triompha de toi.
» Celui dont la révolte a violé la loi,
» Tout offensé qu'il est, guérira ta blessure.
» Non, ce n'est point Satan, l'auteur de ton injure,
» Que doit anéantir son pouvoir souverain,
» Mais ses affreux complots contre le Genre humain.
» C'est peu : le Ciel attend une grande victime.
» Homme faible, qu'es-tu pour racheter ton crime ?
» De l'immense rançon qu'attend le roi des rois,
» Le fils de l'Éternel peut seul porter le poids ;
» De la mort qui t'est due il subira la peine :
» A ce prix seulement, de la Nature humaine
» Le crime héréditaire un jour peut s'expier ;
» Un Dieu sera puni pour te justifier.
» L'amour divin pouvait effacer ta souillure ;
» Mais, pour subir ta peine, il prendra ta nature :
» De crimes, de malheurs et de honte chargé,
» Juge des nations, lui-même il est jugé ;
» Et, d'une infâme croix souffrant l'ignominie,
» Doit la mort aux ingrats qui lui devront la vie.

» A son dernier soupir la Terre a répondu,
» Le Ciel est apaisé, Satan est confondu ;
» Et, faisant du péché disparaître la trace,
» Chaque goutte de sang est un fleuve de grâce.
» C'en est fait : il succombe, il meurt ; mais le Trépas
» Long-temps dans le tombeau ne le retiendra pas.
» La troisième aube à peine a commencé d'éclore,
» Son cercueil s'est ouvert. Plus brillant que l'Aurore,
» Il sort ; de ses regards partent des traits de feu :
» Il descendit mortel, il se relève en Dieu.
» L'Enfer frémit de rage, et la Terre de joie ;
» Et la Mort, en grondant, a relâché sa proie.
» Il dompte le Trépas : un paisible sommeil,
» Qui bientôt a fait place à son brillant réveil,
» N'était qu'un doux passage à la vie immortelle :
» Mais, avant de monter à la voûte éternelle,
» Il veut revoir encor ses disciples chéris,
» Se montrer dans sa gloire à leurs yeux attendris.
» Compagnons autrefois de ses maux volontaires,
» Aujourd'hui de ses vœux sacrés dépositaires,
» Par eux il veut dicter ses consolantes lois,
» Prêcher par leur exemple, enseigner par leurs voix ;
» Partout ils vont verser l'eau sainte du baptême,
» Et braver le trépas qu'il a subi lui-même.
» Ce peuple d'Abraham, des dons du Ciel comblé,
» Au chemin du salut n'est point seul appelé :
» Tous les enfants d'Adam, tous les peuples du monde,
» Viendront puiser la foi dans sa source féconde.

» Le Christ mourra pour tous ; le Sauveur des mortels
» Aura partout son temple, et partout ses autels ;
» Et, marchant dans la voie où sa lumière brille,
» Tous les peuples ne sont qu'une immense famille.
» Vainqueur, il monte aux Cieux, rencontre dans les airs
» Notre ennemi commun, le tyran des Enfers ;
» Son bras victorieux le saisit et l'enchaîne,
» Tremblant, après son char en triomphe le traîne,
» Aux yeux du Ciel entier étale son affront,
» Marche le sceptre en main, et la couronne au front ;
» Et, commençant le cours de son règne prospère,
» Le fils reprend sa place à la droite du père.
» Enfin le jour viendra que ce frêle univers
» Croulera dans les feux : alors, du haut des airs,
» Il viendra, dans sa gloire et sa toute-puissance,
» Des vivants et des morts prononcer la sentence,
» Récompenser les bons et punir les méchants ».

Frappé de ces récits sublimes et touchants,
L'heureux Adam s'écrie : « O dévoûment sublime,
» Qui fait naître le bien du sein même du crime !
» L'Éternel fut moins grand, quand de l'obscurité
» Sa voix toute-puissante enfanta la clarté.
» Dois-je me reprocher la téméraire audace
» Qui du crime d'un seul souilla toute ma race,
» Ou m'applaudir d'un mal, source de tant de bien,
» Qui de l'Homme et de Dieu resserre le lien,
» Fait pleuvoir ses faveurs sur la Nature humaine,
» Et par qui la clémence a surpassé la haine ?

26.

» Mais, hélas! des élus le nombre est si borné!
» Lorsqu'aux Cieux paternels Dieu sera retourné,
» Qui les protégera contre la foule immense
» Des prévaricateurs dont l'audace l'offense?
» Fidèles à leur maître et traités comme lui,
» Dans ce monde désert où sera leur appui? »
  « Ne crains rien, dit Michel: leur protecteur suprême,
» Pasteur toujours soigneux, à son troupeau qu'il aime
» Enverra les secours que son père a promis;
» L'Esprit saint auprès d'eux remplacera le fils.
» C'est lui qui, de l'amour entretenant la flamme,
» Imprimera sa loi dans le fond de leur âme;
» Par lui, les yeux verront les dangers sans terreur,
» La douleur sans faiblesse, et la mort sans horreur.
» Je les vois, ces martyrs; pleins d'un noble courage,
» Des tyrans étonnés ils fatiguent la rage;
» Remplis d'un saint espoir, par le Ciel consolés,
» Leurs cœurs dans les tourments ne sont point ébranlés:
» Les bourreaux en silence admirent leurs victimes.
» Dieu lui-même applaudit à leurs vertus sublimes;
» Le feu qu'il alluma dans ses Apôtres saints,
» Passera de leurs cœurs chez les peuples lointains;
» Ils soumettront au Dieu qu'un fol orgueil blasphême,
» Tous ceux qu'aura lavés l'eau sainte du baptême.
» Leur maître les inspire, et le souffle de Dieu,
» L'Esprit saint, sur leurs fronts tombe en langues de feu:
» Leur bouche en un instant apprend tous les langages,
» Porte au loi de la foi les frappants témoignages,

LIVRE XII.

» Et, se faisant entendre à cent peuples divers,
» Des prodiges du Christ entretient l'univers.
» A leur voix, accourant vers ce Dieu qui s'immole,
» Plus d'un peuple à ses pieds viens briser son idole ;
» Enfin, dans leurs écrits, monument de leur loi,
» Après avoir tracé les fastes de la foi,
» Ils meurent ; et bientôt, répandant ses nuages,
» L'erreur aura son règne, et la foi ses orages.
» D'infidèles pasteurs égarant le troupeau,
» Le loup dans le bercail vient dévorer l'agneau ;
» Le monde dégénère, une aveugle injustice
» Opprime l'innocence, idolâtre le vice.
» Enfin le jour arrive où, porté dans les airs,
» D'où vient sauver les bons et punir les pervers ;
» Il met le Ciel en feu, réduit la Terre en poudre,
» Dans les cendres du Monde ensevelit son foudre,
» Et sur l'inébranlable et sainte éternité
» Établit la concorde et la félicité ».

Adam répond encore : « O mon céleste guide !
» Que ne te dois-je pas ! ô que d'un cours rapide,
» Dans ce vaste avenir à mes yeux déroulé,
» Des siècles fugitifs le torrent a coulé,
» Jusqu'au terme fatal où, dans sa course immense,
» Sur les débris du temps l'éternité s'avance !
» Là s'ouvre un vaste abîme, espace illimité,
» Devant qui mon esprit recule épouvanté :
» Mais de l'Homme, de Dieu, de sa gloire éternelle,
» J'ai vu ce que peut voir la faiblesse mortelle ;

» C'en est assez pour moi : mon étroite raison
» Ne saurait embrasser un plus vaste horizon.
» C'en est fait, Dieu puissant! je t'aime et te révère;
» Sois à jamais mon guide, et mon maître, et mon père
» Tu vois tous tes enfants avec un œil égal ;
» Par toi toujours le bien est triomphant du mal ;
» En force, quand tu veux, tu changes la faiblesse,
» La bassesse en grandeur, l'ignorance en sagesse.
» Ton exemple m'apprit que tout homme est soldat,
» Que, quel que soit le prix, le succès du combat,
» Il doit, dans les assauts d'une vie orageuse,
» Soutenir jusqu'au bout sa lutte courageuse;
» Fais-moi vivre et mourir sous tes augustes lois ! »
  Michel répond alors pour la dernière fois :
« Oui, craindre, adorer Dieu, le contempler sans cesse,
» Voilà ton sort : c'est-là qu'est toute la sagesse.
» Quand tu pourrais nombrer tous les astres divers,
» Parcourir l'Empyrée, approfondir les mers,
» Embrasser d'un coup-d'œil tous les astres du monde,
» Ce qui vole dans l'air, ce qui nage dans l'onde ;
» Quand tu pourrais toi seul posséder à la fois
» Tout l'or des nations, tous les sceptres des rois,
» Tu n'en serais plus grand, plus riche, ni plus sage :
» Joins tes propres vertus à ton noble apanage,
» La constance, la foi, qui marchent d'un pas sûr,
» L'amour surtout, l'amour, des cultes le plus pur :
» Par lui tout s'embellit, et s'épure, et s'anime;
» Par lui l'Homme vers Dieu prend un essor sublime,

LIVRE XII.

« Et, prêt à s'envoler de ce lieu de douleur,
» Porte déjà le Ciel dans le fond de son cœur.
   » Mais de cette hauteur il est temps de descendre :
» Déjà sur la montagne, impatient d'attendre,
» Le camp divin s'ébranle, et je vois, dans les airs,
» De leurs armures d'or rejaillir les éclairs :
» Marchons ! que ton épouse à ta voix se réveille :
» Les songes fortunés, tandis qu'elle sommeille,
» Dans son âme troublée ont ramené la paix :
» Son cœur va se soumettre aux célestes décrets.
» Fais-lui part de son sort ; grave au fond de ton âme
» Les promesses du Ciel ; dis-lui que de la femme
» Naîtra le Rédempteur d'un monde criminel.
» Jusqu'au terme éloigné de ton destin mortel,
» Gardez tous deux la foi ; même sort vous rassemble :
» Vivez, repentez-vous, consolez-vous ensemble.
» Après un long exil, le bonheur doit venir ;
» Supportez le présent, espérez l'avenir ».

Tous deux, à ce discours, ils quittent la montagne.
Adam, d'un pas pressé, revole à sa compagne.
Déjà loin de ses yeux a fui le doux repos ;
Elle voit son époux, et lui parle en ces mots :
« Cher époux ! Dieu souvent nous instruit par un songe ;
» Et le mien, je le crois, n'est pas un vain mensonge.
» Depuis que, succombant au poids de mes douleurs,
» Le sommeil a fermé mes yeux mouillés de pleurs,
» De ton sort et du mien mes rêves m'ont instruite :
» Mon cœur est préparé ; viens, je marche à ta suite ;

» Avec toi de Satan je braverai les coups.
» Eden sera partout où sera mon époux,
» Il est pour moi le Ciel, il est pour moi le Monde.
» Hélas, c'est ma faiblesse en désastre féconde,
» C'est moi qui t'ai perdu! par moi l'arrêt des Cieux
» T'arrache pour jamais à ces aimables lieux.
» Cependant, au milieu des maux qui me désolent,
» Les promesses du Ciel, cher Adam, me consolent;
» C'est de ma race, un jour, que naîtra le Sauveur ».
 Adam, à ce discours, sent tressaillir son cœur;
Mais il ne répond rien. Déjà de la colline
Arrive à lui le chef de la garde divine;
Et, d'un pied dans les airs mollement suspendu,
Le bataillon céleste à son poste est rendu :
Telle, à peine marquant sa trace passagère,
Vole sur les marais une vapeur légère,
Se glisse, et suit les pas du tardif villageois
Que ramène la nuit à ses rustiques toits.
Au milieu d'eux brillait cette terrible épée,
Qu'en ces divines eaux le Ciel avait trempée :
Tel cet astre sinistre, aux cheveux flamboyants,
Vole, et trace dans l'air ces sillons effrayants;
Tout ressent de son cours l'influence fatale,
De sa route embrasée un air brûlant s'exhale;
Sous l'ardent équateur, des feux moins violents
Dévorent l'Africain dans ses sables brûlants.
Marchant entre l'époux et sa triste compagne,
Michel saisit leurs mains; de la sainte montagne

Au mur oriental il les conduit tous deux,
Les quitte, prend son vol, et se perd à leurs yeux.
Ils contemplent alors cette superbe plaine,
Ces vallons fortunés, autrefois leur domaine.
Tout-à-coup, au milieu de ce tableau riant,
Leur regard aperçoit la porte d'orient;
Partout des glaives nus, des lances menaçantes
Envoyant jusqu'aux Cieux leurs clartés effrayantes :
Ces sinistres objets réveillent leurs douleurs,
Et de leurs tristes yeux arrachent quelques pleurs;
Le regret les répand, et l'espoir les essuie.
Ils quittent à pas lents cette plaine fleurie;
Mais l'Univers entier se présente à leur choix;
Dieu même les conduit, ils marchent sous ses lois.
Souvent de ces beaux lieux le charme les arrête,
Souvent vers leur bocage ils retournent la tête;
Enfin, il faut quitter ce sol délicieux :
Par un dernier regard ils lui font leurs adieux;
Et tous deux, égarés dans l'étendue immense,
L'un sur l'autre appuyés s'éloignent en silence.

FIN DU DOUZIÈME ET DERNIER LIVRE.

REMARQUES
SUR LE LIVRE DOUZIEME.

Les admirateurs les plus passionnés de Milton conviennent que ce chant est inférieur à tous les autres, quoique le sujet paraisse d'un assez grand intérêt et d'une extrême fécondité. L'histoire du peuple de Dieu, si merveilleuse, si variée; la race de David, dont devait sortir le Messie; le mystère sublime de la rédemption, devaient mieux inspirer notre poète. Le début de ce chant, malgré l'adresse que Milton a employée, paraît peu naturel. La vision d'Adam cesse et fait place au récit de l'Ange, de manière que l'intérêt et le merveilleux vont en décroissant.

Il est incroyable que Milton ait omis dans ce récit plusieurs événements du plus grand intérêt, tels que le sacrifice d'Abraham, les malheurs si intéressants de Joseph, qui pouvaient contraster avec ses brillantes destinées, et enfin les différents miracles opérés dans le désert, les eaux jaillissant du rocher, la manne tombée des Cieux : jamais on n'a stérilisé plus malheureusement un sujet plus fécond. Mais on ne peut nier que ces défauts ne soient rachetés par de grandes beautés; de ce nombre sont la description de la confusion des langues, très-poétiquement exprimée; la peinture énergique et rapide des sept fléaux qui affligent l'Égypte. On n'en saurait dire autant du passage de la Mer Rouge : ici le législateur hébreu est fort supérieur au poète anglais; et la Vulgate même, toute inférieure qu'elle est au texte sacré, nous fait entendre la chute de l'armée égyptienne, de ses chevaux et de ses chars, dans ce peu de mots, *descenderunt quasi plumbum*.

J'ai redoublé d'efforts pour me rapprocher du beau passage que je viens de citer. La manière dont il a peint la publication de la loi sur le mont Sinaï, ne paraît pas non plus proportionnée à la hauteur du sujet. La naissance, la passion, la résurrection du Sauveur, le grand mystère de la rédemption, sujet si fécond et si pathétique, m'ont aussi paru faiblement traités ; et si souvent inférieur à mon original, j'ai dû m'efforcer d'obtenir ici sur lui quelque supériorité.

Mais on ne peut donner trop d'éloges à la manière dont il a peint le moment où les deux époux sortent du Paradis terrestre; la douloureuse nécessité de renoncer à ce beau séjour; le spectacle terrible de la milice céleste et de l'épée flamboyante, leurs regards qui se tournent involontairement vers ces beaux lieux qu'ils ne reverront plus; ces deux infortunés s'avançant tristement appuyés l'un sur l'autre, et cherchant dans le désert une nouvelle patrie; tout cela est de la plus grande beauté.

Oserai-je me permetttre ici d'indiquer le principal défaut de ces deux derniers chants? On sait que le poète épique, à mesure qu'il approche de la catastrophe, doit accélérer la marche des événements. Ces deux chants, purement épisodiques, semblent donc déplacés à la fin du poème. Peut-être n'était-il pas difficile à Milton de tenir une marche plus régulière et plus heureuse. Après leur sentence prononcée par Michel, dans le dixième livre, quatre cents vers auraient suffi pour leur montrer dans l'avenir les malheurs et les consolations réservés à leur postérité; le Christ naissant de la race de David, ses prodiges, sa mort et sa résurrection. Alors seraient arrivées naturellement les plaintes touchantes qu'Ève et Adam adressent, l'une à ses fleurs, au lit nuptial qu'elle se plaisait à parer, l'autre aux lieux où si souvent il avait joui de la présence de Dieu, et de l'entretien des Anges.

Ce morceau, l'un des plus touchants de l'ouvrage, aurait été infiniment mieux placé à la fin du poème, et l'aurait terminé d'une manière plus pathétique. Malgré ces observations, je répète que ces deux chants renferment de grandes beautés, et que si l'on y remarque quelques faiblesses, ce sont celles d'un grand poëte ; et l'on ne peut s'empêcher de se rappeler, à ce sujet, ce que Milton a dit lui-même de l'Ange de lumière dégradé par sa chute :

> D'ombres et de lumière incroyable mélange ;
> Et si c'est un débris, c'est celui d'un Archange

www.ingramcontent.com/pod-product-compliance
Lightning Source LLC
Chambersburg PA
CBHW071257160426
43196CB00009B/1318